全国中等职业学校国际商务专业系列教材
商务部十二五规划教材
中国国际贸易学会规划教材

国际贸易实务基本流程

主　编　赖瑾瑜　陆雁萍
副主编　叶碧琼　蔡蓓蕾　刘　洋
　　　　杨　遐　王　宁　宁　莉
参　编　谈秋娟　李鼎峰　陈　佳

中国商务出版社
CHINA COMMERCE AND TRADE PRESS

图书在版编目（CIP）数据

国际贸易实务基本流程／赖瑾瑜，陆雁萍主编. —
北京：中国商务出版社，2015.7

全国中等职业学校国际商务专业系列教材　商务部十
二五规划教材　中国国际贸易学会规划教材

ISBN 978-7-5103-1318-9

Ⅰ.①国…　Ⅱ.①赖…②陆…　Ⅲ.①国际贸易—贸
易实务—中等专业学校—教材　Ⅳ.①F740.4

中国版本图书馆 CIP 数据核字（2015）第 170836 号

全国中等职业学校国际商务专业系列教材
商务部十二五规划教材
中国国际贸易学会规划教材

国际贸易实务基本流程
GUOJI MAOYI SHIWU JIBEN LIUCHENG

主　编　赖瑾瑜　陆雁萍

出　版：中国商务出版社
发　行：北京中商图出版物发行有限责任公司
社　址：北京市东城区安定门外大街东后巷 28 号
邮　编：100710
电　话：010 - 64269744　64515137（编辑一室）
　　　　010 - 64266119（发行部）
　　　　010 - 64263201（零售、邮购）
网　店：http://cctpress.taobao.com
网　址：http://www.cctpress.com
邮　箱：cctp@cctpress.com；bjys@cctpress.com
照　排：北京开和文化传播中心
印　刷：北京密兴印刷有限公司
开　本：787 毫米×1092 毫米　1/16
印　张：17.25　字　数：322 千字
版　次：2015 年 7 月第 1 版　　2015 年 7 月第 1 次印刷
书　号：ISBN 978-7-5103-1318-9
定　价：34.00 元

编　委　会

总　序

　　为贯彻全国教育工作会议精神和教育规划纲要，建立健全教育质量保障体系，提高职业教育质量，以科学发展观为指导，全面贯彻党的教育方针，落实教育规划纲要的要求，满足经济社会对高素质劳动者和技能型人才的需要，全面提升职业教育专业设置和课程开发的专业化水平，教育部启动了中等职业学校专业教学标准制订工作。按照教育部的统一部署，在全国外经贸职业教育教学指导委员会的领导和组织下，我们制定了中职国际商务专业教学标准。

　　新教学标准的制定，体现了以下几方面的特点：

　　1. 坚持德育为先，能力为重，把社会主义核心价值体系融入教育教学全过程，着力培养学生的职业道德、职业技能和就业创业能力。

　　2. 坚持教育与产业、学校与企业、专业设置与职业岗位、课程教材内容与职业标准、教学过程与生产过程的深度对接。以职业资格标准为制定专业教学标准的重要依据，努力满足行业科技进步、劳动组织优化、经营管理方式转变和产业文化对技能型人才的新要求。

　　3. 坚持工学结合、校企合作、顶岗实习的人才培养模式，注重"做中学、做中教"，重视理论实践一体化教学，强调实训和实习等教学环节，突出职教特色。

　　4. 坚持整体规划、系统培养，促进学生的终身学习和全面发展。正确处理公共基础课程与专业技能课程的关系，合理确定学时比例，严格教学评价，注重中高职课程衔接。

　　5. 坚持先进性和可行性，遵循专业建设规律。注重吸收职业教育专业建设、课程教学改革优秀成果，借鉴国外先进经验，兼顾行业发展实际和职业教育现状。

　　为适应中职国际商务专业教学模式改革的需要，中国商务出版社于2014年春在北京组织召开了中职国际商务专业系列教材开发研讨会，来自北京、上海、广东、山东、浙江的30余位国际商务专业负责人和骨干教师参会。会议决定共同开发体现项目化、工学结合特征的 15 门课程教材，并启动该项目系列教材的编写。目前，教材开发工作进展顺利，并将于 2015 年春季陆续出版发行。

本系列教材的编写原则是：

1. 依据教育部公布的中职国际商务专业标准来组织编写教材，充分体现任务驱动、行为导向、项目课程的设计思想。

2. 设计的实践教学内容与外贸企业实际相结合，以锻炼学生的动手能力。

3. 教材将本专业职业活动分解成若干典型的工作项目，按完成工作项目的需要和岗位操作规程，结合外贸行业岗位工作任务安排教材内容。

4. 教材尽量体现外贸行业岗位的工作流程特点，加深学生对外贸岗位及工作要求的认识和理解。

5. 教材内容体现先进性、实用性和真实性，将本行业相关领域内最新的外贸政策、先进的进出口管理方式等及时纳入教材，使教材更贴近行业发展和实际需求。

6. 教材内容设计生动活泼并有较强的操作性。

在具体编写过程中，本系列教材得到了有关专家学者、院校领导，以及中国商务出版社的大力支持，在此一并表示感谢！由于编者水平有限，书中疏漏之处在所难免，敬请读者批评指正。

姚大伟　教授
2014 年 12 月 28 日于上海

前　　言

中国加入世界贸易组织（WTO）后，随着外经贸事业的发展，中国的对外开放进入了一个崭新的阶段，2014 年进出口总额达 4.30 万亿美元，全年出口 2.34 万亿美元，进口 1.96 万亿美元，中国取代美国成为全球进出口冠军。

中国已是名副其实的贸易大国，但是与贸易强国还有很大的距离，为了缩短这一差距，我国迫切需要大量的多层次的国际商务专业人才。而国际商务专业职业教育的目的，就是培养大批一线的能熟练操作进出口业务流程的业务员，从而使我国外经贸事业健康可持续地发展。

本书以外贸岗位知识、职业能力及外贸综合素质培养为重点，以完整的进出口业务流程为主线，围绕外贸工作过程中所涉及的知识点和技能点设计教材内容，将理论与实践相结合，突出了理实一体化教学模式，目的在于培养能实际操作进出口业务流程的技能型人才。

本书具有以下特色：

1. 以"外贸工作过程"为特点，以烟花制品进出口公司业务员梁斌的几笔进出口业务作为案例导入来设计本书的全局，使学生全面、系统、规范地掌握进出口交易的主要知识点和技能点。

2. 本书内容翔实，形式活泼，有案例分析、技能提升、新闻图片、即问即答、注释等，并配有大量的图片，符合职业学校学生的认知特点。

3. 课后配有大量的综合训练，让学生巩固专业知识，掌握外贸业务的基本知识和技能。

本书各章节编写人员为赖瑾瑜（第 2 章、第 10 章），陆雁萍（第 1 章、第 3 章、第 5 章）、叶碧琼（第 6 章）、蔡蓓蕾（第 4 章）、刘洋（第 7 章、第 8 章）、杨遐（第 12 章）、王宁（第 9 章）、宁莉（第 11 章）、谈秋娟（第 3 章）、李鼎峰（第 9 章）、陈佳（第 6 章），全书由赖瑾瑜、陆雁萍统稿审核。

在本书的编写过程中，得到广东省土产进出口（集团）公司烟花爆竹部经理钟兰娟、广东鹏程国际货运代理公司总经理刘鹏及许多企业界专家的大力支持，在此一并表示感谢！

本书在编写过程中借鉴、参考了有关书籍，在此特向相关的作者表示衷心的感谢。由于时间仓促，编者水平有限，错误一定难免，诚心希望大家批评指正。

编者

2015 年 5 月

目 录

引导案例 ·· 1

第1章　国际贸易的特点和业务流程 ································ 3

1.1　国际贸易的特点 ·· 3
1.2　国际贸易业务的基本流程 ··· 4
1.3　外贸业务所涉及的机构 ··· 6
1.4　外贸业务从业人员的基本素质 ··································· 7

第2章　出口交易前的准备工作 ······································ 11

2.1　获取外贸经营权 ··· 11
2.2　熟悉外贸产品 ··· 13
2.3　产品的品质、数量、包装 ··· 16
2.4　寻找客户 ··· 35
2.5　建立业务关系 ··· 40

第3章　价格与出口成本核算 ··· 51

3.1　认识贸易术语 ··· 51
3.2　价格与成本核算 ··· 61
3.3　贸易合同的价格条款 ··· 66

第4章　交易磋商与合同的订立 ······································ 77

4.1　交易磋商的方式与程序 ··· 77
4.2　签订书面合同 ··· 87

第5章　签订内贸合同及出口备货 ··································· 97

5.1　选择生产企业 ··· 98
5.2　签订采购合同 ··· 99
5.3　出口跟单 ··· 100

第6章　租船订舱 ··· 107

6.1　国际货物运输方式 ··· 107
6.2　贸易合同装运条款的拟订 ··· 112
6.3　海上货物运输订舱流程及相关运输单据 ···················· 117

6.4 国际货物运输运费计算 ·· 123

第 7 章 国际货运保险 ··· 135

7.1 国际运输货物保险的范围 ··· 135
7.2 国际运输货物保险条款 ·· 138
7.3 贸易合同保险条款的拟订 ··· 146
7.4 国际贸易投保操作流程 ·· 148

第 8 章 出口通关 ·· 154

8.1 报检流程 ··· 154
8.2 报关流程 ··· 160

第 9 章 国际货款的结算 ··· 168

9.1 国际贸易结算票据 ·· 168
9.2 汇付 ·· 173
9.3 托收 ·· 177
9.4 信用证结算 ··· 182
9.5 不同结算方式的综合使用 ··· 193

第 10 章 装船出运与制单结汇 ·· 201

10.1 装船出运 ·· 201
10.2 信用证项下的制单结汇 ··· 203

第 11 章 出口业务善后工作 ·· 219

11.1 索赔和理赔 ··· 219
11.2 不可抗力 ·· 221
11.3 仲 裁 ··· 223
11.4 外汇申报和出口退税 ·· 226

第 12 章 以信用证为支付方式的进口贸易业务流程 ···························· 233

12.1 申请开立信用证 ··· 233
12.2 安排运输与保险 ··· 237
12.3 审单和付款 ··· 240
12.4 报关报检和提货 ··· 241

参考答案 ··· 251

参考文献 ··· 262

引导案例

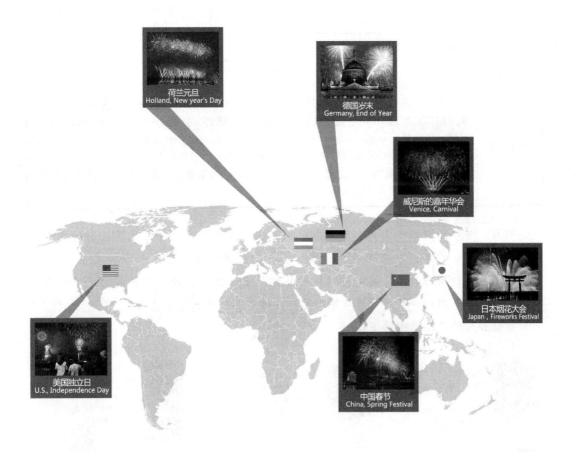

荷兰元旦
Holland, New year's Day

德国岁末
Germany, End of Year

威尼斯的嘉年华会
Venice, Carnival

日本烟花大会
Japan , Fireworks Festival

美国独立日
U.S., Independence Day

中国春节
China, Spring Festival

梁斌是上海亿鑫烟花制品进出口公司一名新业务员，梁斌到该公司上班的第一天，业务经理给梁斌指派了一名带教师傅李明。通过李明的详细介绍，梁斌大致了解了外贸工作的内容、外贸业务基本流程以及这份工作对从业人员基本素质的要求。

进入公司后，梁斌通过查阅公司信息，很快就了解了公司的基本概况，包括公司性质、企业文化、宗旨、业务范围、客户的地理分布、经营优势等。他把公司的基本信息整理成了一个简单的表格：

公司名称	上海亿鑫烟花制品进出口公司 SHANGHAI YIXIN FIREWORKS PRODUCE IMPORT & EXPORT CORPORATION
地　　址	上海市中山路 120 号 120 ZHONG SHAN ROAD, SHANGHAI, CHINA TEL：86-21-63218467　　FAX：86-21-63292167
网　　址	http：//www. yixin. com. cn
经营性质	私营企业
经营类型	外贸企业
所在地区	上海市
公司简介	上海亿鑫烟花制品进出口公司成立于 2007 年 8 月，公司主要经营各类烟花产品，年进出口总额达 1000 万美元以上。经过多年的努力，公司的"虎牌"烟花由于质量过硬，产品畅销欧洲、美洲和非洲等地，在国际市场获得了一席之地。与全国几百家生产厂商建立了长期稳固的合作关系，为开拓市场、发展业务创造了有利条件。公司始终遵循"质量第一、信誉第一、优质服务"的宗旨，欢迎国内外客商前来洽谈业务。

同时，梁斌通过深入生产车间或打样间，向老业务员咨询，熟悉了公司的产品信息，包括品名、规格、产品功能、包装、装箱、当前库存、可供出口数量等。此外，梁斌还通过各种搜索引擎，逐步对烟花产品的历史、工艺、原料、市场需求等形成了较全面的了解，对他今后更好地从事烟花产品的贸易工作打下了基础。

梁斌公司的产品举例如下：

ITEM NO.: T-C007
NAME: 9SH XXL
PACKING: 2/1
SIZE: 360*350*350

ITEM NO.: T-C002
NAME: GOLD SCATTER
PACKING: 12/1
SIZE: 150*120*175

ITEM NO.: T-RS01
NAME: ARTILLERY
PACKING: 6/12
SIZE: 1.75"

ITEM NO.: T-RS02
NAME: DOUBLE EDGE
PACKING: 12/8
SIZE: 1.75"

ITEM NO.: T-C005
NAME: FINALASSAULT
PACKING: 12/1
SIZE: 155*140*175

ITEM NO.: T-C005
NAME: SILCER WILLOW
PACKING: 12/1
SIZE: 380*280*260

第1章　国际贸易的特点和业务流程

2013年10月，梁斌在广交会上遇上加拿大OMI国际有限公司客商Joe，Joe表示对亿鑫烟花制品进出口公司的产品非常感兴趣，之后双方互留了名片。广交会后，梁斌给加拿大OMI国际有限公司客商Joe发去了要求建立业务关系的邮件。很快梁斌收到OMI国际有限公司客商Joe的询盘的邮件，梁斌通过邮件与Joe就交易条件进行了磋商，最终双方签订了外销合同。签订合同后，梁斌收到了加拿大帝国商业银行开来的信用证，审证无误后准备货物、安排装运、报检报关、制单结汇、出口退税等，顺利完成了合同。

请思考：

1. 相对于国内贸易而言，外贸业务的特点是什么？
2. 一笔外贸业务的基本流程是怎样的？
3. 完成一笔外贸业务可能与哪些部门或机构打交道？
4. 怎样才能成为一名优秀的外贸业务员？

1.1　国际贸易的特点

上海亿鑫烟花制品进出口公司除了有出口业务以外，还有部分内销的业务。师傅李明告诉梁斌，与国内贸易相比，国际贸易的环节更复杂、面对的风险更大、考虑的因素更多。

亿鑫公司曾将烟花分别出售给两个公司：（1）国内的天腾有限公司；（2）美国的ABC CO. LTD。试讨论两笔业务的不同之处。

国际货物买卖虽然与国内货物买卖并没有实质差别，但是由于它是在国与国之间进行的，所以具有国际性。与国内货物买卖相比它有以下特点：

1. 国际货物买卖比国内货物买卖难度更大

国际货物买卖涉及两个不同的国家，不同的国家在语言、法律、风俗习惯、贸易政策等方面都可能存在差异。例如，黄金，中国用克计量，外国用盎司。

2. 国际货物买卖比国内货物买卖更复杂

国际货物买卖的每笔交易除了买卖双方之外，往往还涉及国内外的运输、保险、海关、检验与检疫和银行等部门，贸易环节多，关系错综复杂。例如，国内贸易一般不必向海关申报因而不用缴纳关税。

3. 国际货物买卖比国内货物买卖风险大

国际货物买卖还会受到交易双方所在国政治、经济等因素的影响，具有更多的不确定性。国际货物买卖的交易数量和金额通常也比较大，一笔业务所需的时间也比较长。与国内货物买卖相比，国际货物买卖面临更大的商业风险、信用风险、汇率风险、运输风险、价格风险和政治风险等。

1.2　国际贸易业务的基本流程

师傅告诉梁斌，外贸业务的环节比较多，各环节都是环环相扣的，一个环节出了差错往往会影响后续的步骤。作为一名外贸业务员必须对业务的基本流程非常熟悉，要掌握好每个环节的时间节点。于是梁斌虚心地向师傅请教国际贸易业务的基本流程。师傅说外贸业务基本流程首先是要找到客户，然后就是签合同和履行合同。其中履行合同是最重要的环节之一，在履行合同的过程中最关键是要抓好"货"、"证"、"船"、"款"四个基本环节。

国际贸易业务的基本流程一般包括：建立业务关系、交易磋商、签订合同和履行合同。如果发生一方不履行或者不完全履行合同规定的义务还需要进行相关的索赔/理赔、仲裁。国际贸易合同当事人认真履行合同是开展外贸业务的重要环节。

以最具有代表性的采用 CIF 术语和信用证支付方式的交易为例，履行出口合同一般要经过准备货物、落实信用证、安排装运和制单结汇等环节（参见图 1.1）。

再以采用 FOB 术语和信用证支付方式的交易为例，履行进口合同一般要经过开证、安排运输、办理保险、审单付款、进口报关、到岸检验和接受货物等环节（参见图 1.2）。

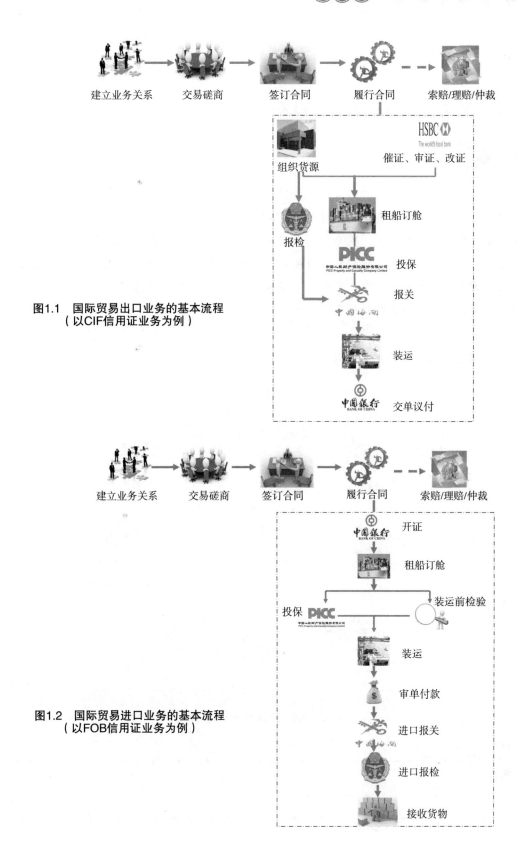

图1.1 国际贸易出口业务的基本流程
（以CIF信用证业务为例）

图1.2 国际贸易进口业务的基本流程
（以FOB信用证业务为例）

1.3 外贸业务所涉及的机构

李明师傅还告诉梁斌，外贸业务员的工作不但要与公司内部各部门进行沟通协调，更重要的是要与公司外部的部门或者企业进行沟通联络。比如把货物卖出去就要和国外客户打交道，联系货源就要和工厂打交道，商品运到国外要与运输部门打交道、办出口的通关手续需要和海关、出入境经检检疫局打交道，收钱还要与银行、外汇管理局、税务局打交道。所以新的业务员不仅要熟悉公司内部的部门架构，而且要了解今后工作所涉及的机构或者企业。

外贸业务所涉及的主要机构如图 1.3 所示：

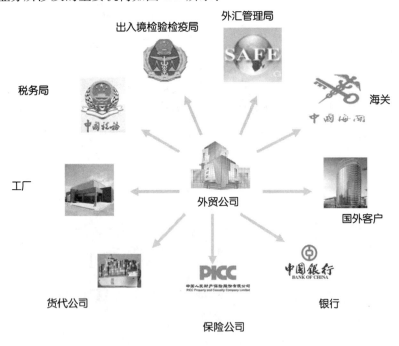

图 1.3　外贸业务所涉及的机构

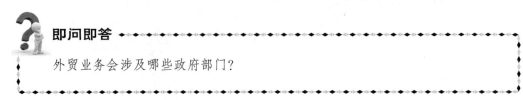

即问即答

外贸业务会涉及哪些政府部门？

1.4 外贸业务从业人员的基本素质

 梁斌在网站上看到三则与外贸工作相关的招聘广告：

招聘广告 1

职位标签： 外贸　业务员

职位职能： 贸易/外贸专员/助理

职位要求：

1. 国际贸易专业，商务英语，英语等相关专业。

2. 大学英语四、六级。

3. 熟悉外贸，能够独立完成整个操作流程；有经验者优先。

4. 应届毕业生，或无经验者，要具备相关扎实的基础知识，择优给予培训锻炼机会。

5. 具有较强的进取精神和团队精神，工作认真，责任心强，抗压性强，性格开朗、能吃苦，有团队精神和良好的忠诚度，具有较强的组织协调和应变能力。

职位描述：

1. 开展外贸业务，拓展海外市场，开发、维护国外客户；主要负责开发外国客户，收发往来邮件。

2. 进出口业务的联络、洽谈和谈判。

3. 能通过公司提供的平台或利用其他商务平台开拓国际市场，开发客户。

4. 要有较强的商务沟通能力与谈判技巧。

招聘广告2

职位职能： 贸易/外贸专员/助理

职位描述：

1. 熟练使用英语和西班牙语，会处理文字翻译，口语标准、流利，可出国与国外客户用英语洽谈业务。
2. 1~2 年外贸业务工作经验，熟悉阿里巴巴外贸平台操作及外贸流程。
3. 乐观开朗，能承受一定的工作压力。
4. 了解南美和欧洲市场的优先考虑。

招聘广告3

职位职能： 贸易/外贸专员/助理

职位描述： 业务跟单

岗位要求：

1. 中专以上学历，CET-6、TEM-4 及以上，口语流利。
2. 一年以上外贸相关工作经验，有家用医疗器械行业相关经验者优先；优秀毕业生可以考虑。
3. 善于洞察客户需求，对客户进行沟通引导，能独立思考并处理客户投诉问题，提供客户所需要的信息。
4. 具备较好的沟通能力，团队合作精神佳，能承受一定的工作压力。

梁斌心想：做一个优秀的外贸业务员不仅需要有扎实的专业和技能还需要有高度的责任心、沟通能力和团队合作精神。梁斌决定努力向这些标准看齐，争取成为一名优秀的外贸从业人员。

外贸业务从业人员的基本素质总结如下：

1. 职业素质

（1）热爱祖国，自觉维护国家和人民的利益。

（2）热爱本职工作，责任心强，勤奋工作，精益求精，积极开拓，锐意进取。

（3）具有良好的合作意识，搞好本企业和企业外有关部门的关系，相互支持，从全局出发，正确处理有关事宜。

（4）遵守外贸工作纪律，遵守本企业各项规章制度。

2. 能力素质

（1）综合业务能力。熟悉国际贸易的各个环节和操作程序、熟悉某种商品、精于计算价格和成本、能进行市场调研、交易磋商、合同执行、争议处理等环节业务的处理。

（2）语言文字能力和口头表达能力。掌握一门外语，能用外语处理相关的业务活动，用外语起草有关的贸易合同、处理日常业务信函。

（3）社交协调能力。能处理好与上级、同事的关系。善于与客户建立良好的客户关系。善于与对外业务有关的政府部门打交道。

3. 知识素质

（1）了解与国际贸易相关的法律法规和国际惯例。

（2）掌握与进出口业务有关的专业知识。

（3）了解所经营商品的知识。

 技能提示

作为一名外贸从业人员，你可以经常浏览商务部网站 www.mofcom.gov.cn 了解最新的外贸政策，可以登录福步论坛 http://bbs.fobshanghai.com 与同行多加交流，也可以关注相应的外贸电子商务网站寻找潜在的客户。

 拓展提升

外贸公司的主要工作岗位及职业资格证书

岗位	岗位职责	相关的职业资格证书
单证员	主要负责单证制作、商检、运输、保险、退税等环节的单证事务	《国际商务单证员资格证书》《外贸业务员证书》
跟单员	主要负责订单获取后对订单的生产执行品质、进度跟踪和操作	《全国外贸跟单员证书》
报关员	主要负责货物在进出境时，凭相关货物单据向海关办理进出口报关纳税等海关事务	《报关员资格证书》
报检员	主要负责凭相关货物单据办理货物出入境的商检事务	《报检员资格证书》
业务经理	主要负责业务洽谈、接单等与客户接触的全过程	《外销员从业资格证书》《国际商务师执业资格证书》

本章小结

与国内贸易相比，国际贸易具有"难、杂、险"的特点。国际贸易业务的基本流程一般包括：建立业务关系、交易磋商、签订合同和履行合同。合同的履行环节复杂，涉及组织货源、安排运输、办理保险、货物通关、结算货款等环节，因此外贸业务中所涉及的部门也比较多，如海关、出入境检验检疫局、国税局、外汇管理局、银行、货代公司、保险公司、工厂、客户等。一名外贸从业人员必须具备扎实的外贸知识和技能、较强的沟通能力、认真严谨的工作态度才能够胜任工作。

综合训练

一、简答题

1. 简述出口业务的基本流程。

2. 外贸业务所涉及的主要机构有哪些?

二、操作题

请同学们在网上搜索优秀外贸业务员的成功故事或者经验总结一则，与同学分享，并谈谈你的努力目标。

第2章 出口交易前的准备工作

王刚是梁斌所在公司的老总，2002年毕业后一直从事外贸出口工作。王刚的家乡湖南浏阳是中国烟花的主要产地，家里很多亲属都从事烟花的生产。在多年的外贸工作中，他接触了许多外商，敏锐地感觉到烟花爆竹具有较大的出口市场。2007年夏天，王刚决定在上海成立亿鑫烟花制品进出口公司。经过一个多月的奔波，王刚终于办齐了获得外贸经营权的各种手续，并申请领取了烟花爆竹的经营（批发）许可证。经过几年的努力，亿鑫烟花制品进出口公司的"虎牌"烟花品牌由于质量过硬，产品畅销欧洲、美洲和非洲等，在国际市场获得了一席之地。

梁斌作为公司的新业务员，经过一段时间的努力，已经对烟花爆竹产品有了一定的了解。2013年10月，梁斌在广交会上认识了加拿大客商Joe，随后通过双方函电的往来，梁斌与Joe建立了业务关系。

试思考：

（1）亿鑫烟花制品进出口公司获取外贸经营权需要办理哪些手续？

（2）作为一名新业务员应如何熟悉产品？

（3）如何寻找新客户？

（4）如何与客户建立业务关系？

2.1 获取外贸经营权

2007年8月，王刚决定成立公司时，根据2007年7月1日起施行的新《对外贸易法》，自然人、法人和其他组织依法登记后，可以从事货物和技术的进出口贸易，这意味着从2007年7月1日以后，普通百姓将可以个人身份从事进出口贸易活动。王刚先在公司所在地上海市长宁区工商管理系统办理了注册登记，然后到上海外

11

经贸局办理对外贸易经营者备案登记，随后王刚凭加盖备案印章的登记表到当地海关、检验检疫、外汇、税务部门办理开展对外贸易业务所需的有关手续。办完上述手续，王刚就算是真正有了自营进出口权，自己可以做进出口生意了。

王刚办理外贸经营权的流程如图2.1所示：

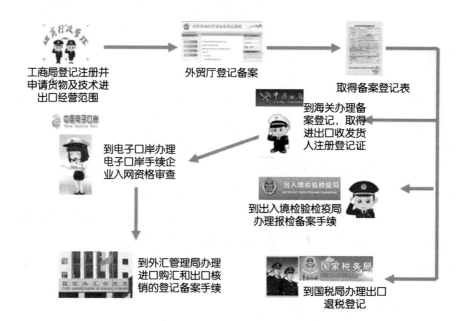

图 2.1 外贸经营权办理流程

2.1.1 对外贸易经营者的工商登记

拟从事货物进出口和技术进出口业务的企业和个人，若是需要工商注册成立的新

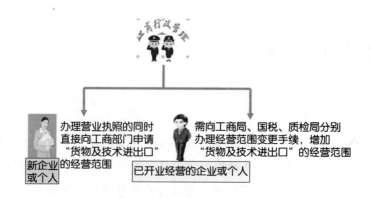

图 2.2 外贸经营者的工商登记注册

企业或拟工商登记的个人，可在办理营业执照的同时直接向工商部门申请"货物及技术进出口"的经营范围；对已开业经营的企业或个人，需向工商局、国税、质检局分别办理经营范围变更手续，增加"货物及技术进出口"的经营范围（如图2.2所示）。

2.1.2　对外贸易经营者的备案登记

办理工商登记注册后，相关企业或个人需到相应的备案机关办理对外贸易经营者备案登记（如图2.1所示）。

1. 网上提交备案登记。
2. 在线填写"对外贸易经营者备案登记表"，然后在打印出的登记表第二页盖企业公章，法人代表签字。
3. 报送备案登记书面材料。
4. 领取备案登记表。
5. 对外贸易经营者应凭加盖备案登记印章的登记表在30个工作日内到当地海关、检验检疫、外汇、税务等部门办理开展对外贸易业务所需的有关手续。逾期未办理的，登记表自动失效。

2.2　熟悉外贸产品

作为一名新业务员，梁斌知道若想得到客户的认可就必须有精湛的专业知识、商品知识和交流技巧，因此下决心首先"吃透"产品。梁斌借助各种搜索引擎、行业论坛及工厂提供的资料来学习有关烟花的专业知识。在公司的安排下，梁斌还在烟花爆竹厂待了三个月。在工厂期间，他虚心向工人和技术人员学习。经过一段时间的努力，梁斌对烟花产品的颜色、规格、型号、原材料和各种成本、主要成分、生产加工环节、加工工艺及相关认证等都有了一定的认识。同时，梁斌还认真地研究了烟花产品的国际市场需求情况、世界各地对该产品的需求特点，以及国内国际主要生产厂家和主要大客户等，为开展外贸业务做好了充分的准备。

对外贸业务员的基本要求首先是"吃透"产品。只有对自己的产品有足够深的了解，才能在与国外客户的谈判中获主动地位。因此，一个高素质的外贸业务员，必须是该行业的行家里手。一般说来，外贸业务员对产品的了解主要包括以下几个方面：

2.2.1 熟悉产品

熟悉产品主要包括：

1. 熟悉产品的颜色、规格、型号等；

2. 熟悉产品的原材料和各种成本，熟悉其主要成分；

3. 熟悉产品的生产加工环节和加工工艺；

4. 相关认证；

5. 世界各地对该产品的需求特点；

6. 国内国际主要的生产厂家和主要大客户。

 **技能提示**

要了解产品的各方面信息，除了多下工厂和向公司的前辈们请教外，还可以借助百度搜索、百度百科、百度知道、Google、维基百科（Wikipedia）以及各种行业论坛。例如，进入维基百科 http://en. wikipedia. org/，搜索 fireworks（烟花），可以查询到各种关于烟花的详细资料。

2.2.2 熟悉产品的包装

对于一个外贸业务员来说，包装虽然不难，但因为包装材料很杂，所以要特别留心。一般来说，了解产品包装主要需注意两点：

一是包装物。包装物主要有 PE 袋、宝丽珑、垫纸板、纸箱等。它们的主要作用是保护产品免于在运输途中损坏，一般客户没有统一的标准和要求。

二是印刷品。印刷品主要有说明书、吊卡、贴标等。印刷品涉及企业的营销和品牌，因此客户的要求往往就体现在印刷品上面。以钢制家具为例，往往客户要求在椅子上挂吊卡、说明书，贴上产地标 MADE IN CHINA 等，并在纸箱上贴上相应的标签。

2.2.3 熟悉产品的装箱

一般来说，大公司有专门的装箱人员，会提供相应的装箱数据。对业务员来说，如果能熟悉装箱情况，对成本的节省往往有很好的效果（国外客户对装箱质量要求比较高）。装箱主要有以下几个原则：先装体积大的产品后装体积小的产品，体积大的先装，多出来的空间可以把体积小的放进去，如果先把小的装完了，那剩余的空间就只有浪费了；多种货物拼箱的时候，要把大的先装完，然后装小的货物。

课堂案例

　　山东厨具进出口公司业务员张凡遇到了一个澳大利亚的客户，本人是产品经理，非常懂产品。参观工厂车间时，该客户对机器的性能非常感兴趣，问了一些很专业的问题，参观后客户提出了自己的设计要求。张凡让客户留下大概的设计方案，亲自去了一趟模具厂，与厂长和技工谈了几个小时，根据客户的思路，做了两款设计图纸发给客户选择。客户很开心地选择了其中一款设计。最后打样，客户提出小修改；再次打样，客户确认后没几天就把订单和保密协议发了过来。

　　事隔一年后，又有个中东的客户，同样提出了要修改模板，根据经验，张凡马上告诉客户哪些能做，哪些做不了，还把曾经做过的最复杂的欧洲客户的样品拿给客户看了，而且马上报出了做新模具的费用。客户听了十分信服，二话没说，继续与张凡谈后续的事宜。问：你认为业务员张凡得到客户信任的原因是什么？

　　案例解析：

　　国外客户有时候设计理念非常先进，对产品也非常熟悉。作为外贸业务员，如果对产品一知半解，或者没有用心去了解产品的最新知识，在与客户交往时就不能做到游刃有余。本案例中的业务员张凡正是因为对业务知识和产品的熟悉，才得到客户的信任。

梁斌如何熟悉产品

借助各种搜索引擎，梁斌逐步对烟花产品的历史、工艺、原料、市场需求等有较全面的了解，对他今后更好的从事烟花产品的贸易工作打下了基础。

例如，梁斌进入维基百科，搜索 fireworks（烟花），

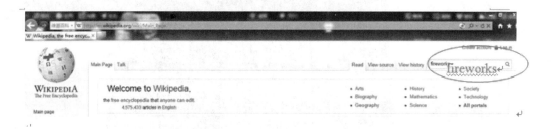

可以查询到有关烟花的各种资料：

2.3 产品的品质、数量、包装

在老业务员的帮助下，梁斌翻阅了以往的合同资料。他了解到：国际贸

易合同中的标的条款（也就是交易商品的品名以及与此相关的品质、数量、包装等条件）是国际贸易合同中的重要条款，也是双方当事人进行交易的基础。在不断实践中，梁斌对合同中的品质、数量、包装条款的拟订越来越得心应手。

国际贸易业务中，交易的标的种类繁多，每种标的都有其具体名称，并表现为一定的质量和数量，而且大多数的交易标的都需要一定的包装。因此，贸易双方在交易洽商过程中及订立合同时，都必须谈妥合同的标的及其质量、数量和包装等主要交易条件，并在贸易合同中做出明确、具体、详细的规定。

2.3.1 产品的品质

合同中的品质条件不仅是构成商品说明的重要组成部分，也是买卖双方交接货物的主要依据。《联合国国际货物销售合同公约》规定，卖方交付的货物，必须符合约定的质量。如卖方交货不符约定的品质条件，买方有权要求损害赔偿，也可要求修理或交付替代货物，甚至拒收货物或撤销合同。

1. 货物的名称

货物的名称，又叫品名，是某种商品区别于其他商品的一种称呼或概念，在一定程度上体现了商品的自然属性、用途及主要性能特征。好的品名不仅能高度概括出商品的特性，而且能诱发消费者的消费心理，促进消费者购买。为了使生产或销售同类商品的厂商或销售商区分开来，品名常常与商标、品牌、型号等结合起来，构成商品描述、说明的重要部分。

例如，在梁斌公司的产品中，ROMANCANDLE（手持焰火筒）是烟花的品名，与型号 TR-C001、尺寸共同构成了产品的描述。（见图 2.3）

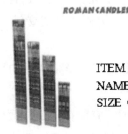

ITEM NO（型号）: T-RC001
NAME（品名）: ROMANCANDLE
SIZE（尺寸）: 10'S*40'S

图 2.3

2. 品质条款

商品的品质是商品的外观形态和内在质量的综合。商品的外观形态是通过人们的感觉器官可以直接获得的商品的外形特征。商品的内在质量则是指商品的物理性能、化学成分、生物特征、技术指标和要求等。

当前，进入国际贸易的商品种类繁多，特点各异，用以说明品质的方法也就不可能一致。概括起来，国际贸易中常用来表示商品品质的方法基本上有两大类，如图 2.4 所示：

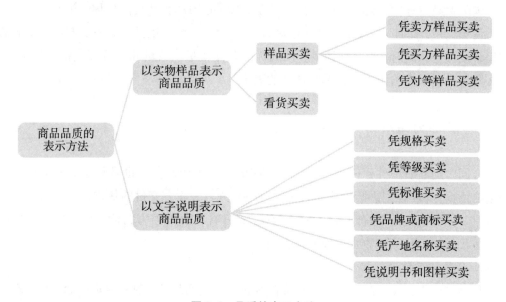

图 2.4　品质的表示方法

（1）以实物样品表示商品品质

以实物样品表示商品品质是指买卖双方在洽商时，由卖方或买方提出一种或数种或少量足以代表商品品质的实物作为样品，供对方确认，经对方确认后即成为双方交接货物的品质依据。这种方法也称为凭样品成交。

在国际贸易中，若采用凭样品成交，则根据提供样品方的不同可分为：

① 凭卖方样品买卖（sale by seller's sample）。凭卖方提供的样品洽商交易和订立合同，并以卖方样品作为交货品质的依据，称为凭卖方样品买卖。卖方在提供样品时应注意：

首先，所提供的样品必须有代表性，即样品能代表整批商品的平均品质。样品的品质与整批货物的品质相比，不能太高也不能太低。

其次，卖方在向国外客户寄送代表性样品时，应留存一份或数份同样的样品，以备日后交货或处理争议时核对之用，这种样品称为复样。寄发样品和留存复样，都应编上相同的号码或注明寄送日期，以便日后联系时引用并便于查核。必要时，可加封后保存，称为封样。

再次，在订立合同时，为了留有余地，可规定："卖方交货与所提供样品的品质大致相符或基本相符"，以防买方因商品与样品有微小差异而拒收或索赔。

最后，要严格区分参考样品和标准样品。对于非凭样品成交的样品，应在样品上注明"参考样品"或"仅供参考"字样。

② 凭买方样品买卖（sale by buyer's sample）。凭买方提供的样品磋商交易和订立合同，并以买方样品作为交货品质的依据，称为凭买方样品买卖。

③ 凭对等样品买卖（sale by counter sample）。对等样品是指卖方根据买方提供的样品，加工复制出一个类似的样品提供给买方确认。复制的样品称为"回样"，经买方确认的样品称为"确认样品"或"对等样品"。凭对等样品磋商交易和签订的合同，称为凭对等样品买卖。

合同品质条款示例一：凭样品成交

圣诞熊，货号 S312，16 厘米，带帽子和围巾，根据 2013 年 3 月 20 日卖方寄送的样品。

S312 16CM Christmas Bear with caps and scarf, details as per the samples dispatched by the seller on Mar. 20, 2013.

即问即答

1. 凭样品成交有哪几种方法？

2. 什么是对等样品？

（2）以文字说明表示商品品质

在国际货物买卖中，凡是以文字、图表、照片等方式来说明商品质量的，均属于凭文字说明表示商品品质的范畴。具体分为：

① 凭规格买卖（sale by specification）。凭规格买卖，是以规格来确定商品的品质，规格是指用来反映商品品质的一些主要指标，如成分、含量、纯度、长短、大小、粗细等。用规格表示商品品质的方法简单易行、明确具体，可根据每批商品的具体情况灵活调整，在国际贸易中应用广泛。

合同品质条款示例二：凭规格买卖

例 1：素绸缎 100％真丝，幅宽 55/56 英寸，匹长 38/42 码，重量 16.5 姆米。

plain satin silk 100％ silk, width 55/56 inches, length 38/42 yds, weight 16.5m/m.

例 2：中国芝麻

水分（最高）8％

杂质（最高）2％

含油量（湿态，乙醚浸出物）52％为基础

China sesame

Moisture（max.）8%

Admixture（max.）2%

Oil content（wet basis ethyl ether extract）52% basis

例3：梁斌公司的焰火产品 DISPLAYSHELL（礼花弹）就是用各种型号和不同的尺寸来表示产品的品质。

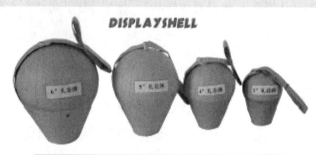

ITEM No.	NAME	PACKING	SIZE
T-D001	3″DISPLAY SHELL	72/1	3″
T-D002	4″DISPLAY SHELL	6/1	4″
T-D003	5″DISPLAY SHELL	24/1	5″
T-D004	6″DISPLAY SHELL	9/1	6″

② 凭等级买卖（sale by grade）。是指将同类货物按其品质或规格上的差异划分为不同的级别和档次，用数字或文字表示，从而产生品质优劣的若干等级。不同的等级代表着不同的品质，而每一种等级都规定有相对固定的规格。凭等级买卖，只需说明商品的级别，就可以明确买卖商品的品质。

合同品质条款示例三：凭等级买卖

例1：江门大蒜：一级　圆周175mm

二级　圆周95mm

例2：浅棕色鲜鸡蛋，表面清洁，大小均匀。

Fresh Hen Eggs, shell light brown and clean, even in size.

Grade AA：60-65gm per egg

Grade A：55-60gm per egg

Grade B：50-55gm per egg

Grade C：45-50gm per egg

Grade D：40-45gm per egg

Grade E：35-40gm per egg

课堂案例

我国某出口公司向外商出口一批苹果。合同及对方开来的信用证上均写明是三级品，但卖方交货时才发现三级苹果库存告罄，于是该出口公司改以二级品交货，并在发票上加注："二级苹果仍按三级计价不另收费"。请问：

（1）卖方这种做法是否妥当？为什么？

（2）卖方应如何应对？

案例解析：

（1）不妥当。在国际贸易中，卖方所交货物必须与合同规定完全一致，否则买方有权提出拒收或索赔要求。我某出口公司在此次交易中虽然以好充次，但因货物与合同规定不符，在出现价格下跌的情况下买方仍可能提出拒收或索赔。

（2）此时我方应采取主动措施，将情况电告买方，与买方协商寻求解决的办法，或者将合同规定交货的三级品改为二级品，在必要的时候可以给予买方一定的经济补偿或价格折让。需要加以注意的是，无论采取哪种解决措施，发货前都要征得买方的同意和确认，以免日后发生合同纠纷。

③凭标准买卖（sale by standard）。商品的标准是对商品质量以及与质量有关的各个方面（如商品的规格、性能、用途、使用方法、检验方法、包装、运输、储存等）所做的统一技术规定，是评定、监督和维护商品质量的准则和依据。在国际货物买卖中，经常将标准作为说明和评定商品品质的依据。

世界各国都有自己的标准，如英国的 BS 认证、美国的 ANSI 认证、法国的 NF 认证、日本的 JIS 认证，另外还有国际标准，如国际标准化组织、国际电工委员会制定的标准等。

我国也有国家标准、专业标准、地方标准和企业标准。商品的标准经常随着生产技术的进步而不断修改和调整，即使是同一部门对同一商品制定的标准，其内容也会因版本名称和年份的不同而有所差异，因此在援用标准的同时必须注明所援用标准的版本年份和名称，以免引起争议。

在国际贸易中，还有些初级产品的交易难以确定统一的标准，一般采用"良好平均品质"和"上好可销品质"来表示商品品质。这种表示品质的方法比较笼统，难以掌握，履约时容易引起争议，故不宜采用。

注释： 良好平均品质（fair average quality，FAQ）是指一定时期内某地出口商品的平均品质水平，即中等货或大路货，适用于农副产品。上好可销品质（good merchant-

able quality，GMQ）是指卖方出售的商品品质上好，适合市场销售，无须说明商品的具体品质，适用于木材和冷冻鱼虾等产品。

合同品质条款示例四：凭标准买卖

例1：利福平，英国药典1993年版。

Rifampicin B. P. 1993.

例2：柠檬酸钠，符合1980年版英国药典标准，纯度不低于99％。

Sodium citrate specifications：In conformity with B. P. 1980，Purity：Not less than 99％。

例3：东北大豆，2011年产，大路货，含油量最低18％。

Northeast soybean，2011 production，FAQ，oil content（min）18％.

---

④ 凭品牌或商标买卖（sale by brand or trade mark）。在市场上行销已久、质量稳定、信誉良好的产品，其品牌或商标往往为买方或消费者所熟悉和喜爱，生产厂商或销售商便可凭品牌或商标来规定商品的质量，与买方达成交易，这种方法即"凭品牌或商标买卖"。如可口可乐饮料、别克汽车、耐克旅游鞋等。

⑤ 凭产地名称买卖（sale by origin）。有些产区的产品，尤其是一些传统农副产品，因具有独特加工工艺而在国际市场上享有盛誉，对于这类商品的出口，可以采用产地名称或地理标志来表示其独特的品质，如东北大米、西湖龙井茶等。这些标志不仅标注了特定商品的产地，而且对这些商品的特殊品质和品味提供了一定的保障。

⑥ 凭说明书和图样买卖（sale by descriptions and illustrations）。是指对机电、仪表等技术密集型产品，可以用说明书来介绍该产品的构造、性能、使用方法及使用的原材料等，有时还附以图样、设计图纸、性能分析表等来完整说明其具有的质量特征。

合同品质条款示例五：凭说明书和图样买卖

1515A型多梭箱织机，详细规格见所附文字说明与图样。

Multi-shuttle Box Loom Model 1515A，detail specifications as per attached descriptions and illustrations.

 即问即答

以文字说明表示商品的品质有哪几种方法？

3. 品质条款的拟订

在国际贸易中，商品种类繁多，品质千差万别，因此合同中的品质条款也有繁有简，须根据具体商品的特性和不同用途而定，不可能一成不变。一般来说，在商订品质条款时，主要应注意以下几点：

（1）合同中品质条款的基本内容

合同中的品质条款一定要列明商品的品名。在凭样品成交时，除了要列明商品的品名外，还应订明确认样品的编号及日期。在凭文字说明买卖时，合同中应明确规定商品的名称、规格、等级、标准、品牌、商标或产地等内容。在以图样和说明书表示商品质量时，还应在合同中列明图样、说明书的名称、份数等内容。

（2）品质机动幅度条款

品质条款的制定要科学、严密、准确。但是对于那些品质、规格不易做到完全统一的货物，拟订品质条款时就要有一定的弹性，给自己留有一定的余地。

A. 交货品质的机动幅度

品质机动幅度是指合同中规定允许卖方交货的品质指标可以有一定的机动幅度，主要适用于初级产品的质量指标。具体方法有：

① 规定范围

是指对某项商品的主要质量指标，规定允许有一定机动的范围。例如，棉布：宽度 $41'/42'$。

② 规定极限

是指对某些商品的品质规格规定上下极限，如最大、最高、最多、最小、最低。例如，鱼粉：蛋白质 55% 以上；脂肪最高 9%；水分最高 11%；盐分最高 4%；砂分最高 4%。

③ 规定上下差异

是指在规定某一具体质量指标的同时，规定必要的上下幅度。例如，灰鸭毛：含绒量 18%，允许上下 1% 浮动。

B. 品质公差

对于国际同行业公认的品质公差，可以不在合同中明确规定。但对于国际上无统一认可的品质公差，或由于生产原因需要扩大公差范围时，应在合同中具体规定品质公差的内容，即买卖双方共同认可的误差。

注释： 品质公差是指允许交付商品的特定质量指标有公认的差异，如手表走时的误差，棉纱支数的确定等。交货质量在此范围内即可认为与合同相符。

C. 弹性语言的运用

凭样品成交时，可在合同中注明"品质与货样大致相同"（quality to be considered

as being equal to the sample）字样，以避免货、样不能完全一致而产生的纠纷。

（3）规定品质条款的注意事项

A. 正确运用各种表示品质的方法

表示品质的方法很多，究竟采用何种表示品质的方法，主要依商品的特性而定（如图2.5所示）。在这里，需要特别注意的是，当对某种商品同时采用几种表示品质的方法时应当审慎，凡能用一种方法表示品质时，一般不宜同时采用两种或两种以上的表示方法，特别是同时采用凭规格和凭样品成交，会给履约造成困难。

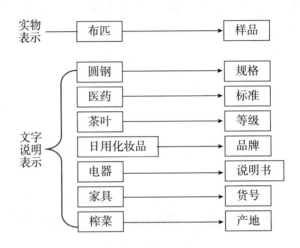

图2.5　品质的表示方法

B. 防止约定的品质条件出现偏高或偏低现象

在规定品质条款时，要根据需要和可能，实事求是地确定品质条件，防止出现品质条件偏高或偏低的现象。诸如：皮鞋要求彻底消灭皱纹，豆类要求彻底消灭活虫与死虫之类的条件，不应接受。

C. 力求品质条款明确具体

为便于买卖双方按约定的品质条件交接货物及明确彼此的责任，在商定品质条款时应当明确具体，避免采用诸如"大约"、"左右"之类的笼统含糊的或模棱两可的规定办法，以免在交货品质问题上引起争议。

 即问即答

1. 凭样品成交应如何使用弹性语言？
2. 订立品质条款要注意哪些事项？

24

梁斌拟订的品质条款如下表所示：

Item. No.	Commodity and Specification	Quantity（CATTON）	Unit Price USD/CTN	Amount USD
	FIREWORKS		CIF TORONTO	
T97	16/4	800	22.20	17,760.00
T70X	60/1	650	24.38	15,847.00
H10X	120/1	300	24.38	7,314.00
F13	96/3	200	41.10	8,220.00
		TOTAL 1950CTNS		USD 49,141.00

2.3.2　数量条款

商品的数量是指以一定的度量衡单位表示的商品的重量、个数、长度、面积、体积、容积等的量。商品的数量是国际贸易合同中不可缺少的主要条件之一。《联合国国际货物销售合同公约》规定：买方可以收取也可以拒绝收取全部多交商品或部分多交商品。但如果卖方短交，可允许卖方在规定交货期届满之前补齐，但不得使买方遭受不合理的不便或承担不合理的开支。即使如此，买方也会保留要求损害赔偿的权利。

1. 常用的计量单位

weight（重量）	metric ton, long ton, short ton, kg, gram, ounce, pound… 公吨　长吨　短吨　千克　克　盎司　磅
number（数量）	piece, pair, set, bale, dozen, roll, ream, bag, case… 件　双　套　包　打　卷　令　袋　盒
length（长度）	meter, foot, yard, inch, cm… 米　英尺　码　英寸　厘米
area（面积）	square meter, square foot, square yard… 平方米　平方英尺　平方码
volume（体积）	cubic meter, cubic foot, cubic yard… 立方米　立方英尺　立方码
capacity（容积）	bushel, liter, gallon… 蒲式耳　公升　加仑
度量衡制度	the metric system, 公制 the British system, 英制 the U.S. system, 美制 the International System of Units 国际单位制

由于各国度量衡制度不同，所使用的计量单位也有所差异。目前，国际贸易中通常使用的度量衡制度有国际单位制、公制、英制和美制四种。《中华人民共和国计量法》第3条规定：国家采用国际单位制。国际单位制计量单位和国家选定的其他计量单位，为国家法定计量单位。

2. 计算重量的方法

在国际贸易中，按重量计量的商品很多。根据商品的性质和一般商业习惯，通常计算重量的方法有下列几种：

（1）毛重（gross weight）。商品本身重量加包装的重量称为毛重。这种计重办法一般适用于低值商品。

（2）净重（net weight）。净重是指商品本身重量，即除去商品包装物后的实际重量，这是国际贸易中最常见的计重方法。不过，有些价值较低的农产品或其他商品，有时也采用"以毛作净"（gross for net）的方法计重。例如，蚕豆100公吨，单层麻袋包装以毛作净。所谓"以毛作净"，是指以毛重当做净重计价。

合同数量条款示例一：以毛作净

中国大米1000公吨，以毛作净。

Chinese rice 1, 000M/T, gross for net.

（3）公量（conditioned weight）。有些商品性质比较特殊，如棉毛、羊毛、生丝等商品吸湿性较强，商品所含水分受客观环境的影响较大，故其重量很不稳定。为了准确计算这类商品的重量，国际上通常采用按公重计算的办法，公重是指以商品的干净重（指烘去商品水分后的重量）加上国际标准回潮率与干净重的乘积所得出的重量。

（4）理论重量（theoretical weight）。对于某些按固定规格生产和买卖的商品，只要其规格一致，每件重量大体是相同的，一般可以从其件数推算出总量。如马口铁、钢板等。

3. 数量条款

合同中的数量条款是买卖双方交接商品和处理争议的依据，主要包括成交商品的数量和计量单位。按重量成交的商品，还需要订明计量重量的方法，对于大宗散装货物，还需规定机动幅度。

（1）明确交易的数量和计量单位

合同中数量条款的基本内容是成交商品的数量和计量单位，如：焦炭，20000公吨。有的合同也可以规定确定数量的方法。

合同中的数量条款应当完整、准确，尽量不要用"约"、"大约"、"左右"等字样。特别是在非信用证结算的情况下，"约"量没有统一的解释，为防止产生歧义引起纠纷，合同中尽量不用"约"量条款。

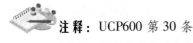

注释： UCP600 第 30 条

a. "约"或"大约"用于信用证金额或信用证规定的数量或单价时，应解释为允许有关金额或数量或单价有不超过 10% 的增减幅度。

b. 在信用证未以包装单位件数或货物自身件数的方式规定货物数量时，货物数量允许有 5% 的增减幅度，只要总支取金额不超过信用证金额。

（2）明确重量的计算方法

重量的计算方法要根据货物的性质及商业习惯来确定。对于按重量计价的商品，一定要明确规定按毛重还是按净重计算，如合同未规定计算方法，按惯例应为按净重计算。

（3）数量机动幅度条款

注释： 溢短装条款就是在规定具体数量的同时，再在合同中规定允许多装或少装的一定百分比。卖方交货数量只要在允许增减的范围内即为符合合同有关交货数量的规定。

在国际货物买卖中，许多商品受本身特性、生产、运输或包装条件以及计量工具的限制，在交货时不易精确计算。如散装谷物、水果、矿砂以及一般的工业制成品等，交货数量难以完全符合合同约定的某一具体数量。因此，买卖双方通常都要在合同中规定数量机动幅度条款，允许卖方交货数量可以在一定范围内上下浮动，这就是溢短装条款。溢短装条款主要内容如下：

① 数量机动幅度的大小要适当

数量机动幅度的大小，通常都以百分比来表示，而百分比究竟多大合适，应视商品特性、行业或贸易习惯和运输方式等因素而定。

② 数量机动幅度选择权的规定要合理

数量机动幅度的选择权究竟由谁行使合适，应视成交条件和双方当事人的意愿而定，一般来说，如采用海运，应由负责安排船舶运输的一方来选择比较合理。例如，按 FOB 件成交，应由派船接货的买方来选择；按 CIF 或 CFR 条件成交，应由派船送货的卖方来选择。此外，也可规定由船长根据舱容和装载情况做出选择。

③ 溢短装数量的计价方法要公平

在通常情况下，对机动幅度范围内多装或少装部分，一般按合同价格计算，但为了防止合同当事人利用市场行情的变化，故意多装或少装以获取额外收入，也可在合同规定，多装或少装部分不按合同价格计价，而按装船时或到货时的市场价格计价，以体现公平合理的原则。

合同数量条款示例二：溢短装

数量：1000 公吨。为适应仓容需要，卖方有权多装或少装 5%，超过或不足部分按合同价格计算。

Quantity：1000M/T. The seller have the option to load 5% more or less than the quantity contracted if it is necessary for the purpose to meet the shipping space and each different shall be settled at the contract price.

某公司订购钢板400M/T，计 6 英尺、8 英尺、10 英尺、12 英尺四种规格各 100M/T，并附每种数量可增减 5% 的溢短装条款，由卖方决定。今卖方交货为：6 英尺，70M/T；8 英尺，80M/T；10 英尺，60M/T；12 英尺，210M/T，总量未超过 420M/T 的溢短装上限的规定。请问：进口商是否有权要求损害赔偿？

案例解析：

国际贸易中，一般对溢短装条款解释为不但总量受其约束，所列每种具体规格和数量亦受其约束。案例中虽然总量符合要求，但卖方所交每种具体规格的钢板均与 5% 的约定相差甚大，其中 12 英尺钢板超装运 110%，这是违反合同的。所以买方完全有理由要求损害赔偿。

即问即答

1. 溢短装条款的主要内容有哪些？
2. 溢短装数量如何计价？

梁斌拟订的数量条款如下表所示：

Item No.	Commodity and Specification	Quantity (CATTON)	Unit Price USD/CTN	Amount USD
	FIREWORKS		CIF TORONTO	
T97	16/4	800	22. 20	17, 760. 00
T70X	60/1	650	24. 38	15, 847. 00
H10X	120/1	300	24. 38	7, 314. 00
F13	96/3	200	41. 10	8, 220. 00
		TOTAL 1950CTNS		USD49, 141. 00

2.3.3 包装条款

商品的包装是实现商品的价值和使用价值的必备条件以及贸易合同顺利完成的重要保证。一套合适的商品包装既可以有效地保护商品的品质，又能提高商品的档次，在销售中起着举足轻重的作用。提供约定的货物包装是卖方的基本义务。《公约》规定，卖方交付的货物，如未按合同规定的方法装箱或包装，均构成违约。

1. 包装的种类

根据包装在流通过程中所起的不同作用，可分为运输包装（即外包装）和销售包装（即内包装）两种类型。

（1）运输包装

运输包装的主要作用在于保护商品品质完好和数量完整，便于运输、装卸、储存和计数，防止出现货损、货差。运输包装可分为：

A. 单件运输包装

单件运输包装是指在运输过程中作为一个计量单位的包装，常用的有箱、包、桶、袋等。

B. 集合运输包装

集合运输包装是指将若干单件运输包装组合成一件大包装或装入一个大的包装容器内。这种包装方式能够更有效地保护商品、节约费用，并能大幅度提高装卸效率。常用的包装容器有：

① 集装箱。集装箱一般是用金属材料制成的一种大型包装容器。它具有足够的强度，能反复使用，一般为长方形，可装 5 ~ 40 吨各种类别的商品。当前使用最多的集装

箱规格是 8 英尺宽、8 英尺高、20 英尺或 40 英尺长的标准化集装箱。通常称规格为 8 英尺 × 8 英尺 × 20 英尺的集装箱为一个"标准箱",即 TEU。

按照集装箱的不同用途,还可分为密封集装箱、冷藏集装箱、开顶集装箱、液体集装箱、特种集装箱等。

② 托盘。托盘是按一定规格制成的单层或双层平板装载工具,有可供铲车插入的插口,便于装卸和搬运。在平板上码放几吨重的单件包装的货物,再用箱板纸或塑料薄膜及金属绳索将货物连同托盘集合包装在一起,即组成一个运载单元或集合包装。

③ 集装袋。集装袋是用塑料重叠丝编织成的圆形大口袋或方形大包,其容量一般为 1~4 吨,最高可达 13 吨左右。集装袋一般用于包装那些用纸袋、塑料袋作为小包袋的商品,如面粉、食糖以及化工原料等颗粒状或粉状的商品。

(2)销售包装

销售包装是随着商品进入零售环节与消费者直接见面的包装,除了要求具备保护商品的作用外,更重要的是要美化宣传、促进销售。近年来,对销售包装的质量和数量要求越来越高。不断研究改进销售包装的式样,提高销售包装的质量,扩大带销售包装的商品出口,是包装工作中的重要任务之一。

在销售包装上，除附有装满画面和文字说明外，有的还印有条形码的标志。为了适应国际市场的需要和扩大出口，1991年 4 月我国正式加入了国际物品编码协会，该会分配给我国的国别号为"690～695"，凡标有"690～695"条形码的商品，即表示为中国产品。

2. 商品的运输包装标志

运输包装上一般都要印刷特定的标志，其作用是为了方便货物的交接、运输、装卸和储存。这些标志按其用途可分为运输标志、指示性标志和警告性标志。

注释：运输标志通常称为唛头（shipping mark），其作用是在装卸、运输、保管过程中，使相关环节的操作者便于识别货物，防止错发错运，也有利于运输、仓储、检验和海关查验。

（1）运输标志

运输标志称为唛头，通常由以下几部分组成：

① 收货人或发货人的简称或代号；

② 目的港或目的地名称；

③ 包装的件号和批号，如 15/50，表示总共 50 件商品中的第 15 件；

④ 参考号。如运单号、订单号或发货票号；

⑤ 其他相关内容如原产地标志、信用证号、进口许可证号、合同号，以及重量、体积等标志也可加入运输标志中。

标准化运输标志

ABC......收货人代号
SC1234......参考号
NEW YORK......目的港
1/25......件数代号

其中，国际标准化组织推荐使用的标准唛头包括了前四个部分的内容。

（2）指示性标志

指示性标志是提示人们在装卸、运输和保管商品过程中需要注意的事项，一般都是以简单醒目的图形和文字在包装上标出，也称为注意标志。其中一些常见的指示性标志如下图所示。

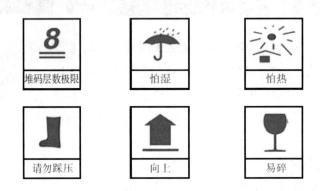

（3）警告性标志

警告性标志又称危险货物包装标志。凡在运输包装内装有爆炸品、易燃物品、有毒物品、腐蚀性物品、氧化剂和放射性物质等危险货物时，都必须在运输包装上面标示用于各种危险品的标志以示警告，使装卸、运输和保管人员按货物特性采取相应的防护措施，以保护物资和人身的安全。根据我国国家技术监督局发布的《危险货物包装标志》的规定，在运输包装上应标示的警告性标志如下图所示。

即问即答 ●━━━━━━━━━━━━━━━━━━━━━━━━━━

1. 运输包装标志包括哪几种？

2. 唛头包括哪几个部分？

3. 中性包装和定牌生产

采用中性包装和定牌生产，是国际贸易中常用的习惯做法，现分别予以介绍。

（1）中性包装

中性包装是指既不标明生产国别、地名和厂商的名称，也不标明商标或品牌名的包装。中性包装包括无牌中性包装和定牌中性包装两种。前者是指包装上既无生产地名和厂商名称，又无商标、品牌的包装；后者是指包装上仅有买方指定的商标或品牌，但无生产地名和出口厂商。采用中性包装，是为了打破某些进口国家与地区的关税和非关税壁垒以及适应交易的特殊需要（如转口销售等），它是出口国家厂商加强对外竞销和扩大出口的一种手段。为了把生意做活，我国对国际贸易中的这种习惯做法允许酌情采用。

（2）定牌生产

定牌生产是指卖方按买方的要求，在其出售的商品或包装上标明买方指定的商标或品牌。当前，世界许多国家的超级市场、大型百货公司和专业商店，对其经营出售的商品，都要在商品或包装上标有本商店使用的商标或品牌，以扩大商店的知名度和显示该商品的身价。许多国家的出口厂商，为了利用买主的经营能力及其商业信誉和品牌声誉，以提高商品售价和扩大销路，也愿意接受定牌生产。在接受定牌业务时，应在合同中规定由商标或品牌引起的知识产权纠纷与我方无关。

课堂案例

菲律宾客户与上海某自行车厂洽谈进口"飞翔"牌自行车 10000 辆，但要求我方改用"虎"牌商标，并且包装上不得注明 Made in China 字样。

请问：买方为何提出这种要求？

案例解析：

这是一起对方要求中性定牌包装的案例。自行车是美国、欧盟等对我国实施反倾销的商品，对原产地有严格的要求，该菲律宾客商本是中间商，产品经菲律宾再转口至美国，可以避开欧美国家针对中国产品的反倾销税。

4. 包装条款

包装条款一般包括包装材料、包装方式、包装规格、包装标志和包装费用的负担等内容。为了订好包装条款，以利于合同的履行，在商定包装条款时，需要注意以下事项：

（1）包装材料和包装方法要考虑商品特点和不同运输方式的要求

在约定包装材料、包装方式、包装规格和包装标志时，必须从商品在储运和销售过程中的实际需要出发，使约定的包装科学合理，并达到安全、适用和适销的目的。

（2）关于运输标志

运输标志一般由卖方决定，并无必要在买卖合同中做出具体规定。但如买方要求指定，就需在合同中具体规定唛头的式样和内容。

合同包装条款示例：

例1：纸箱装，每箱60听，每听1000片。

In cartons containing 60 tins of 1, 000 tab. each.

例2：布包，每包20匹，每匹40码.

In cloth bales each containing 20pcs. of 40 yds.

例3：每件装塑料袋，1打1盒，10盒1纸箱，4箱装1木箱。

Each pc packed in a polybag, 1doz. to a box, 10 boxes to a carton, 4 cartons to a wooden case.

（3）对包装的规定要明确具体

约定包装时，应明确具体而不宜笼统。例如，一般不宜采用海运包装（seaworthy packing）和习惯包装（customary packing）之类的术语。因为此类术语含义模糊，无统一解释，容易引起争议。

（4）明确包装费用由哪方负担

包装费用一般包括在货价内，但如果买方要求特殊包装，则其超出正常包装费用的部分应由买方负担。

上海 A 出口公司与香港 B 公司成交自行车1000 台，由 A 公司缮制合同一式两份，其中包装条款规定为 packed in wooden case（木箱装）。A 方将此合同寄至 B 方，然后由 B 方签回。B 方签回的合同上于原包装条款后加"C. K. D."（全拆卸包装）字样，但未引起 A 公司注意。此后 B 公司按合同开证，A 公司凭信用证规定制单结汇完毕。货到目的港，B 方发现系整台自行车箱装。由于自行车整台进口需多缴纳20%进口税，因此 B 公司要求 A 公司赔偿损失。

请问：香港 B 公司的要求是否合理？为什么？

案例解析：

香港公司 B 的要求是合理的。卖方忽略后加的 C. K. D，造成实际装载包装与合同不符，有不可推卸的责任。

梁斌拟订的包装条款如下所示：

Item No.	Commodity and Specification	Packing (PC/CTN)	Quantity (CARTON)	Unit Price USD/CTN	Amount USD
				CIF TORONTO	
T-F101	CELEBRATION CRACKERS10000	10	330	23.50	7,755.00
T-F102	CELEBRATION CRACKERS20000	8	250	26.60	6,650.00
T-F103	CELEBRATION CRACKERS30000	5	320	30.30	9,696.00
T-F104	CELEBRATION CRACKERS50000	4	100	34.00	3,400.00
T-F105	CELEBRATION CRACKERS100000	1	350	36.80	12,880.00
		TOTAL 1350CARTONS			USD40,381.00

10% MORE OR LESS BOTH IN AMOUNT AND QUANTITY ALLOWED

2.4　寻找客户

在外贸企业中，能否找到客户接到国外的订单是外贸业务员能否在激烈的竞争中生存的最重要的指标。梁斌在认真学习产品知识的同时，也虚心地向公司的老业务员请教寻找客户的各种方法和技巧。除了公司每届都参加的广交会和各种展览会外，他还了解到，在科技高度发展的今天，因特网改变了一切，凭借网络，几乎可以获取所需的一切知识和信息，处理与外贸相关的绝大部分工作。外贸业务员可以通过网站来展示产品，发布广告，寻找客户，通过电子邮件、MSN 和 QQ 一类的即时聊天软件来洽谈生意，无论客户身处世界的哪个角落，都可以"面对面"交流。因此，梁斌除了同老业务员一起参加各种展览会外，还认真摸索总结如何通过互联网寻找客户。

2.4.1 参加展览会

展览会（virtual expo/exhibition/trade fair）是为了展示产品和技术、拓展渠道、促进销售、传播品牌而进行的一种宣传活动。

注释：中国进出口商品交易会（简称广交会，英文名为 Canton Fair）创办于 1957 年春季，每年春秋两季在广州举办，截至 2014 年已有 57 年历史。它是中国目前历史最长、层次最高、规模最大、商品种类最全、到会客商最多、成交效果最好的综合性国际贸易盛会。

世界上第一个国际性展会是 1895 年在德国莱比锡举办的莱比锡样品展览会。欧洲是世界会展业的发源地，经过一百多年的积累和发展，欧洲会展经济整体实力最强、规模最大。在这个地区，德国、意大利、法国、英国都是世界级的会展业大国。在国际性贸易展览会方面，德国是头号的世界会展强国。

随着对外经济交往的逐年扩大，各式各样的展览会成为外贸企业获取商机的重要途径，企业可以根据需要参加国内外各类型展会宣传自己，了解市场，寻找客户并建立业务关系，也可以通过出国考察或参加国外举办的国际商展，拓展贸易空间，结识客户，获取贸易机会。

 梁斌参加的几次展览会

梁斌进入公司后，跟随公司老业务员参加了几次展会，收获颇多，为他今后从事外贸业务打下了基础：

（1）2013 年 4 月，梁斌参加了在德国吕丁豪森举办的一年一度的德国国际烟花展览暨论坛。这是梁斌第一次参加国外的展会，该届会展为期 3 天，共有来自德国、英国、中国、美国、荷兰、意大利、波兰、奥地利、芬兰、法国等国家的 53 家公司租用展位展示了烟花制品、燃放器材和控制系统等各类产品。与展览同期举办的论坛活动还进行了 16 场对话和研讨会议。这次展会让梁斌大开眼界，了解了当前烟花行业的最新、最尖端的技术。

（2）2013 年 10 月，梁斌参加了第 114 届广交会。一直以来，广交会都是中国花炮走向世界的一个重要的渠道。在广交会期间，亿鑫烟花制品进出口公司业务员与来自世界各地的商人进行洽商谈判，寻找商机。广交会的第二天，加拿大 OMI 国际有限公司的客商 Joe 来到梁斌公司的烟花展位，Joe 对梁斌公司的产品非常感兴趣，两人相谈甚欢，双方互留了名片，Joe 表示希望能与亿鑫烟花制品进出口公司建立长期的往来。

（3）2014 年 5 月，梁斌参加了在湖南浏阳举办的中国烟花爆竹安全环保博览会。展会主体活动包括新产品展示暨看样订货会、机械推广应用与项目领养对接等。梁斌的亿鑫烟花制品进出口公司也拿到一个展位。通过与全国各地的同行们互相切磋，互相学习，梁斌在这次的研讨中获得极大的收益。

2.4.2 利用互联网

国际贸易中买卖双方相距遥远，直接找到国外客户、当面进行交易磋商并与之建立业务关系的机会很少。随着科学技术的发展，越来越多的商人通过网上贸易来寻找目标客户，然后再通过往来函电与目标客户取得联系，建立业务关系。

网上贸易（internet trade）是指通过因特网所进行的贸易活动，或者是指以 internet 为载体，利用数字化进行的在线交易，是电子商务的重要组成部分之一。在网上贸易中，贸易活动的各方通过不同的网络服务平台，发布浏览贸易信息、进行贸易治谈、签订贸易合同、支付货款等。

1. 建立公司网站

除非你已经有了现成的客户，否则，建立一个好的外贸网站，是网上外贸应该做的第一件事。现代贸易中，在网上有自己的固定主页，某种意义上就如同传统贸易中拥有一个固定门面，贸易机会增加了几倍。不但你可以找客户，更重要是有需求的客户也可以找到你。同时，有固定的网站，客户在一定程度上也增加了对你的信心。

网络的方便快捷和庞大的信息量使越来越多的企业开始在网上进行贸易。为了能在虚拟的网络环境中建立诚信、寻找客户并销售产品，企业需要在网上留下详细的公司资料和产品信息，真实地展现产品和推广企业。同时，获得相关身份认证和诚信评价，也有助于提高供应商的诚信，获得买家青睐。

一般的外贸商业网站都会有中英文两个版本，以方便国内与国外的访问者。假如你的产品有特定的客户群，比如基本上销往日本，那么不妨加上日文版。内容上一般至少包含企业介绍（company profile）、产品介绍（product）和联系方式（contact）三部分。网站建立起来以后，一定要利用一切机会来做推广，例如在你所有的公司宣传资料上，无论是媒体广告、产品目录、传真、电子邮件、名片，都加上你的网址。

2. 利用各种网络资源

进出口商可以利用各种网络资源，与目标客户取得联系，建立业务关系。通过网络资源寻找客户主要是通过以下方法：

（1）本行业各专业展会的主页

每个行业都有一些知名的展会，这些知名展会都有相关的主页，主页上面有所有参展商的联系方式、产品种类、参展商公司网站等重要的资料。因为国外的参展商是卖家也是最大的进口商，因此这些资料都是非常有价值的。

（2）各大黄页

欧洲很多企业都有在黄页上刊登自己公司信息的习惯，这有点类似国内的中国电信出版的电话簿，黄页上一般没有公司的 E-MAIL 的信息，这就需要你将黄页上查到的客户信息再输入到搜索引擎上，查找更加详细的相关信息。比如在 google 上输入 ABC spa 这个公司的名称，就可能找到该公司的网站，从而找到联系人、E-MAIL 和地址之类的信息。

（3）搜索引擎

通过搜索引擎查找关于公司、产品等的各种信息，这是外贸业务员最基本的技能之一。搜索引擎中最常用的除了大家都非常熟悉的 google 外，各个国家都有自己本地的各种搜索引擎。比如在中国，可能你用百度搜索的信息比用谷歌搜索的资料还要全。

（4）国内外的网站资源

国内外各种 B2B 网站是外贸企业利用互联网进行交易的重要平台。国内规模最大的网站是阿里巴巴（http://www.alibaba.com.cn），它是一家由中国人创建的国际化的互联网公司，集团建立了领先的消费者电子商务、网上支付、B2B 网上交易市场及云计算业务，近几年更积极开拓无线应用、手机操作系统和互联网电视等领域。

 **注释：** 所谓国际贸易 B2B（business to business）贸易平台，就是互联网上专供国际买卖双方发布各自供求信息，以促进合作的网站，是国际商人聚会的大本营。

在 B2B 网站上注册企业以及产品信息，可以提升公司产品的曝光率，从而让客户主动来联系我们。B2B 贸易网站一般有免费会员和收费会员制两种方式。免费会员只要在网站上填写公司名称地址简介一类的表格即可，免费会员可以发布消息广告，并浏览其他国际商人发布的供应信息。但是如果想看供求信息发布人的具体联系方式或直接与之接洽，一般就要收费了。因此，如果你只打算把 B2B 网站作为纯粹发广告的地方，就无须缴费；如果不想守株待兔而是主动出击，就得成为该网站的付费会员。

 技能提示

在使用 B2B 网站的过程中，如果觉得某个网站确实很有用处，带来了不少客户，或者你的同行在这个网站有过成功的先例，就可以考虑做付费会员了。知名网站对于会费会员还常常有很多服务，比如帮助你建立更完善的网页，替你集中发布广告，把你的公司和产品介绍添加到他们印刷的精美广告杂志中邮寄给国外的客户，或者在各个著名的国际交易会和博览会上散发等，这些无疑都会增加你成功寻找客户的机会。

 梁斌利用互联网寻找客户

梁斌打开公司网站，首先浏览了公司的中英文简介和公司主要经营的产品内容：

公司概况	首页 > 公司概况 > 公司简介
公司简介	**公司简介**
公司领导	上海亿鑫烟花进出口公司成立于 2007 年，是一家拥有 A 级销售资质和烟花自营出口权的现代化企业。
历史沿革	公司本着现代化的企业管理理念，以"安全第一，质量第一，信誉第一"为宗旨，以"创造品牌，服务社会，科技领先"为核心，与客户同发展。公司注重人性化管理，严格保障产品质量与安全。经过努力，公司现拥有"虎牌烟花"注册商标，由于质量过硬，产品畅销欧洲、美洲和非洲等，在国际市场获得了一席之地，成为全球花炮产业的领袖企业。
组织架构	
品牌与认证	
公司荣誉	公司下设销售、生产、燃放、质检等部门，主要生产销售冷光；地礼；旋转；吐；喷花及其他小型玩具烟花类产品。并承接各种大、中、小型焰火晚会的策划和燃放，提供安全、环保的燃放专用精品烟花。为您在佳庆时节装点美丽的夜空。
品牌故事	亿鑫烟花致力于为全球的烟花消费者研发、制造并销售最可靠的、绚丽纷呈的烟花产品及提供优质专业的艺术燃放服务，携手客户及合作伙伴共享成功。

然后查看了公司的部分产品信息：

 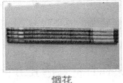  

烟花　　　　　　　烟花　　　　　　　烟花　　　　　　　小火箭

在老业务员的带领下，梁斌充分利用公司网站，学会了处理老客户发来的询盘，以及利用公司网站与客户交流。

同时，他学会利用各种搜索引擎、专业网站等网络资源来寻找客户。亿鑫烟花进出口公司早在 2009 年就已经是阿里巴巴国际站的付费会员了。业务员们经常进入网站浏览各种相关信息并推广公司产品，几年来获得了不少的订单。

此外，梁斌还在各种 B2B 网站尤其是一些免费网站上发布 trade lead，并记录下发过供求信息的网站。梁斌不辞辛苦坚持在各个 B2B 贸易网站发布信息，一段时间以后，他惊喜地发现，很多从未去过的网站，也出现了亿鑫公司的广告信息。经过一段时间的努力，梁斌已经能熟练运用各种互联网资源了。

注释：供求信息，即贸易公告，外贸中习惯称之为 trade lead，在 B2B 网站中，加上产品名称一起搜索，可以缩小范围，提高准确性。

2.5　建立业务关系

在进出口贸易中，撰写建交函是双方建立业务关系的起点。撰写建交函的主要目的是为了与对方取得初步联系，询问建立业务关系的可能性。建交函可由卖方撰写，也可由买方撰写。如果写建交函的是出口商，可随函寄去商品目录、价目表及参考样品等，以便客户全面了解自己的产品；如果写建交函的是进口商，有意购买对方产品的，则应主动索要这些材料。

2.5.1　建交函的内容

国际贸易中多数通过函电方式建立贸易关系，外贸业务员必须掌握建立业务关系相关信函的写作要求。建交函的内容包括以下三部分：

1. 函电的开头部分，包括信息来源如介绍从何处获悉公司名称、地址和经营范围等，还有说明去函的目的。

2. 函电的主体部分，包括自我介绍或公司概况介绍等，并要求寄送有关资料或产品介绍。

3. 函电结尾部分，表达愿望或是激励性结尾。

2.5.2 撰写建交函的注意事项

1. 建立函的书写文字要规范，要给对方留下良好的印象；

2. 建立业务关系后，应与客户保持联系，尽量发展成为长期客户；

3. 收到对方发来的建立函后，应迅速完整地答复。即使此次不能满足对方的要求，也应婉言说明原因，为以后的交易留下余地，切忌置之不理。

【范例】 商务建交信函实例

GUANGDONG textiles I/E corp.

Add：165 Zhonghezhong Road Guangzhou China   Post Code：310001

Tel：86-571-87075888/EXT   FAX：86-571-87079234/87079254

E-mail：gzhtex@ sinotexes. com

Mar. 2nd，2013

united textiles ltd.

1180 church road New York，

PA 19446 U. S. A.

Dear Sirs，

We have your name and address from the Internet and are glad to learn that you are seeking for Chinese all cotton bed-sheets and pillowcases. We specialize in the export of textiles and are pleased to enter into business relation with you.

Our company was founded in 1978 and has grown to be one of the leading Imp. & Exp. Companies in GUANGDONG, specialized in textiles. As the commodities we supply are of good quality and reasonable price，we have won a very good reputation from our clients all over the world.

We take the liberty of writing to you with a view to establishing business relations with you and are sending you by separate post our illustrated catalogs for your reference.

We look forward to your early reply and trust that through our cooperation we shall be able to conclude some transactions with you in the near future.

With best regards！

Yours faithfully，

Guangdong Textiles I/E Corp.

HENSY

 梁斌的建交函

2013 年 10 月，梁斌在第 114 届广交会上遇见加拿大 OMI 国际有限公司客商 JOE，JOE 表示对亿鑫烟花制品进出口公司的产品非常感兴趣，之后双方互留了名片。广交会后，梁斌给 JOE 发去了要求建立业务关系的邮件。

发件人：SHANGHAI YIXIN FIREWORKS PRODUCE IMPORT&EXPORT CORPORATION

收件人：OMI INTERNATIONAL INC.

日　期：2014-03-01

Dear Sirs,

I am pleased to know you in the Autumn Canton fair and have got your esteemed name card. We avail ourselves of this opportunity to write to you and we shall be pleased to establish business relations with you.

We are a private corporation specializing in the export of fireworks. In order to give you a rough idea of our various goods, we are airmailing you a copy of our latest catalogue for your reference. If you find any of the items interesting, please let us know as soon as possible. We shall be glad to send you quotations and samples upon receipt of your concrete enquires.

We look forward to hearing from you soon.

All thanks,

Yours faithfully

如何查找国外客户的资料

1. 分析咨询意图：查找产品制造商的详尽资料。权威资料应来自制造商的官方网站。

2. 设定检索途径：（1）分类网站搜索；（2）WEB 搜索；（3）黄页搜索。

3. 选择搜索引擎：LOOKSMART, GOOGLE, YAHOO 等。

4. 确定并转换关键词，如：电动玩具→electrically operated toy，工厂→factory、制造商→manufacturer 生产→manufacturing、公司→company 等。

5. 在搜索引擎中试检，校正并确定关键词。

6. 构建检索式，查找并筛选结果，如：

① electrically operated toy company

② electrically operated toy factory

③ electrically operated toy manufacturing

④ electrically operated toy manufacturer

⑤ "battery operated toy" factory OR company OR manufacturing（也可以分解为三个简单的检索式）

在 LOOKSMART 的 DIRECTORY 中检索均有结果，YAHOO 无结果。

在 GOOGLE 中 WEB 检索均有结果。

也可以用⑥toy company electrically operated toy，进而⑦ "toy company" electrically operated toy 或 ⑧ "toy company" battery-operated toy 扩检与缩检。

还可以用布尔 NOT⑨ "toy company" -manual 缩检。

7. 如用 "electrically operated toy company 在 GOOGLE 中 WEB 检索结果的第一项即是 antique toy company infomation（http://www. antiquetoys. com/companies. html），一个按字顺排列的玩具公司一览表。依此，再用公司名称为关键词在 GOOGLE 等引擎中搜索，以获得某公司的详细信息。如检索 Acme Toy Works，有 Acme home page（http://www. acmetoycompany. com/），其中有详细的地址、电话、传真、e-mail 等信息。

8. 用国外 yellow page（黄页）查找。

9. 利用搜索引擎的 Products 从产品角度查找企业线索。

10. 如限定查找某一国家或地区的相关信息，最好使用 site：搜索语法，"site：域名后缀 + 关键词"。如：site：US site：us Electrically operated toy company，约有 111 项符合 site：us Electrically operated toy company 的查询结果。

查找国外"客户资料"的方法和途径很多，关键是选准关键词，正确组织检索式，选对搜索引擎，掌握正确的检索方法。

本章小结

1. 进出口公司在公司所在地工商管理系统办理注册登记，然后再到当地外经贸系统办理对外贸易经营者备案登记，并到当地海关、检验检疫、外汇、税务部门办理开展对外贸易业务所需的有关手续就可以做进出口生意了。

2. 国际贸易业务中，交易的标的种类繁多，每种标的都有其具体名称，并表现为一定的质量和数量，而且大多数的交易标的都需要一定的包装。因此，贸易双方在交易洽商过程中及订立合同时，都必须谈妥合同的标的及其质量、数量和包装等主要交易条件，并在贸易合同中做出明确、具体、详细的规定。

3. 在外贸企业中，能否找到客户接到国外订单是外贸业务员能否在激烈竞争中生存的最重要的指标。除了参加各种展览会外，在科技高度发展的今天，越来越多的商人通过网上贸易来寻找目标客户，然后再通过往来函电与目标客户取得联系并建立业务关系。

4. 在进出口贸易中，撰写建交函是双方建立业务关系的起点。撰写建交函的主要目的是为了与对方取得初步联系，询问建立业务关系的可能性。

综合训练

一、单项选择题

1. 大路货是指（　　）。

A. 适于商销　　　B. 上好可销品质　　　C. 质量劣等　　　D. 良好平均品质

2. 某美国客商到我国一家玩具厂参观，之后对该厂的部分产品很感兴趣，于是立即签订购买合同，并按实物样品作为合同中交收货物的品质要求。这种表示品质的方法是（　　）。

A. 看货购买　　　B. 凭卖方样品　　　C. 凭买方样品　　　D. 凭对等样品

3. 凭样品买卖时，如果合同中无其他规定，那么卖方所交货物（　　）。

A. 可以与样品大致相同　　　　　　　B. 必须与样品完全一致

C. 允许有合理公差　　　　　　　　　D. 允许在包装规格上有一定幅度的差异

4. 对等样品也称之为（　　）。

A. 复样　　　　　B. 回样　　　　　C. 卖方样品　　　D. 买方样品

5. 在国际贸易中造型上有特殊要求或具有色香味方面特征的商品适合于（　　）。

A. 凭样品买卖　　B. 凭规格买卖　　　C. 凭等级买卖　　D. 凭产地名称买卖

6. 凡货样难以达到完全一致的，不宜采用（　　）。

A. 凭样品买卖　　B. 凭规格买卖　　　C. 凭等级买卖　　D. 凭说明买卖

7. 在品质条款的规定上，对某些比较难掌握其品质的工业制成品或农副产品，我们多在合同中规定（　　）。

A. 溢短装条款　　　　　　　　　　　B. 增减价条款

C. 品质公差或品质机动幅度　　　　　D. 商品的净重

8. 若合同规定有品质公差条款，则在公差范围内，买方（　　）。

A. 不得拒收货物　　　　　　　　　　B. 可以拒收货物

C. 可以要求调整价格　　　　　　　　D. 可以拒收货物也可以要求调整价格

9. 我国目前使用最多的计量方法是（　　）。

A. 按数量计算　　B. 按重量计算　　　C. 按量度计算　　D. 按体积计算

10. "以毛作净"实际上就是（　　）。

A. 以净重替代毛重作为计价的基础　　B. 按毛重替代净重作为计价的基础

C. 按理论重量作为计价的基础　　　D. 按法定重量作为计价的基础

11. （　　）可以采取"以毛作净"的方式计算。

A. 裘皮　　　　B. 矿石　　　　C. 珠宝　　　　D. 蚕豆

12. 进口羊毛计算重量的方法，一般采用（　　）。

A. 理论重量　　B. 公量　　　　C. 毛重　　　　D. 以毛作净

13. 按合同中的数量卖方在交货时可溢交或短交百分之几，这种规定叫（　　）。

A. 数量增减价条款　　　　　　　B. 品质机动幅度条款

C. 溢短装条款　　　　　　　　　D. 品质公差条款

14. 根据《跟单信用证统一惯例》规定，合同中使用的"大约"、"近似"等约量字眼，可解释为交货数量的增减幅度为（　　）。

A. 3%　　　　　B. 5%　　　　　C. 10%　　　　D. 15%

15. 某公司与外商签订了一份出口某商品的合同，合同中规定的出口数量为 500 吨。在溢短装条款中规定，允许卖方交货的数量可增减 5%，但未对多交部分如何作价给予规定。卖方依合同规定多交了 20 吨，根据《公约》的规定，此 20 吨应按（　　）作价。

A. CIF 价　　　B. 合同价　　　C. FOB 价　　　D. 议定价

16. 我国现行的法定计量单位是（　　）。

A. 公制　　　　B. 国际单位制　　C. 英制　　　　D. 美制

17. 条码标志主要用于商品的（　　）上。

A. 销售包装　　　　　　　　　　B. 运输包装

C. 销售包装和运输包装　　　　　D. 任何包装

18. 定牌中性包装是指（　　）。

A. 在商品本身及其包装上使用买方指定的商标/牌号，但不表明产地

B. 在商品本身及其包装上使用买方指定的商标/牌号，也表明产地

C. 在商品本身及其包装上不使用买方指定的商标/牌号，也不表明产地

D. 在商品本身及其包装上不使用买方指定的商标/牌号，但表明产地

19. 按国际惯例，包装费用（　　）。

A. 不应包括在货物价格之内，并在合同中列示

B. 应包括在货物价格之内，但必须在合同中另外列示

C. 包括在货物价格之内，一般不在合同中另外列示

D. 不应包括在货物价格之内，也不必在合同中列示

20. We own your name and address from the Commercial Counselor's Office. 以下理解正确的是（　　）。

A. 中文意思是：我们从商务参赞处得知贵公司的名称和地址

B. 表达"写信目的"

C. 属于"自我介绍"

D. 属于"激励性结尾"

21. 以下表示要与对方"建立业务关系"的短语是（　　）。

A. establish business relation with　　B. own your name and address

C. be interested in　　D. keeping a close connection with

22. 世界会展超级强国是（　　）。

A. 德国　　B. 法国　　C. 英国　　D. 美国

23. "广交会"的全称是（　　）。

A. 广州进出口商品交易会　　B. 广东进出口商品交易会

C. 中国进出口商品交易会　　D. 中国出口商品交易会

24. 建交函的内容包括（　　）。

A. 运输方式　　B. 支付方式

C. 公司介绍和产品介绍　　D. 成交数量

二、多项选择题

1. 表示品质方法的分类可归纳为（　　）。

A. 凭样品表示商品的品质　　B. 凭实物表示商品的品质

C. 凭说明表示商品的品质　　D. 凭商标表示商品的品质

2. 卖方根据买方来样复制样品，寄送买方并经其确认的样品，被称为（　　）。

A. 复样　　B. 回样　　C. 原样　　D. 对等样品

3. 目前，国际贸易中通常使用的度量衡制度有（　　）。

A. 公制　　B. 英制　　C. 国际单位制　　D. 美制

4. 国际贸易计算重量时，通常的计算方法有（　　）。

A. 毛重　　B. 净重　　C. 公量　　D. 理论重量

5. 溢短装条款的内容包括有（　　）。

A. 溢短装的百分比　　B. 溢短装的选择权

C. 溢短装部分的作价　　D. 买方必须收取溢短装的货物

6. 溢短装数量的计价方法包括（　　）。

A. 按合同价格结算

B. 按装船日的行市计算

C. 按货物到目的地时的世界市场价格计算

D. 由卖方自行决定

7. 集合运输包装可以分为（　　）。

A. 集装袋　　B. 集装包　　C. 集装箱　　D. 托盘　　E. 桶装

8. 为了便于运输和装卸，节约人力物力，国际标准化组织规定简化了运输标志，将其内容减少到以下几项（　　）。

A. 收货人代号　B. 参考代号　　　C. 目的地名称　D. 件数号码

9. 运输标志的作用是（　　　）。

A. 便于识别货物　　　　　　　　B. 方便运输

C. 易于计数　　　　　　　　　　D. 防止错发错运

E. 促进销售

10. 运输包装的标志包括（　　　）。

A. 运输标志　　　B. 指示性标志　　　C. 警告性标志　　D. 条形码标志

11. 国际货物买卖合同中的包装条款，主要包括（　　　）。

A. 包装材料　　　B. 包装方式　　　C. 包装费用　　　D. 运输标志

12. 寻找客户的途径主要有（　　　）。

A. 网络　　　　　　　　　　　　B. 展览会和交易会

C. 专业咨询公司　　　　　　　　D. 驻外使馆

13. 外贸商业网站内容上一般至少包含（　　　）。

A. 企业介绍　　　B. 产品介绍　　　C. 企业文化　　　D. 联系方式

14. 通过网站寻找客户主要可以通过以下方法：（　　　）

A. 本行业各专业展会的主页　　　B. 各大黄页

C. 搜索引擎　　　　　　　　　　D. 国内外的网站资源

15. 建交函的内容一般包括以下几个部分：（　　　）

A. 函电开头的部分　　　　　　　B. 函电的主体部分

C. 函电的结尾部分　　　　　　　D. 成交数量

三、判断题

1. 某外商来电要我方提供大豆，按含油量 18% 、含水分 14% 、不完全粒 7% 、杂质 1% 的规格订立合同。对此，在一般情况下，我方可以接受。（　　　）

2. 在出口贸易中，表达品质的方法多种多样，为了明确责任，最好采用既凭样品又凭规格买卖的方法。（　　　）

3. 在出口凭样品成交业务中，为了争取国外客户，便于达成交易，出口企业应尽量选择质量最好的样品请对方确认并签订合同。（　　　）

4. 在出口合同中，如果规定了凭样品买卖，又规定有品质说明的情况下，卖方应承担所交货物既符合合同有关品质说明的规定，又与样品完全一致的双重义务。（　　　）

5. 品质公差一般为国际同行所公认的产品品质误差，即使在合同中不做规定，卖方交货品质在公认的范围内，也可以认为符合合同要求，买方不得再提出任何异议。（　　　）

6. 约定的品质机动幅度或品质公差范围内的品质差异，除非另有规定，一般不另行增减价格。（　　　）

7. 卖方交货的品质如果不符合合同规定，买方有权要求损害赔偿，但不能撤约。（　　　）

8. 如果合同中没有明确规定按毛重还是按净重计价，根据惯例，应按毛重计价。（　　　）

9. 溢短装条款是指在装运数量上可增减一定幅度，该幅度既可由卖方决定，也可由买方决定。（　　　）

10. 卖方所交货物如果多于合同规定的数量，按《公约》规定，买方可以收取也可以拒收全部货物。（　　　）

11. 按照国际惯例，合同中如未做规定，溢短装部分应按合同价格计算。（　　　）

12. 运输包装上的标志就是指运输标志，也就是通常所说的唛头。（　　　）

13. 进出口商品包装上的包装标志，都要在运输单据上表明。（　　　）

14. 中性包装既不是通常说的大包装，也不是通常说的小包装或内包装，它是不大不小的包装。（　　　）

15. 定牌中性包装和定牌实质上是同一概念。（　　　）

16. 包装由卖方决定，买方不得要求使用特殊包装。（　　　）

17. 双方签订的贸易合同中，规定成交货物为不需包装的散装货，而卖方在交货时采用麻袋包装，但净重与合同规定完全相符，且不要求另外加收麻袋包装费。货到后，买方索赔，该索赔不合理。（　　　）

18. 包装费用一般包括在货价之内，不另计收。（　　　）

19. 建交函的开头部分一般介绍信息的来源和去函的目的。（　　　）

20. 建交函只要表达出与对方建立业务关系的意向即可，无须介绍公司的概况。（　　　）

四、名词解释

凭样品成交

品质机动幅度 溢短装条款

中性包装

运输标志

网上贸易

五、简答题

1. 简述凭样品成交的几种做法。

2. 以文字简要说明表示商品品质的几种方法。

3. 简述溢短装条款的主要内容。

六、操作题

1. 国内某单位向英国出口一批大豆，合同规定水分最高为 14%，杂质不超过 2.5%，在成交前我方曾向买方寄过样品，订约后我方又电告买方成交货物与样品相似，当货物运到英国后，买方提出货物与样品不符，并出示相应的检验证书证明货物的质量比样品低 7%，并以此要求我方赔偿 15000 英镑的损失。请问：在此情况下我方是否可以以该项交易并非凭样品买卖而不予理赔？

2. 某公司向中东某国出口电风扇 1000 台，信用证规定不允许分批装运。但在装船的时候，发现有 40 台严重损坏，临时更换又来不及。为保证质量起见，发货人员认为根据《跟单信用证统一惯例》的规定，即使合同未规定溢短装条款，数量上仍允许 5% 的增减，故决定少交 40 台风扇，即少交 4%。请问此举妥当吗？

3. 我方出口水果罐头一批，合同规定为纸箱装，每箱 30 听，共 80 箱。但我方发货时改为每箱 24 听，共 100 箱，总听数相等。问：这样做妥当吗？

4. 翻译下面的商务建交信函模板

Dear Sir,

We are glad to know your name and address on the Internet. Here writing you with expectation of establishing business relationship. Now we are writing to introduce ourselves.

XXX company, established in… (year), is located in… (address). We are one of good exporters in china over ten years. It owns professional experiences in International Trade with a broad range of products and services. The main export business is…We also produce all kinds of… (product), especially dealing in… (product).

Should you be interested in any of our products, please let us know and we will provide you with a quotation. In the meantime, should you require any furher information about either our products or our corporation, please do not hesitate to let us know.

For more details please contact us. The price sheet and relative specifications should be sent as you require. You are appreciated for asking other product. Also you can visit our web page：www. XX. com. We should offer the best service！

Thank very much in advance. we are sure that we can have a wonderful co-operation with a new good partner in a new year.

We look forward to hearing from you soon and to the possibility of doing business with you in the future.

Best wishes,
Yours faithfully

5. 下列商品分别采用了何种品质描述方法？

（1）中国大同煤：干态发热量 6900 大卡/公斤以上；全水分 8% 以下，干态挥发 25% 以上，干态灰分 10% ~ 12%；干态全硫分 1% 以下；粒度 0 ~ 50mm。

（2）冻带骨兔（去皮、去头、去爪、去内脏）分为：特级，每只净重不低于 1500 克；大级，每只净重不低于 1000 克；中级，每只净重不低于 600 克；小级，每只净重不低于 400 克。

（3）龙口粉丝

（4）棉坯布，30 支×36 支，72×69，38 英寸×121.5 码

（5）盐酸四环素，糖衣片 250 毫克（按 1988 年美国药典）

（6）大白兔奶糖

第3章　价格与出口成本核算

上海亿鑫烟花制品进出口公司在广交会上的展台给各国客商尤其是加拿大客商 Joe 留下了深刻的印象。广交会后梁斌给 Joe 写了一封要求建立业务关系的邮件，不久公司就收到了加拿大 OMI 国际有限公司（OMI INTERNATIONAL INC.）的询盘，要求报相关产品的 CIF 价。梁斌在业务经理的指导下，认真学习了相关贸易术语，查询了与成本核算相关的购货成本、税费和公司的利润率，经过仔细计算，完成了相关产品的报价，并向 OMI 国际有限公司发出了报价的邮件。

请思考：

（1）CIF 的含义是什么？什么是贸易术语？

（2）出口报价要考虑的因素有哪些？如何进行报价计算？

（3）如何正确表达产品的出口报价？

3.1　认识贸易术语

OMI 国际有限公司在其向梁斌发出的询盘邮件中表示，在广交会上对上海亿鑫烟花制品进出口公司的烟花产品印象深刻，希望订购以下商品，并要求上海亿鑫烟花制品进出口公司报这 4 种商品的 CIF TORONTO 价格。

ITEM NO. 商品货号	SPECIFICATION 商品规格	QUANTITY（CTN） 数量（箱）
T97	FIREWORKS 16/4	800
T70X	FIREWORKS 60/1	650
H10X	FIREWORKS 120/1	300
F13	FIREWORKS 96/3	200

3.1.1 贸易术语

贸易术语（trade term）又称价格术语（price term），它是在长期的国际贸易实践中产生的，用来说明价格的构成及买卖双方有关责任、费用和风险划分的专门用语，用以确定买卖双方在交接货物过程中应尽的义务。

国际贸易的买卖双方分处两国，远隔千里。在卖方交货和买方接货的过程中，将会涉及许多问题。例如：安排运输、装货、卸货、办理货运保险、申请进出口许可证和报关纳税等事宜由何方办理；货物的检验费、包装费、装卸费、运费、保险费、进出口捐税和其他杂项费用由何方支付；货物在运输途中可能发生的损坏或者灭失的风险由何方承担。如果每笔交易都要求买卖双方对上述责任、费用和风险逐项反复磋商，势必耗费大量的时间和费用，并将影响交易的达成。因此在国际贸易的长期实践中，逐渐形成了各种不同的贸易术语。通过使用贸易术语可以解决上述问题，便利交易的达成。

即问即答 ●━━━━━━━━━━━━━━━━━━━━━━━━━━━━━━━

贸易术语的具体作用是什么？

目前在国际上影响较大的有关贸易术语的惯例有以下三种，如表 3.1 所示：

表 3.1　有关贸易术语的惯例

惯例名称	制定者	惯例概览
《1932 年华沙—牛津规则》	国际法协会	● 专门为解释 CIF 而制定
《1941 年美国对外贸易定义修订本》	美国商会 美国进口商协会 美国全国对外贸易协会	● 对 Ex Point of Origin、FAS、FOB、C&F、CIF 和 Ex Dock 等六种贸易术语做了解释 ● 对 FOB 术语的解释与其他国际惯例解释不同
《2010 年国际贸易术语解释通则》（INCOTERMS 2010）	国际商会	● 按运输方式分两大类解释 11 种术语：EXW、FCA、CPT、CIP、DAT、DAP、DDP（任何运输方式） FAS、FOB、CFR、CIF（海运内河运输）

注释：国际贸易惯例是指在国际贸易的长期实践中逐渐形成的一些有较为明确的固定内容的贸易习惯或一般做法。国际贸易惯例不是法律，它对合同当事人没有普遍的强制性。

不同国家对贸易术语的多种解释引起的误解阻碍着国际贸易的发展，因此，国际商会经过十几年的磋商和研讨，在 1936 年制定了具有历史性意义的贸易条件解释规则，定名为 INCOTERMS 1936，随后，为适应国际贸易实践发展的需要，国际商会先后进行了多次修订和补充，目前使用最为广泛的有关贸易术语解释的国际惯例是《2010 年国际贸易术语解释通则》（INCOTERMS 2010）。本书对贸易术语的解释都是依据《2010 年国际贸易术语解释通则》。

3.1.2　FOB 术语、CFR 术语、CIF 术语

1. FOB 术语

FREE ON BOARD（...**named port of shipment**）

装运港船上交货（……指定装运港）

该术语是指卖方以在指定装运港将货物装上买方指定的船舶或通过取得已交付至船上货物的方式交货。货物灭失或损坏的风险在货物交到船上时转移，同时买方承担自那时起的一切费用。该术语仅用于海运或内河水运。

FOB 术语中买卖双方的主要责任、费用和风险划分如表 3.2 所示：

表 3.2　FOB 术语中买卖双方的主要责任、费用和风险划分

	卖　方	买　方
责任	1. 负责在合同规定的日期或期间内，在指定装运港，将符合合同要求的货物交至买方指定的船上，或通过取得已交付至船上货物的方式交货，并给予买方充分的通知； 2. 在清关适用的地方，负责取得出口许可证或其他核准书，办理货物出口清关手续； 3. 负责提供商业发票和证明货物已交至船上的通常单据。	1. 负责按合同规定支付价款； 2. 负责租船或订舱，支付运费，并给与卖方关于船名、装船地点和要求交货时间的充分的通知； 3. 在清关适用的地方，自负风险和费用取得进口许可证或其他核准书，并办理货物进口以及必要时经由另一国境运输的一切海关手续； 4. 收取卖方按合同规定交付的货物，接受与合同相符的单据。
费用	负担货物在装运港交至船上为止的一切费用。	负担货物在装运港交至船上后的一切费用。
风险	负担货物在装运港交至船上为止的风险。	负担货物在装运港交至船上后的风险。

技能提示

采用 FOB 术语要注意"船货衔接"。另外《1941 年美国对外贸易定义修订本》对 FOB 术语的解释与 INCOTERMS 2010 有所不同，与北美国家做贸易时应该加以注意。

即问即答

上海亿鑫烟花制品进出口公司出口一批货物给美国 A-TOP 公司，如果采用 FOB 术语成交，则以下事项：

①付款　　②进口清关　　③租船订舱　　④出口清关

⑤通知货已经装船　　⑥通知船名航次　　⑦交货　　⑧收货

由上海亿鑫烟花制品进出口公司承担责任的有 _____

由 A–TOP 公司承担责任的有 _____

2. CFR 术语

COST AND FREIGHT（…named port of destination）

成本加运费（……指定目的港）

该术语是指卖方在指定装运港船上交货或以取得已经这样交付的货物方式交货。货物灭失或损坏的风险在货物交到船上时转移。卖方必须签订运输合同，并支付必要的费用和运费，将货物运至指定的目的港。该术语仅用于海运或内河水运。

CFR 术语中买卖双方的主要责任、费用和风险划分如表 3.3 所示：

表 3.3　CFR 术语中买卖双方的主要责任、费用和风险划分

	卖　方	买　方
责任	1. 负责在合同规定的日期或期间内，在指定装运港，将符合合同要求的货物交至船上，或通过取得已交付至船上货物的方式交货，并给予买方充分的通知； 2. 在清关适用的地方，负责取得出口许可证或其他核准书，办理货物出口清关手续； 3. 负责租船或订舱，支付运费，并给与买方关于船名、装船时间的充分的通知； 4. 负责提供商业发票和证明货物已交至船上的通常单据。	1. 负责按合同规定支付价款； 2. 在清关适用的地方，自负风险和费用，取得进口许可证或其他核准书，并办理货物进口以及必要时经由另一国境运输的一切海关手续； 3. 收取卖方按合同规定交付的货物，接受与合同相符的单据。
费用	负担货物在装运港交至船上为止的一切费用，包括运费。	负担货物在装运港交至船上后的一切费用。
风险	负担货物在装运港交至船上为止的风险。	负担货物在装运港交至船上后的风险。

与 FOB 术语中买卖双方的主要义务相比较，CFR 合同的卖方负责办理运输并提供运输单据。除此之外，CFR 和 FOB 合同中买卖双方的义务划分基本上是相同的。

即问即答

上海亿鑫烟花制品进出口公司出口一批货物给美国 A-TOP 公司，如果采用 CFR 术语成交，则租船订舱应该由上海亿鑫烟花制品进出口公司还是美国 A-TOP 公司负责？

技能提示

按 CFR 术语订立合同，需特别注意的是装船通知问题。卖方如因遗漏或不及时向买方发出装船通知，而使买方未能及时办妥货运保险所造成的后果，卖方应承担违约责任。在实际业务中，我方出口企业应事先与国外买方就如何发给装船通知商定具体做法。

3. CIF 术语

COST INSURANCE AND FREIGHT（…named port of destination）

成本加保险费、运费（……指定目的港）

该术语是指卖方在指定装运港船上交货或以取得已经这样交付的货物方式交货。货物灭失或损坏的风险在货物交到船上时转移。卖方必须签订运输合同，并支付必要的费用和运费，以将货物运至指定的目的港。卖方还要为买方在运输途中货物的灭失或损坏风险办理保险。该术语仅用于海运或内河水运。

CIF 术语中买卖双方的主要责任、费用和风险划分如下页表 3.4 所示。

与 CFR 术语中买卖双方的主要义务相比较，CIF 合同的卖方除了负责自费办理租船订舱外还负责办理保险。根据 INCOTERMS 2010，卖方只负责按照通常条件租船或订舱，使用适合装运有关货物的通常类型的轮船，经习惯行驶航线装运货物。因此，买方一般无权提出关于限制船舶的国籍、船型、船龄以及指定装载某船或某班轮公司的船只等要求。在 CIF 合同中，卖方仅需投保最低险别。如买方需要更多承保范围，则需与卖方明确达成协议，或者自行做出额外的保险安排。

在 FOB、CFR 和 CIF 术语下订立的合同都属于"装运合同"，卖方在装运港将货物装上船即完成了交货义务。所以虽然在 CIF 术语后所注明的是目的港，也不能将其理解为"到货合同"。

表 3.4　CIF 术语中买卖双方的主要责任、费用和风险划分

	卖　方	买　方
责任	1. 负责在合同规定的日期或期间内，在指定装运港，将符合合同要求的货物交至买方指定的船上，或通过取得已交付至船上货物的方式交货，并给予买方充分的通知； 2. 在清关适用的地方，负责取得出口许可证或其他核准书，办理货物出口清关手续； 3. 负责租船或订舱，支付运费，并给与买方关于船名、装船时间的充分的通知； 4. 负责办理保险并支付保险费； 5. 负责提供商业发票和证明货物已交至船上的通常单据。	1. 负责按合同规定支付价款； 2. 在清关适用的地方，自负风险和费用取得进口许可证或其他核准书，并办理货物进口以及必要时经由另一国境运输的一切海关手续； 3. 收取卖方按合同规定交付的货物，接受与合同相符的单据。
费用	负担货物在装运港交至船上为止的一切费用，包括运费和保险费。	负担货物在装运港交至船上后的一切费用。
风险	负担货物在装运港交至船上为止的风险。	负担货物在装运港交至船上后的风险。

　　CIF 合同的卖方可通过向买方提交货运单据（主要包括提单、保险单和商业发票）来完成交货义务。卖方提交单据，可推定为交付货物，而买方则必须凭上述符合合同要求的货运单据支付价款，即所谓"象征性交货"。CIF 合同属于装运合同性质，卖方按照合同规定在装运港将货物装上船，但卖方并不保证货物必然到达和在何时到达目的港，也不对货物装上船后的任何进一步的风险承担责任。如果在采用 CIF 术语订立合同时，卖方被要求保证货物的到达或以何时到货作为收取价款的条件，则该合同是一份有名无实的 CIF 合同。

交货点/风险点（装运港船上）

卖方　　　　　　　　　　　　　　　　买方

出口国　　　　　　　　　　　进口国

图 3.1　FOB/CFR/CIF 术语风险示意图

某年我国某外贸公司出售一批核桃给数家英国客户，采用 CIF 术语，在合同中对到货时间做了以下规定："10 月份自中国装运港装运，卖方保证载货轮船于 12 月 2 日抵达英国目的港。如载货轮船迟于 12 月 2 日抵达目的港，在买方要求下，卖方必须同意取消合同，如货款已经收妥，则须退还买方。"合同订立后，我外贸公司于 10 月中旬将货物装船出口。不料，轮船在航运途中，主要机件损坏，因此该轮抵达目的港的时间，比合同限定的最后日期晚了数小时，致使客户要求取消合同。我外贸公司遭受重大经济损失。

问：该外贸公司与英国客户所签订的合同存在什么问题？

案例解析：

1. CIF 合同属于装运合同性质，卖方按照合同规定在装运港将货物装上船，但卖方并不保证货物必然到达和在何时到达目的港，也不对货物装上船后的任何进一步的风险承担责任。

2. CIF 合同属于象征性交货，卖方提交单据，可推定为交付货物，而买方则必须凭上述符合合同要求的货运单据支付价款。

因此在本案例中合同规定到货时间并规定在货物没有及时到达目的港的情况下，即使收妥货款也必须退还货款，这一规定与 CIF 术语的解释是相矛盾的。所以这不是一份真正的 CIF 合同。

4. FOB、CFR、CIF 三种术语比较

FOB、CFR、CIF 三种术语是在传统运输方式基础上发展起来的术语，三种术语的比较如表 3.5 所示：

表 3.5　FOB/CFR/CIF 术语比较

		FOB	CFR	CIF
不同点	贸易术语后港口性质	装运港	目的港	目的港
	租船订舱	买方	卖方	卖方
	保险办理	买方	买方	卖方
	价格构成	成本	成本＋运费	成本＋运费＋保险费
相同点	适用的运输方式	海运或内河水运		
	交货地点（风险点）	装运港船上		
	清关手续	出口清关卖方负责，进口清关买方负责		
	交货性质	象征性交货		

即问即答

上海亿鑫烟花制品进出口公司出口烟花给不同的三个国外客户，若分别采用 FOB、CFR、CIF 三种术语成交，则上海亿鑫烟花制品进出口公司在三笔业务中承担的风险、责任和费用有何不同？

3.1.3　FCA 术语、CPT 术语、CIP 术语

1. FCA 术语

FREE CARRIER（…named place）

货交承运人（……指定地）

该术语是指卖方在双方约定的指定地点将货物交给买方指定的承运人或其他人。货物灭失或损坏的风险在交货地点转移至买方。

注释： "承运人"是指在运输合同中承担和履行铁路、公路、海洋、航空、内陆水路运输或多式运输的实际承运人，或承担取得上述运输履行的订约承运人，如货运代理商。

FCA 是在与 FOB 相同原则的基础上发展起来的，因此在该术语下买卖双方承担的义务和费用划分与 FOB 术语基本相同。该术语可适用于任何运输方式，也可适用于多种运输方式。

即问即答

FCA 术语下，买卖双方的主要义务有哪些？

2. CPT 术语

CARRIAGE PAID TO（…named place of destination）

运费付至（……指定目的地）

该术语是指卖方在双方约定地点将货物交给卖方指定的承运人或其他人。货物灭失或损坏的风险在交货地点转移至买方。卖方必须签订运输合同并支付将货物运至指定目的地所需费用。在 CPT 合同中，卖方负责安排运输，而买方负责货物运输保险。为了避免两者脱节，造成货物装运（货交承运人监管）后，失去对货物必要的保险保障，卖方应及时向买方发出装运通知。

CPT 是在与 CFR 相同原则的基础上发展起来的，因此在该术语下买卖双方承担的义务和费用划分与 CFR 术语基本相同。该术语可适用于任何运输方式，也可适用于多种运输方式。

3. CIP 术语

CARRIAGE AND INSURANCE PAID TO（…named place of destination）

运费、保险费付至（……指定目的地）

该术语是指卖方在双方约定地点将货物交给卖方指定的承运人或其他人。货物灭失或损坏的风险在交货地点转移至买方。卖方必须签订运输合同并支付将货物运至指定目的地所需费用。卖方还须订立货物运输保险合同，并支付保险费。如买卖双方事先未在合同中规定保险险别和保险金额，卖方只需按最低责任的保险险别办理保险，最低保险金额为合同价款加10%，即 CIP 合同价款的110%，并以合同货币投保。

CIP 是在与 CIF 相同原则的基础上发展起来的，因此在该术语下买卖双方承担的义务和费用划分与 CIF 术语基本相同。该术语可适用于任何运输方式，也可适用于多种运输方式。

4. FCA、CPT、CIP 三种术语比较

FCA、CPT、CIP 三种术语是适合现代运输方式的新术语，三种术语的比较如表 3.6 所示：

表 3.6 FCA/CPT/CIP 术语比较

		FCA	CPT	CIP
不同点	贸易术语后港口性质	装运地	目的地	目的地
	运输办理	买方	卖方	卖方
	保险办理	买方	买方	卖方
	价格构成	成本	成本＋运费	成本＋运费＋保险费
相同点	适用的运输方式	任何运输方式		
	交货地点（风险点）	货交承运人		
	清关手续	出口清关卖方负责，进口清关买方负责		
	交货性质	象征性交货		

5. 六种常用术语的比较

FCA、CPT、CIP 三种术语是随着国际运输技术的发展而在传统的 FOB、CFR、CIP 三种术语基础上发展起来的，其责任划分的基本原则是相同的，其主要区别如表 3.7 所示：

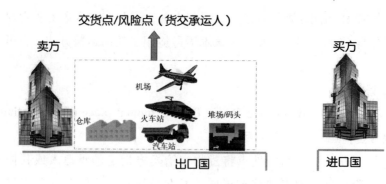

图 3.2　FCA/CPT/CIP 术语风险示意图

表 3.7　FOB/CFR/CIF 与 FCA/CPT/CIP 区别

不同点	FOB 、CFR 、CIF	FCA 、CPT 、CIP
适用的运输方式	海运或内河水运	任何运输方式
交货地点（风险点）	装运港船上	货交承运人
装船卸货费的负担	租船运输时采用贸易术语变形确定装卸费用负担方	运费中包含装货费或卸货费
运输单据	海运单据	运输单据视不同运输方式而定

课堂案例

某年武汉某出口公司向日本出口 30 吨 1200 箱甘草膏，FOB 天津新港，共 54000 美元，即期信用证，货物必须装集装箱。货物在 2 月上旬运到天津。不料货物在天津存仓后的第三天，仓库午夜着火，30 吨甘草膏全部被焚。请分析此案应吸取的教训。

案例解析：

出口公司所在地正处在铁路交通的干线上，外运公司在该市有集装箱中转站，既可接受拼箱托运也可接受整箱托运。假如当初采用 FCA（该市名称）对外成交，出口公司在当地将 1200 箱交中转站或自装自集后将整箱（集装箱）交中转站，不仅风险转移给买方，而且当地承运人（即中转站）签发的货运单据即可在当地银行办理议付结汇。该公司自担风险将货物运往天津，再以集装箱出口，不仅加大了自身风险，而且推迟了结汇。

3.1.4　《2010 年国际贸易术语解释通则》其他贸易术语

除了主要的六种贸易术语外，《2010 年国际贸易术语解释通则》的其他五种贸易术语简要介绍如下：

EXW	ex works（工厂交货），卖方既不承担将货物装上买方备妥的运输车辆，也不负责办理货物出关手续，卖方义务最小的术语。
FAS	free alon gside ship（船边交货），买卖双方费用和风险的划分，以船边为界，卖方办理出口结关手续。
DAT	delivered at terminal（运输终端交货），卖方自负风险和费用，在指定目的港（地）运输终端将货物从运输工具上卸下交给买方处置。
DAP	delivered at place（目的地交货），卖方在指定目的地将运输工具上可供卸载的货物交由买方处置。
DDP	delivered duty paid（完税后交货），买卖双方费用风险划分点为进口国指定目的地，卖方完成清关后交货，是卖方义务最大的术语。

《国际贸易术语解释通则 2010》中的 11 个术语分为特征鲜明的两大类：第一类术语可以适用于任何运输方式，包括：EXW、FCA、CPT、CIP、DAT、DAP 和 DDP；第二类术语只适用于海运及内河水运的运输方式，包括：FAS、FOB、CFR 和 CIF，这类术语的交货地点都是港口。

3.2 价格与成本核算

梁斌收到加拿大 Joe 先生发来的询盘邮件后，通过与供应商湖南省浏阳市强泰花炮厂协商谈判，确定了产品的采购成本，根据采购成本及以下背景资料，梁斌计算出了 Joe 先生需要的 4 种型号产品的 CIF TORONTO 价格。

商品货号 ITEM NO.	商品名称、规格	数量	单位	采购成本	金额（元）
T97	烟花鞭炮 16/4	800	纸箱	92.10	73 680.00
T70X	烟花鞭炮 60/1	650	纸箱	105.40	68 510.00
H10X	烟花鞭炮 120/1	300	纸箱	105.40	31 620.00
F13	烟花鞭炮 96/3	200	纸箱	207.50	41 500.00

其中，采购成本包含增值税 17%，出口退税率 13%；费用包括：公司定额费率为采购成本的 3%，这批货物从上海运到多伦多需要两个 40 英尺集装箱，包箱费率为一

个 40 英尺集装箱基本运费 5800 美元，危险品附加费 150 美元，港口附加费 60 美元，燃油附加费 70 美元；投保一切险加保战争险，保险费率为 0.88%，投保加成率 10%；银行手续费率为 0.65%；报关费和报检费一共为 750 元；利润为出口报价的 10%；1 美元兑换 6.35 元人民币。（结果保留 2 位小数）

3.2.1 出口价格核算

价格一般由成本、费用和利润三部分构成。出口价格中的成本指实际采购成本，费用包括国内费用、出口运费、保险费，有时还含有佣金和折扣，它们共同构成了出口价格的基本构成要素。

价格 = 成本 + 费用 + 预期利润

FOB 价 = 实际采购成本 + 国内费用 + 预期利润

CFR 价 = 实际采购成本 + 国内费用 + 预期利润 + 出口运费

CIF 价 = 实际采购成本 + 国内费用 + 预期利润 + 保险费

1. 实际采购成本

出口商从国内市场采购时的成本为含税（增值税或消费税），在出口退税的情况下，应将退税金额予以扣除，从而得出商品的实际采购成本。

实际成本 = 采购成本 − 出口退税收入

退税收入 = 采购成本 ÷ (1 + 增值税税率) × 出口退税率

 技能提示

出口退税，是指对出口货物退还国内生产、流通环节已经缴纳的商品税。目前我国对大多数商品征收 17% 的增值税，少部分商品征收消费税。国家会在出口环节将全部或者部分商品税退还，因此需要在成本中减掉。举例说明，购买一件衣服 117 元，包含 17% 的增值税，如果国家对服装退税 10 元，那么最终成本需要减掉退税收入，为 107 元。

 即问即答

某公司出口一批仪器，已知采购成本为 1170 元/台（包含 17% 的增值税），出口退税率为 15%，请计算：①退税收入；②实际成本。

2. 费用核算

（1）公司定额费

一般包括银行利息、工资支出、邮电通信费用、交通费用、仓储费用、码头费用以及其他一些管理费用，需要摊销到每一笔业务中。一般来说，定额费率在采购成本的 3% ~ 5% 。

（2）出口运费

这是出口商支付的海运、陆运、空运及多式联运的费用。

$$出口运费 = 基本运费 + 附件运费$$

（3）保险费

如果以 FOB 或者 CFR 术语成交，保险费由卖方负责；如果以 CIF 贸易术语成交，保险费由卖方负责；支付给保险公司的费用会因为投保险别的区别而有所不同。

$$保险费 = 出口报价 \times (1 + 投保加成率) \times 保险费率$$

（4）银行费用

银行费用是指银行手续费，一般来说，成交金额越大，银行手续费越高。

$$银行费用 = 出口报价\ 手续费率$$

即问即答

某公司出口一批货物，价值 120000 美元，约定以信用证方式支付。中国银行对信用证支付的费用说明是：按成交金额的 0.25% ，最低每笔 280 元。共需支付多少银行费用？

（5）报关费和报检费

现在报关和报检业务可以委托给专业的报关行，报关和报检费与金额的多少没有关系，是按一票来收取的。

3. 利润核算

利润有两种：以采购成本为基数的叫做成本利润；以出口报价为基数的叫做销售利润。

$$成本利润 = 采购成本 \times 成本利润率$$

$$销售利润 = 出口报价 \times 销售利润率$$

梁斌的成本核算

梁斌为了更加清楚明白地核算成本，为每个货号的商品列出了核算表；暂时无法计算结果的，先列出等式，最后一并计算。如下面表格所示：

商品货号 ITEM NO.	商品名称、规格	数量	单位	采购成本	金额（元）
T97	烟花鞭炮 16/4	800	纸箱	92.10	73680.00
实际成本	实际成本 = 92.10 − 92.10 ÷ （1 + 17%） × 13% = 81.87 元/箱				
费用	公司定额费	公司定额费 = 92.1 × 3% = 2.76 元/箱			
	国际运费	国际运费 = （6080 × 2 × 6.35）÷ 1950 = 39.60 元/箱 （国际运费的计算详见第 6 章）			
	保险费	保险费 = 出口报价 × 110% × 0.88% （保险费的计算详见第 7 章）			
	银行费	银行费 = 出口报价 × 0.65%			
	报关和报检费	报关和报检费 = 750 ÷ 1950 = 0.38 元/箱			
利润	利润 = 出口报价 × 10%				

根据公式：CIF 价 = 实际采购成本 + 国内费用 + 预期利润 + 保险费

设出口报价 CIF（T97）为 x，则

x = 实际成本 + 公司定额费 + 国际运费 + 保险费 + 银行费 + 报关和报检费 + 利润

= 81.87 元/箱 + 2.76 元/箱 + 39.60 元/箱 + x × 110% × 0.88% + x × 0.65%

+ 0.38 元/箱 + x × 10%

出口报价（CIF）= x = 140.99 元/箱

根据汇率折合成美元，T97 烟花鞭炮 16/4 的 CIF 报价为 22.20 美元/箱 CIF 多伦多。

 即问即答 ━━━━━━━━━━━━━━━━━━━━━━━━

请计算出其他三种货号 T70X \ H10X \ F13 的烟花产品的 CIF 出口报价。

3.2.2 佣金和折扣的计算方法

1. 佣金

佣金是代理人或经纪人为委托人介绍买卖或提供其他服务而取得的报酬。在货物买卖中，佣金常常表现为交易一方支付给中间商的报酬。例如，出口商支付佣金给销售代理人，或进口商支付佣金给采购代理人。

包含佣金的价格称为含佣价，不含佣金者则为净价（net price）。佣金如在价格条款中明确规定则称做明佣，也有不在价格条款中表示出来，由当事人按约定另付，这种做法称为暗佣。佣金的计算公式为：

佣金额 = 含佣价 × 佣金率

净价 = 含佣价 - 佣金额 = 含佣价 - 含佣价 × 佣金率

含佣价 = 净价 ÷ (1 - 佣金率)

课堂案例

　　某公司向国外客户报价供应货物 3000 公吨，单价为每公吨 450 美元 FOB 上海（净价），现客户要求在价格中包括 5% 的佣金。请报出 FOBC5% 的含佣价并计算若按此条件成交，出口商共计需支付佣金多少美元？

案例解析：

① 含佣价 = 净价 ÷ (1 - 佣金率) = 450 ÷ (1 - 5%) = 473.68 美元/公吨

② 佣金额 = 含佣价 × 佣金率 = 473.68 × 5% × 3000 = 71052 美元

即：含佣价为 473.68 美元/公吨，出口商共计需支付佣金 71052 美元。

即问即答

　　某公司对外报价某商品每公吨 2500 美元 CIFC 3% 旧金山（即佣金率为 3%），现客户要求改报 CIFC 5% 旧金山（即佣金率为 5%），计算含佣价。

2. 折扣

　　折扣是卖方在一定条件下给予买方的价格减让。一般是以原价格为基础，扣除一定的百分比来算出实际应付价款。折扣通常是以成交额或发票金额为基础计算出来的。计算方法为：

单位货物折扣额 = 原价（或含折扣价）× 折扣率

卖方实际净收入 = 原价（含折扣价）- 折扣额

折扣习惯上按百分率表示。

课堂案例

　　某商品出口价格为 CIF 香港每吨 7500 美元，折扣 2%，求卖方实际净收入和折扣金额各是多少？

案例解析：

卖方实际净收入 = 原价（含折扣价）- 折扣额

折扣额 = 原价（或含折扣价）× 折扣率 = 7500 × 2% = 150（美元/吨）

卖方实际净收入 = 原价(含折扣价) - 折扣额 = 7500 - 150 = 7350 （美元/吨）

即问即答

某商品出口价格为 CIF 香港每公吨 5500 美元，折扣 2%，求单位货物折扣额和卖方实际净收入各是多少？

3.3　贸易合同的价格条款

梁斌经过仔细的成本核算后，计算出 OMI 国际有限公司询盘的 4 种型号的产品的 CIF 价格（利润为 10%）如下：

Item No.	Commodity and Specification	Quantity (CARTON)	Unit Price USD/CTN	Amount USD
	FIREWORKS		CIF TORONTO	
T97	16/4	800	22.20	17,760.00
T70X	60/1	650	24.38	15,847.00
H10X	120/1	300	24.38	7,314.00
F13	96/3	200	41.10	8,220.00
	TOTAL	1950		49,141.00

TOTAL VALUE：SAY U.S. DOLLARS FORTY-NINE THOUSAND ONE HUNDRED AND FORTY-ONE ONLY

3.3.1　单价条款

单价（unit price）通常由四个部分组成，即包括计量单位、单位价格金额、计价货币和贸易术语。

例如：每公吨 FOB 上海 350 美元

　　　USD 350 PER M/T FOB SHANGHAI

除了上述四项基本内容外，如买卖双方在交易中涉及佣金或折扣时，在规定价格条款时也应做出相应的规定。

单价条款示例：

例1：每公吨350美元CIF纽约含5%佣金

　　USD 350 per M/T CIF New York including 5% commission

例2：每箱23美元CIF迪拜扣减2%折扣

　　USD 23 per CTN CIF Dubai less 2% discount

即问即答 ◆━━━━━━━━━━━━━━━━━━━━━━━━━━━━━━━━━━━━━━━

上海亿鑫烟花制品进出口公司出口一批烟花到美国纽约，请问以下报价是否正确？
26.00 FOB NEW YORK

3.3.2　总值条款

总值（total amount）是单价与数量的乘积，也就是一笔交易的货款总金额。合同中一般会写明合同金额的大小写。总值的金额大小写金额必须相符。小写金额前要填写货币符号，如USD（US＄）、HKD（HK＄）、CAD、AUD、EUR（€）、GBP（£）、JPY等，货币符号与阿拉伯数字之间不得留有空白。英文大写金额采用"Say＋币种＋金额＋（only）"的格式书写，金额和币种中间不得留有空白。数字金额到小数点后两位的，英文大写无须以"only"结尾，否则应以"only"结尾。

总值条款示例：

英文缩写：USD 1, 234, 567. 89

英文全称：Say US Dollars one million two hundred thirty-four thousand five hundred sixty-seven and cents eighty-nine。

即问即答 ◆━━━━━━━━━━━━━━━━━━━━━━━━━━━━━━━━━━━━━━━

请写出USD 91, 250. 00的英文全称。

梁斌拟订的合同价格条款如下表所示：

Item No.	Commodity and Specification	Quantity（CARTON）	Unit Price USD/CTN	Amount USD
	FIREWORKS		CIF TORONTO	
T97	16/4	800	22.20	17,760.00
T70X	60/1	650	24.38	15,847.00
H10X	120/1	300	24.38	7,314.00
F13	96/3	200	41.10	8,220.00
	TOTAL	1950		49,141.00

TOTAL VALUE：SAY U.S. DOLLARS FORTY-NINE THOUSAND ONE HUNDRED AND FORTY-ONE ONLY

拓展1：贸易术语变形

在大宗货物交易使用租船运输时，通常会采用贸易术语的变形，即在贸易术语后加列字句或缩写，如FOB班轮条件（FOB liner terms），来解决装船或者卸货费用的负担问题。

1. FOB术语变形主要是明确装货费用的负担。常见的FOB术语变形有：

（1）FOB班轮条件（FOB liner terms），指装货费用如同以班轮运输那样，由支付运费的一方（即买方）负担；

（2）FOB吊钩下交货（FOB tackle），指卖方将货物置于轮船吊钩可及之处，从货物起吊开始的装货费用由买方负担；

（3）FOB包括理舱（FOB stowed，FOBS），指卖方负担将货物装入船舱并支付包括理舱费在内的装货费用；

（4）FOB包括平舱（FOB trimmed，FOBT），指卖方负担将货物装入船舱并支付包括平舱费在内的装货费用。

2. CFR术语变形主要是明确卸货费用的负担。常见的CFR术语变形有：

（1）CFR班轮条件（CFR liner terms），指卸货费用按班轮条件处理，由支付运费的一方（即卖方）承担；

（2）CFR舱底交货（CFR ex ship's hold），指买方负担将货物从舱底起吊卸到码头的费用；

（3）CFR吊钩下交货（CFR ex tackle），指卖方负担将货物从舱底吊至船边卸离吊钩为止的费用；

（4）CFR 卸到岸上（CFR landed），指卖方负担将货物卸到目的港岸上的费用，包括驳船费和码头费。

3. CIF 术语变形主要是明确卸货费用的负担。常见的 CIF 术语变形有：

（1）CIF 班轮条件（CIF liner terms），指卸货费用按班轮条件处理，由支付运费的一方（即卖方）承担；

（2）CIF 舱底交货（CIF ex ship's hold），指买方负担将货物从舱底起吊卸到码头的费用；

（3）CIF 吊钩下交货（CIF ex tackle），指卖方负担将货物从舱底吊至船边卸离吊钩为止的费用；

（4）CIF 卸到岸上（CIF landed），指卖方负担将货物卸到目的港岸上的费用，包括驳船费和码头费。

以上各 FOB、CFR、CIF 贸易术语变形，除买卖双方另有约定者外，其作用通常仅限于明确或改变买卖双方在费用负担上的划分，而不涉及或改变风险的划分。只有在买卖双方对所使用的贸易术语变形的含义有一致理解的前提下，才能在交易中使用这些术语变形。

拓展 2：出口盈亏核算

为了控制亏损增加盈利，外贸企业在对外报价前都会对拟出口的商品做成本核算。出口商品的成本核算主要有两个经济效益指标：

1. 出口商品换汇成本（换汇率）

该指标反映出口商品每取得一美元的外汇净收入所耗费的人民币成本。换汇成本越低，出口的经济效益越好。计算公式为：

出口换汇成本 = 出口总成本（人民币元）/出口外汇净收入（美元）

这里的出口总成本，包括进货（或生产）成本，国内费用（储运、管理，预期利润等，通常以费用定额率表示）及税金。出口外汇净收入指的是扣除运费和保险费后的 FOB 外汇净收入。

［例］某商品国内进价为人民币 7270 元，加工费 900 元，流通费 700 元，税金 30 元，出口销售外汇净收入为 1400 美元，则：

出口总成本 = 7270 + 900 + 700 + 30 = 8900 元（人民币）

换汇成本 = 8900 元人民币/1400 美元 = 6.36 人民币元/美元

2. 出口商品盈亏率

该指标说明出口商品盈亏额在出口总成本中所占的百分比，正值为盈负值为亏。

出口商品盈亏率 =（出口人民币净收入 - 出口总成本）/出口总成本 × 100%

其中，出口人民币净收入 = FOB 出口外汇净收入 × 银行外汇买入价

盈亏率和换汇成本之间的关系为：

出口商品盈亏率 = [1 – 出口换汇成本/银行外汇买入价] × 100%

可见，换汇成本高于银行买入价，盈亏率是负值。换汇成本低于银行外汇买入价，出口才有盈利。

[例] 甲公司出口一批货物，该货物的出口总成本为 20 万元人民币，FOB 总价为 3.6 万美元，外汇牌价为 100 美元/620 元人民币. 则出口盈亏率是多少？

出口商品盈亏率 = (出口人民币净收入 – 出口总成本)/出口总成本 × 100%

= (36000 × 6.2 – 200000)/200000 × 100% = 11.6%

即：出口盈亏率为 11.6%。

本章小结

商品的价格直接关系到买卖双方的经济利益，因此商品的价格往往是买卖双方交易磋商的中心议题和矛盾焦点。商品的对外报价会根据采用的贸易术语的不同而有所不同。贸易术语是交易磋商和订立买卖合同中所不可缺少的专门用语，是对外贸易的语言。在学习贸易术语时要抓住每种术语中买卖双方的义务、风险和费用的划分。在对外报价核算的过程中要充分考虑货物的成本、费用和公司利润三大要素。在书写外贸合同的价格条款时要注意完整和规范，外贸合同单价条款主要包括计量单位、单价金额、计价货币和贸易术语 4 个基本部分。

综合训练

一、单项选择题

1. CIF 条件下交货，(   )。

A. 卖方在船边交货   B. 卖方在装运港船上交货

C. 卖方在目的港交货   D. 卖方在目的地交货

2. 根据 Incoterms 2010 的规定，采用 FOB 或 CIF 术语成交，货物在海运途中损坏灭失的风险(   )。

A. 均由卖方承担   B. 均由买方承担

C. 前者由卖方承担，后者由买方承担   D. 前者由买方承担，后者由卖方承担

3. (   ) 是有关贸易术语的国际贸易惯例中，包含内容最多、使用范围最广和影响最大的一种。

A. 《1932 年华沙—牛津规则》   B. 《国际贸易术语解释通则 2010》

C. 《联合国国际货物销售合同公约》   D. 《1941 年美国对外贸易定义修订本》

4. 如果合同具体内容与 Incoterms 2010 的规定发生矛盾，应该以（　　）为准。

A. Incoterms 2010　　　　　　　　B. 合同

C. 规则　　　　　　　　　　　　　D. 无明确规定

5. 大连某进出口公司对外以 CFR 报价，如该公司采用多式联运，应采用（　　）术语为宜。

A. FCA　　　　　B. CIP　　　　　C. DDP　　　　　D. CPT

6. 在采用 FOB 交货时，买卖双方风险的转移是在（　　）。

A. 工厂　　　　　B. 码头　　　　　C. 装运港船舷　　　D. 装运港船上

7. CFR 贸易术语是指（　　）。

A. 装运港码头交货　　　　　　　　B. 目的港码头交货

C. 成本加运费加保险费　　　　　　D. 成本加运费

8. （　　）是指卖方在卖方所在地或其他指定地点将货物交给买方指定的承运人或其他人。

A. FCA　　　　　B. FOB　　　　　C. CIF　　　　　D. CFR

9. 在实际业务中，FOB 条件下，买方常委托卖方代为租船、订舱，其费用由买方负担，如到期订不到舱、租不到船，（　　）。

A. 卖方不承担责任，其风险由买方承担

B. 卖方承担责任，其风险也由卖方承担

C. 买卖双方共同承担责任、风险

D. 双方均不承担责任，合同停止履行

10. 根据 Incoterms 2010 的解释，按 CFR 术语成交，卖方无义务（　　）。

A. 提交货运单据　　　　　　　　　B. 租船订舱

C. 办理货运保险　　　　　　　　　D. 取得出口许可证

11. 按 CIF 术语成交的合同，货物在运输途中因火灾被焚，应由（　　）。

A. 卖方负担货物损失　　　　　　　B. 卖方负责请求保险公司赔偿

C. 买方负责请求保险公司赔偿　　　D. 船公司负担货物损失

12. 按照 Incoterms 2010 的解释，CIF 与 CFR 的主要区别在于（　　）。

A. 办理租船订舱的责任方不同　　　B. 办理货运保险的责任方不同

C. 风险划分的界限不同　　　　　　D. 办理出口手续的责任方不同

13. 一般情况下，在以 FOB 贸易术语成交的合同中，货物的价格构成是（　　）。

A. 货物成本　　　　　　　　　　　B. 货物成本加运费

C. 货物成本加保险费　　　　　　　D. 货物成本加运费加保险费

14. 我国甲公司欲与德国乙公司签订销售合同进口机器到中国，拟采取海运方式，乙公司承担将货物运至指定目的地的运费并支付保险，根据 Incoterms 2010，应采用的

贸易术语是（　　　）。

    A. EXW　　　　　　B. CFR　　　　　　C. CIF　　　　　　D. FOB

15. 我国甲公司欲与法国乙公司签订销售合同出口服装到法国，拟采用海陆联运方式，甲公司承担将货物运至目的地的运费并支付保险，根据 Incoterms 2010，应采用的贸易术语是（　　　）。

    A. FOB　　　　　　B. CIF　　　　　　C. EXW　　　　　　D. CIP

16. 我国甲公司欲与英国乙公司签订销售合同出口计算机到英国，拟采取空运方式，甲公司承担将货物运至目的地的运费但不负责保险，根据 Incoterms 2010，应采用的贸易术语是（　　　）。

    A. CPT　　　　　　B. CFR　　　　　　C. FOB　　　　　　D. FAS

17. 支付给中间商的酬金称为（　　　）。

    A. 预付款　　　　　B. 折扣　　　　　　C. 佣金　　　　　　D. 订金

18. CFR 价格与 FOB 价格相比需要增加以下哪一项？（　　　）

    A. 国外运费　　　　B. 净利润　　　　　C. 国外保险费　　　D. 国内费用

19. 我国企业某商品对外商报价为不含佣金每公吨 1500 美元 CIF 价，后外商要求报 CIFC 5% 的价格，如果要保持我国企业的净收入不变，则对外改报的含佣金价格为（　　　）。

    A. 1320.7 美元　　　　　　　　　　B. 1578.9 美元

    C. 1833.5 美元　　　　　　　　　　D. 1902.9 美元

20. 以下与贸易术语的国际贸易惯例有关的是（　　　）。

    A. Incoterms 2010　　　　　　　　B.《联合国国际货物销售合同公约》

    C.《汉堡规则》　　　　　　　　　D. UCP 600

21. 卖方不负责办理出口手续及支付相关费用的术语是（　　　）。

    A. FCA　　　　　　B. FAS　　　　　　C. FOB　　　　　　D. EXW

22. 由买方负责出口清关手续，并承担相关费用的贸易术语是（　　　）。

    A. FCA　　　　　　B. FAS　　　　　　C. EXW　　　　　　D. FOB

23. 按照《国际贸易术语解释通则 2010》的解释，下列贸易术语中，由卖方负责办理进口通关手续的是（　　　）。

    A. DAT　　　　　　B. DAP　　　　　　C. EXW　　　　　　D. DDP

24. 卖方想要承担最低的合同义务时，最好采用（　　　）术语。

    A. EXW　　　　　　B. FCA　　　　　　C. CIF　　　　　　D. DDP

25. 在进出口贸易实践中，对当事人行为无强制性约束的规范是（　　　）。

    A. 国内法　　　B. 国际法　　　C. 国际贸易惯例　　　D. 国际条约

26. 某公司与国外一家公司以 EXW 条件成交了一笔买卖，在这种情况下，其交货地点是在（　　　）。

A. 出口国港口船上　　　　　　　　　B. 进口国港口船上

C. 出口商工厂　　　　　　　　　　　D. 进口商仓库

27. 下列贸易术语中，需要由卖方办理进口通关手续的是（　　　）。

A. DAT　　　　　B. DAP　　　　　C. DDP　　　　　D. CIP

二、多项选择题

1. FCA、CPT、CIP 三种术语是分别从 FOB、CFR、CIF 三种术语发展起来的，其责任划分的基本原则是相同的但也有区别，其区别主要有（　　　）。

A. 适用的运输方式不同　　　　　　　B. 交货和风险转移的地点不同

C. 运输费用负担不同　　　　　　　　D. 运输单据不同

2. 下列各项中属于贸易术语性质的有（　　　）。

A. 表示交货条件　　　　　　　　　　B. 表示成交价格的构成因素

C. 表示付款条件　　　　　　　　　　D. 表示加工贸易方式

3. 在使用集装箱海运的出口贸易中，卖方采用 FCA 贸易术语比采用 FOB 贸易术语更为有利的具体表现有（　　　）。

A. 可以提前转移风险

B. 可以提早取得运输单据

C. 可以提早交单结汇，提高资金的周转率

D. 可以减少卖方的风险责任

4. 贸易术语是表示商品价格的构成以及买卖双方在货物交接过程中有关（　　　）方面的划分。

A. 手续　　　　　B. 风险　　　　　C. 费用　　　　　D. 责任

5. FOB、CFR、CIF 贸易术语在运输方式、交货地点和风险划分方面的相同点有（　　　）。

A. 适用于海运或内河水运　　　　　　B. 在装运港完成交货

C. 在目的港完成交货　　　　　　　　D. 风险以装运港船上为界

6. 根据《国际贸易术语解释通则 2010》的规定，FCA、CPT、CIP 贸易术语的相同点是（　　　）。

A. 在目的地完成交货　　　　　　　　B. 适用于各种运输方式

C. 风险划分以货交承运人为界　　　　D. 风险划分以装运港船上为界

7. 采用 FOB 术语成交时，买方应负的责任有（　　　）。

A. 租船订舱并支付运费

B. 办理保险

C. 承担货物装上船后的一切费用和风险

D. 办理进口清关手续

8. 下列有关英国某公司业务员出口到我国上海某货物的报价中，正确的有（　　）。

A. 每公吨 50 美元 CIF 上海　　　　　　B. 每公吨 50 美元 FCA 伦敦

C. 每公吨 50 美元 FOB 上海　　　　　　D. 每公吨 50 美元 CFR 上海

9. 采用 CIP 术语成交时，卖方应承担的责任有（　　）。

A. 订立运输合同　　　　　　　　　　　B. 办理货运保险

C. 承担货交承运人控制之前的风险　　　D. 办理出口所需的一切手续

10. 采用 FCA 条件时，卖方应承担的责任有（　　）。

A. 订立运输契约　　　　　　　　　　　B. 按时接货

C. 办理出口手续　　　　　　　　　　　D. 提交交货凭证

11. 按照《国际贸易术语解释通则 2010》的解释，如果卖方不能取得进口许可证，宜采用的术语有（　　）。

A. EXW　　　　　　B. DDP　　　　　　C. CIF　　　　　　D. CFR

12. 贸易术语在国际贸易中的主要作用有（　　）。

A. 简化交易手续，缩短磋商时间　　　　B. 明确交易双方责任

C. 节省费用开支　　　　　　　　　　　D. 明确风险划分界限

13. 根据《国际贸易术语解释通则 2010》解释，FOB、CFR、CIF 术语仅适用于海运或内河水运输，如果双方当事人无意以船上为界交货，则应改用（　　）术语。

A. FAS　　　　　　B. FCA　　　　　　C. CPT　　　　　　D. CIP

14. FCA 适用的运输方式有（　　）。

A. 航空运输　　　　B. 铁路　　　　　　C. 河、海运　　　　D. 多式联运

15. 采用 CFR 术语成交时，卖方应承担的责任有（　　）。

A. 订立运输契约　　　　　　　　　　　B. 办理货运保险

C. 办理进口手续　　　　　　　　　　　D. 承担货物交至装运港船上之前的风险

三、判断题

1. 按 CFR 条件，卖方无须办理保险，也不需要支付保险费。而按 CIF 条件，卖方不仅要办理保险，还要支付保险费。因此，对卖方来说，采用 CIF 条件相对于 CFR 条件所承担的风险更大。（　　）

2. 我国从大阪进口货物，如按 FOB 条件成交，需由我方派船到大阪口岸接运货物；而按 CIF 条件成交，则由出口方洽租船舶将货物运往中国港口。可见，我方按 FOB 进口承担的货物运输风险比按 CIF 进口承担的风险大。（　　）

3. FOB 和 FCA 均由买方办理运输。（　　）

4. 按 CIF 术语成交，尽管价格中包括至指定目的港的运费和保险费，但卖方不承担货物必然到达目的港的责任。（　　）

5. 国际贸易术语是用简单的概念或字母缩写来表示价格的构成。（　　）

6. 按 CFR 条件，卖方安排装运，但并不承担把货物送到目的港的义务。（　　）

7. CIF、FOB、CFR 术语中卖方和买方之间的风险转移在装船港的船上。（　　）

8. 按 CFR 条件成交时，卖方需向买方提供保险单据。（　　）

9. 国际贸易惯例具有强制性和法律约束力。（　　）

10. 在 CIF 条件下，由卖方办理投保，而 CFR 为买方办理投保，因此货物运输途中的风险前者由卖方承担，后者则由买方承担。（　　）

11. 按 CIF 成交，尽管价格中包括到指定目的港的运费、保险费，但卖方不承担货物必然到达目的港的责任。（　　）

12. CFR 条件下，出口方有义务在货物装运完毕的情况下向进口方及时发出装运通知以便进口商办理保险。（　　）

13. Incoterms 2010 的贸易术语中，买卖双方交接的单据，可以是纸单据，也可以是电子单据。（　　）

14. DDP 是卖方承担责任最多的贸易术语。（　　）

15. "运费和保险费付至……" 是 CPT。（　　）

16. 佣金是对中间商提供服务的报酬。（　　）

17. 正确使用折扣，可以调动买方的购买积极性，从而扩大销路。（　　）

18. 在商品价格中包括佣金时，必须以文字来说明。（　　）

19. FOBS 表示含佣价。（　　）

20. 卖方按照原价给予买方一定百分比的减让，即在价格上给予适当的优惠，这是佣金。（　　）

四、名词解释

国际贸易惯例

贸易术语

FOB

含佣价

五、简答题

1. 试比较 FOB 术语与 FCA 术语的异同。

2. 合同的单价通常由哪几个部分组成？

3. 请写出 INCOTERMS 2010 中 11 种贸易术语的英文简称和中文全称。

六、操作题

1. 某公司对外报价 CIF New York USD 100/DOZ.，对方回复要求改报 CIFC5 价，在保证我方原收入不变的前提下应报价多少？

2. 某公司出口某商品到比利时，出口价格为 CIF ANTWERP USD3.74/PC，进口商要求改报含佣金3%的出口价格，试计算该商品的含佣价。

3. 某公司出口3500件服装至美国纽约，成交价格为每件125美元CIF纽约，请问合同中的单价和总值应如何表示？

COMMODITY & SPECIFICATIONS	QUANTITY	UNIT PRICE	AMOUNT
LADY GARMENTS	3500 PCS		
TOTAL AMOUNT:			

4. 商品资料如下所示：

商品名称：12头陶瓷餐具

包装方式：4套装入一个纸箱

纸箱尺码：66×48×52厘米

纸箱重量：净重为18千克，毛重为21千克

国内采购成本：每套240元（含增值税17%）

出口退税率：13%

公司定额费用：3%

海洋运费：20英尺整箱的包箱费率为1000美元

　　　　　40英尺整箱的包箱费率为1600美元

海运保险费：按CIF价值的110%投保，保险费率为0.3%

垫款利息：银行贷款年利率为6%，预计垫款时间为一个月

银行费用：银行手续费率为0.25%（按结算金额计）

国外客户要求在报价中包含3%的佣金

出口商的预期利润为出口报价的10%，汇率按1:7计算

请根据上述报价资料，分别计算出口1个20英尺整箱和1个40英尺整箱时的FOB、CFR和CIF美元出口报价。

5. 我国甲出口公司与加拿大乙贸易公司签订合同出口服装面料，贸易术语为CFR（INCOTERMS 2010），合同规定最迟5月7日装船完毕，由于当天是节假日，甲公司业务员未及时向乙公司发出装运通知，导致乙公司未能及时对货物进行投保，装载货物的船只在5月8日遇海上飓风沉没。

请问：应该由何方承担货物损失责任？说明理由。

第4章 交易磋商与合同的订立

梁斌经过仔细的成本核算后，通过邮件与加拿大 OMI 国际有限公司客商 Joe 就交易条件进行了反复磋商，最终双方签订了外销合同。

请思考：

（1）作为一名业务员，梁斌在交易磋商时如何为公司争取最大利益？

（2）如何与客户进行交易磋商？

（3）交易磋商完成后，如何与客户签订书面合同？

4.1 交易磋商的方式与程序

梁斌进入公司后非常注重客户的开发，经常在外贸网站发布公司信息并向潜在客户发邮件。在广交会期间，加拿大 OMI 国际有限公司的客商 Joe 被梁斌公司的烟花展位吸引，对梁斌公司的产品非常感兴趣，两人相谈甚欢，双方互留了名片。展会后梁斌立即给 OMI 公司发出了要求建立业务关系的邮件，很快梁斌收到了 OMI 公司的询盘邮件。核算了成本后，双方经过了发盘、还盘、接受环节，最终达成协议。

4.1.1 交易磋商的方式

交易磋商指买卖双方就拟订贸易合同的各项条款，即品名、品质、数量、包装、价格、装运、支付、保险、商品检验、不可抗力、索赔和仲裁等内容进行洽谈，以期达成交易的过程。一般来说，交易磋商有两种方式：即口头磋商（by word of mouth）

和书面磋商（by writing）。

口头磋商可通过邀请客户来访、派遣出国推销组、参加各种专业型交易会、参加中国出口商品交易会或国际博览会等，由出口企业外销人员同国外客户当面直接磋商交易。书面磋商的交易双方一般通过信函、电报、电传、传真等往来磋商交易内容。这两种形式有时也可以结合使用。

4.1.2 交易磋商的程序

交易磋商的整个过程主要可分为四个环节，即："询盘"、"发盘"、"还盘"与"接受"。

通常来说，交易磋商是以合同成立为目的，一旦交易双方对各项交易条件协商一致，买卖合同即告成立。在一次成功的交易磋商中，发盘和接受是必经环节。

 即问即答

一次成功的交易磋商一般有几个环节？每个环节都必经吗？

4.1.3 询盘

询盘（enquiry），又称询价，是指买方或卖方准备购买或销售某种商品时，向对方发出有关交易条件的询问。询盘的目的是邀请对方发盘。询盘时，可以只询问价格，也可以询问其他的交易条件。询盘对于询盘人和被询盘人都没有法律上的约束力，而且它并不是交易磋商的必经过程。

4.1.4 发盘

发盘（offer），又称发价，是卖方或买方向对方提出一定的交易条件，并愿意按照这些条件达成交易的一种肯定表示。《联合国国际货物销售公约》（以下简《公约》）的定义是："向一个或者一个以上特定的人提出的订立合同的建议，如果十分确定并且表明发盘人在得到接受时承受约束的意旨，即构成发盘。"在国际贸易中，发盘通常是卖方在收到买方询盘之后提出的，也可是卖方主动提出的。

1. 构成一项有效发盘的条件

（1）向一个或一个以上特定的人提出。所谓"特定的人"，是指发盘中指明个人姓名或企业名称的受盘人。例如，在图4.2梁斌的发盘中，很明显受盘人是OMI公司的JOE先生。

（2）内容十分确定。一项发盘必须要列明货物名称、数量、价格三项条件，即为"内容十分确定"。例如，在图 4.2 梁斌的发盘中，我们可以看到，该发盘的商品名称、数量和价格都十分确定。

（3）表明愿意与另一方达成交易的肯定表示。发盘人应在发盘中明确向对方表示，愿意按发盘的条件与对方订立合同。

（4）传达到受盘人。根据《公约》的规定，发盘无论是口头的还是书面的，只有被传达到受盘人时方才生效。

2. 发盘的有效期

发盘的有效期是指给予对方表示接受的时间限制，超过发盘规定的时限，发盘人即不受约束。发盘人对发盘的有效期可做明确的规定。例如：采用口头发盘时，除发盘人发盘时另有声明，受盘人只能当场表示接受方为有效；采用函电成交时，可规定最迟接受的期限，或规定一段接受的期限。如果发盘中没有明确规定有效期，受盘人应在合理的时间内接受。

比如，在图 4.2 梁斌的发盘中，他规定发盘的有效期为 "until 20th our time" 即发盘到"我方时间 20 日为止"有效。

发盘有效期的表示方法：

1. 规定最迟接受期

   如 subject to reply reaching here 20th（发盘限 20 日复到有效）

   Offer valid until Friday our time（发盘至我方时间周五有效）

2. 规定一段接受期间

   如 offer valid for five days（发盘有效期五天）

   Offer reply in seven days（发盘七天内回复）

---

3. 发盘的撤回和撤销

有时，发盘人会因为瞬息万变的市场情况而更改发盘条件。此时，需要对发盘进行撤回。发盘的撤回是指发盘人将尚未为受盘人收到的发盘予以取消的行为。《公约》规定：一项发盘的撤回，只要撤回通知先于或者与发盘同时到达受盘人，该发盘就可以撤回。因此，撤回的实质就是阻止发盘的生效。但需要注意的是，现代商贸社会，一般的发盘都是用传真或者电子邮件的方式进行，这种情况下发盘的撤回难以实现，因此发盘之前应深思熟虑。

 即问即答

已经生效的发盘，如果发盘人还想变更发盘条件，应该怎么做呢？

一项发盘已经生效，但是还未被受盘人接受，那么此时，如果发盘人还想变更发盘条件，可以对原发盘进行撤销。

发盘的撤销是指发盘人将受盘人已经收到的发盘予以取消的行为。《公约》规定：已被受盘人收到的发盘，如果撤销通知在受盘人发出接受通知前送达受盘人，可予以撤销。

注释：有两种情况不能撤销：（1）发盘表明接受期限或以其他方式表示发盘是不可撤销的；（2）受盘人有理由信赖该发盘是不可撤销的，并以本着对该发盘的信赖采取了行动。

即问即答

什么是发盘的撤销？如何撤销发盘？

课堂案例

法国某商于9月5日向我国某外贸公司发盘，供售某商品一批，有效期到9月10日，我方公司于9月6日收到该项发盘。法商在发盘后，发现该项商品行情趋涨，遂于9月6日以加急电报致电我方公司要求撤销其发盘。我方公司于9月7日收到其撤销通知，认为不能同意其撤销发盘的要求。两小时后，我方公司回电法商，完全同意其9月5日的发盘内容。法商收到我方接受通知的时间是9月8日。

请问：买卖双方是否存在合同关系？为什么？

案例解析：

（1）买卖双方之间的合同关系成立，法商撤销其要约无效。

（2）《联合同国际货物销售合同公约》规定：发盘送达受盘人即发盘生效后，受盘人表示接受前发盘人可以将发盘撤销，但有两种情况例外。结合本案例：法商向我方发盘时规定了有效期，所以在有效期内，法商是不能撤销其发盘的，而我方表示接受的通知是在法商规定的发盘有效期内到达法商的，所以双方合同关系成立。

4. 发盘的终止

发盘的终止是指发盘法律效力的消失。发盘终止的原因很多，主要有以下几种情况：

（1）发盘规定的有效期届满；

（2）被受盘人拒绝或还盘；

（3）发盘人在受盘人做出接受之前依法撤销了发盘；

（4）发生了不可抗力事件；

（5）在发盘被接受前，当事人丧失了行为能力、死亡或破产等。

4.1.5 还盘

还盘（counter offer），是受盘人对发盘内容不完全同意而提出要求更改的表示。在磋商交易中，还盘是对发盘的拒绝，也是受盘人以发盘人的地位所提出的新发盘。因此，一方的发盘经对方还盘以后即失去效用，受盘人不得再接受原发盘。还盘不仅可以就商品价格高低提出意见，也可以就交易的其他条件提出意见。

技能提示

在还盘的表示中，受盘人针对本方不能接受的条件提出修改意见并重新发回给发盘人即可。一般用还盘表示，如：YOURS PRICE TOO HIGH COUNTER OFFER USD 5. 00 PLEASE REPLY 8th OUR TIME。

课堂案例

我国某公司于 2013 年 7 月 16 日收到法国某公司发盘："马口铁 500 公吨，每公吨 545 美元，8 月份装运，限 20 日复到有效。"我方于 17 日复电："若单价为每公吨 500 美元则可接受 500 公吨马口铁。"法方 17 日再复电："市场坚挺，价格不能减，速复。"此时马口铁价格确实趋涨。我方于 19 日复电"接受你 16 日发盘，信用证已由中国银行开出，请确认。"但法商未确认并退回信用证。

请问：（1）合同是否成立？（2）我方有无失误？

案例解析：

（1）合同不能成立。理由是法国公司 16 日发盘经过我方 17 日的还盘已失效。

（2）我方有失误。具体有二：第一，我方公司如果希望合同成立，应该在 19 日复电时表示接受法国公司 17 日复电，而不是接受法国公司 16 日发盘，因为 16 日法国公司的发盘已由于我方还盘而失效。第二，在"接受"时，不应用"请确认"字样或文句。

4.1.6 接受

接受（acceptance）是交易的一方完全同意对方发盘中全部交易内容的肯定表示。一方的发盘经另一方接受，交易即告达成，合同亦即成立，双方即应分别履行其所承担的义务。

1. 构成有效接受的条件

（1）接受必须由特定的受盘人做出。与发盘一样，接受必须由发盘中所指明的特定的受盘人做出，而不能是其他人。例如，在图4.2梁斌的发盘中，很明显受盘人是OMI公司的Joe先生，那么接受也必须是Joe做出的方才有效。

（2）接受必须表示出来。受盘人可以用"声明"或"行为"表示接受。也就是受盘人可以用口头或书面的形式表示接受或采取实际行动，但是缄默不能代表接受。

（3）接受必须在发盘的有效期内传达给发盘人。《公约》规定，接受必须在发盘的有效期内传达到发盘人，方才有效。

（4）接受的内容必须与发盘相符。

原则上说，接受应完全同意发盘条件才算有效，但在实际业务中，我们要根据对原发盘内容变更的程度，来确定接受是否有效。

《公约》规定：对发盘表示接受但载有添加或不同条件的答复，如所载添加或不同条件在实质上并不改变发盘的条件，除发盘人在不过分迟延的期间内以口头或书面通知反对其差异外，仍构成接受。也就是说，《公约》把发盘的交易条件的变更或添改，分为实质性变更和非实质性变更。受盘人对货物的价格、品质、数量、支付方式、交货时间和地点、一方当事人对另一方当事人的赔偿责任范围或解决争端的办法等条件提出的添加或变更，均为实质性的变更，此种接受，只能视作还盘。如果所做的添加或变更的条件属于非实质性的交易条件，则除非当事人及时对这些变更或添加提出异议，否则该接受有效。

2014年2月1日巴西大豆出口商向我国某外贸公司报出大豆价格，在发盘中除列出各项必要条件外，还表示"编织袋包装运输"。在发盘有效期内我方复电表示接受，并称："用最新编织袋包装运输"。巴西出口商收到上述复电后即着手备货，并准备在双方约定的7月份装船。之后3月份大豆价格从每吨420美元暴跌至350美元左右。我方给对方去电称："我方对包装条件做了变更，你方未确认，合同并未成立。"而巴西出口商则坚持认为合同已经成立，双方为此发生了争执。分析此案应如何处理，简述你的理由。

案例解析：

由于包装不属于对发盘的实质性变更，因此我方的回复不构成一项还盘，巴方不必对此做出回答，合同已经按照原发盘内容和接受中的某些修改为交易条件成立。所以我方以巴方对修改包装条件未确认为理由否认合同的成立是不正确的。

2. 逾期接受

逾期接受是指超过发盘规定的有效期，或在未规定发盘有效期的条件下超过合理时间，才传达到发盘人的接受通知。

逾期接受一般不具有法律效力。但根据《公约》的规定，有两种情况例外：如果发盘人明确通知受盘人该项逾期接受为有效的表示，仍可达成交易；如果载有逾期接受的信件是在传递正常并能及时送达发盘人的条件下寄发的，除非发盘人毫不迟延地通知受盘人接受无效，否则仍被视为有效的接受。

3. 接受的撤回

由于接受送达发盘人时生效，即产生法律效力。因此，撤回接受的通知（可参考发盘的撤回）只要先于或与该接受同时送达发盘人，接受可以撤回。如果接受生效后，合同已然成立，接受不予撤销。

即问即答

1. 一项有效接受的条件是什么？

2. 逾期接受一定无效吗？

3. 如何撤回接受？

课堂案例

我国某出口企业对意大利某商人发盘限 7 月 10 日复到有效，9 日意商人用电报通知我方接受该发盘。由于电报局传递延误，我方于 11 日上午才收到对方的接受通知，而我方在收到接受通知前获悉市场价格已上涨，对此我方应如何处理？

案例解析：

我方于 11 日收到意商的接受电报属因传递延误而造成的逾期接受。因此，如我方不能同意此项交易，应即复电通知对方：我方原发盘已经失效，如我方未回电，则表示同意了该逾期接受。由此可见，逾期接受合同是否有效的关键在于发盘人的态度。就本案而言，由于逾期接受的关键在发盘人，即我方，因此在市场价格看涨的情况下，我方应选择不同意这个逾期接受。

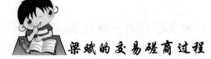

梁斌的交易磋商过程

1. 在与 OMI 公司进行了接触后，梁斌接到了对方公司的询盘函。

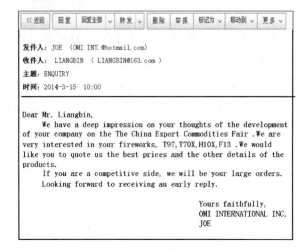

图 4.1　询盘

上述询盘内容可译为：

> 在广交会上贵公司给我留下很深的印象。我方对您货号为 T97，T70X，H10X，F13 的烟花非常感兴趣。请根该产品的最优价格及其他产品细节。
>
> 如果你们的产品有竞争力的话，我们的订货量是很大的。
>
> 非常期待你们尽早回复。

2. 梁斌在收到了 OMI 公司的询盘函后，经过仔细的成本核算，及时向对方进行了发盘。

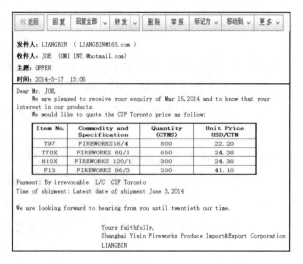

图 4.2　发盘

上述发盘的内容可译为：

我们很高兴收到你们 2014 年 3 月 15 日的询盘，并得知您方对我方产品感兴趣。现报商品的 CIF Toronto 价格如下：

商品货号 ITEM NO.	商品名称、规格	数量（箱）	单价 美元/箱
T97	FIREWORKS 16/4	800	22. 20
T70X	FIREWORKS 60/1	650	24. 38
H10X	FIREWORKS 120/1	300	24. 38
F13	FIREWORKS 96/3	200	41. 10

支付方式：不可撤销信用证

装运日期：最迟装运日期为 2014 年 6 月 3 日

请于我方时间 20 日之前回复。

3. OMI 公司还盘。

OMI 公司在收到梁斌的发盘函后，经过仔细思考，向对方进行了还盘。

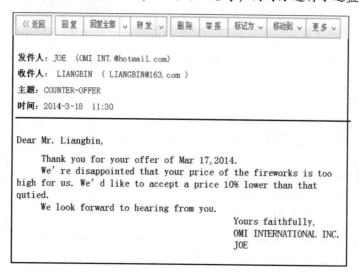

发件人：JOE　（OMI INT. @hotmail.com）
收件人：LIANGBIN（LIANGBIN@163.com）
主题：COUNTER-OFFER
时间：2014-3-18　11:30

Dear Mr. Liangbin,

Thank you for your offer of Mar 17, 2014.

We're disappointed that your price of the fireworks is too high for us. We'd like to accept a price 10% lower than that qutied.

We look forward to hearing from you.

Yours faithfully,
OMI INTERNATIONAL INC.
JOE

图 4.4　还盘

上述还盘函的内容可译为：

我们很高兴收到你们 2014 年 3 月 17 日的发盘。

但遗憾的是烟花的价格对我们来说过高了。我们希望价格能再降至少 10%。

敬候佳音。

4. 梁斌公司再还盘。

梁斌公司在收到 OMI 的还盘函后，经过仔细核算，又向对方进行了还盘。

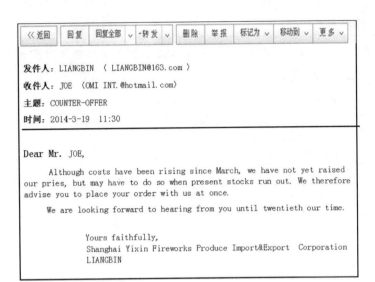

图 4.4　再还盘

上述还盘函的内容可译为：

自今年 3 月以来多种费用一直在上升，但我们仍未提价。不过目前的库存一旦售完便可能不得不这样做。为此我们建议您即刻向我们下订单。

请于我方时间 20 日前回复，敬候佳音。

5. OMI 公司接受。

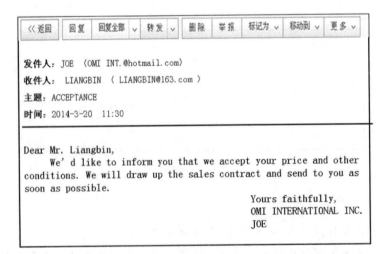

图 4.5　接受

上述接受的内容可译为：

我方接受你方的价格和其他条件。我们会尽快起草合同并寄给您。

4.2 签订书面合同

梁斌与 OMI 公司的 JOE 进行了愉快的磋商后，双方就交易条件达成了一致意见。虽然，双方在磋商过程中的往返函电即是合同的证明。但是根据国际贸易习惯，双方公司还需要签订书面合同，以进一步明确各自的权利和义务。

4.2.1 合同的形式

在国际货物买卖中，合同的形式有口头合同和书面合同两种。

在我国，绝大多数合同都是书面合同。书面合同的形式主要有正式的合同和确认书，也有协议、备忘录等。在我国的出口业务中，书面合同主要是两种形式：

1. 合同

合同（contract）的内容比较全面详细，除了包括交易的主要条件如品名、规格、包装、数量、价格、交货、支付外，还有不可抗力、索赔、仲裁等条款。合同又分为销货合同（sales contract）和购货合同（purchase contract）。它的特点是内容全面，对双方的权利、义务规定明确。签订这种形式的合同，对明确双方责任、避免争议发生都是有利的。因此，大宗商品或交易金额较大的交易，一般采用这种形式。

2. 销售确认书

销售确认书（sales contract）属于简式合同。其内容包括交易的主要条件如品名、规格、包装、数量、价格、交货、支付外，但对不可抗力、索赔、仲裁等条款一般不列入其中，因此适用于金额不大、批数较多的产品。

上述两种形式的合同，虽然在格式、条款项目、内容等方面有所不同，但是在法律上具有同等的效力，对买卖双方均有约束力。

技能提示

有效合同成立的条件：

1. 当事人必须在自愿和真实的基础上达成协议

2. 当事人必须具有订立合同的行为能力

3. 合同必须有对价

4. 合同标的和内容必须合法

5. 合同必须符合法律规定的形式

4.2.2　书面合同的内容

国际贸易的买卖合同一般包括三个部分：第一部分是合同的约首，包括合同名称、合同号数、缔约日期、缔约地点、缔约双方的名称和地址等。第二部分是合同的本文，包括合同的主要条款，如商品名称、品质、规格、数量、包装、单价和总值、装运、保险、支付，以及特殊条款如索赔、仲裁及不可抗力等。第三部分是合同的约尾，包括合同文字和份数以及缔约双方的签字。

 梁斌与 Joe 签订的合同

上海亿鑫烟花制品进出口公司

SHANGHAI YIXIN FIREWORKS PRODUCE IMPORT&EXPORT CORPORATION

127 Zhongshan Road East One，Shanghai P. R. of China

No. CNY3820

Date：20140406

销售确认书

SALES CONFIRMATION

Messrs：OMI INTERNATIONAL INC.

2856 VINCENT ST.

DOWNS VIEW, ONTARIO

M5J, 2J4, CANADA

Item No.	Commodity and Specification	Quantity （CATTON）	Unit Price USD/CTN	Amount USD
	FIREWORKS		CIF TORONTO	
T97	16/4	800	22. 20	17, 760. 00
T70X	60/1	650	24. 38	15, 847. 00
H10X	120/1	300	24. 38	7, 314. 00
F13	96/3	200	41. 10	8, 220. 00
		TOTAL 1950CTNS		USD 49, 141. 00

装运期：

TIME OF SHIPMENT：LATEST DATE OF SHIPMENT JUNE 3, 2014

装运港：

LOADING PORT：SHANGHAI

目的港：

DESTINATION：TORONTO

分批装运：

PARTIAL SHIPMENT：NOT ALLOWED

转运：

TRANSSHIPMENT：NOT ALLOWED

保险：

INSURANCE：TO BE EFFECTED BY THE SELLERS FOR 110% OF TOTAL IN-VOICE VALUE AGAINST ALL RISKS AND WAR RISK AS PER OCEAN MARINE CAR-GO CLAUSE OF THE PEOPLE'S INSURANCE COMPANY OF CHINA DATED 01/01/1981. CLAIM PAYABLE AT DESTINATION IN THE CURRENCY OF THIS CONTRACT.

支付：

PAYMENT：BY 100 PCT IRREVOCABLE L/C AVAILABLE BY DRAFT AT SIGHT TO BE OPENED IN SELLERS FAVOUR 30 DAYS BEFORE THE DATE OF THE SHIP-MENT AND TO REMAIN VALID IN CHINA FOR NEGOTIATION UNTIL THE 15 DAYS AFTER THE DATE OF SHIPMENT.

品质与数量的异议与索赔：货到最终目的地后，买方如发现货物品质及数量与合同规定不符，除属于保险公司及货船公司的责任外，买方可以凭双方同意的检验机构出具的检验证明向卖方提出异议，品质异议须于货到最终目的地起 60 天内提出，数量异议须于货到最终目的地起 30 天内提出。

Quality /Quantity/Weight Discrepancy and Claim: In case the quality and /or quantity are found by the Buyer not to conform with the contract after arrival of the goods at the final destination, the Buyer may lodge a claim against the seller supported by a survey report issued by an inspection organization agreed upon by both parties with the exception of those claims for which the insurance company and /or the shipping company are to be held responsible. Claim for quality discrepancy should be filed by the Buyer within 60 days after arrival of the goods at the final destination while for quantity discrepancy claim should be filed by the Buyer within 30 days after arrival of the goods at the final destination.

不可抗力：本合同内所述全部或部分商品，如因人力不可抗拒原因，使卖方不能履约或延期交货，卖方不负任何责任。

Force Majeure：The Seller shall not be held responsible for failure or delay in delivery of the entire or portion of the goods under this contract in consequence of any Force Majeure incidents.

仲裁：凡执行本合同或与合同有关事项所发生的一切争执，应由双方通过友好方式协商解决。如果不能取得协议时，应提交中国国际贸易促进会委员会对外贸易仲裁委员会，根据该仲裁委员会的仲裁程序暂行规定进行仲裁，仲裁裁决是终局的，对双方都有约束力。仲裁费用除非仲裁另有决定外，均由败诉一方承担。

Arbitration：All disputes in connection with this Contract or the execution thereof shall be settled through friendly negotiations. If no settlement can be reached, the case shall then be submitted to the Foreign Trade Arbitration Commission of the China Council for the Promotion of International Trade, Beijing, for settlement by arbitration in accordance with the Commission's Provisional Rules of Procedure. The award rendered by the Commission shall be final and binding on both parties. The arbitration expenses shall be borne by the losing party unless otherwise award by the arbitration organization.

THE BUYER：
SHANGHAI YIXIN FIREWORKS PRODUCE
IMPORT&EXPORT CORPORATION
LIANGBIN

THE SELLER：
OMI INTERNATIONAL INC.

JOE

即问即答

上述合同中的约首、本文、约尾分别是什么？

"大陆法系"和"英美法系"介绍

发盘和接受的生效有两个标准，即本书中介绍的"大陆法系"中的到达生效，但还有一种是"英美法系"中的投递生效。

法系是指根据法在结构上、形式上、历史传统等外部特征，以及法律实践的特点、法律意识和法在社会生活中的地位等因素对法进行的基本划分。

目前，世界各国沿用的法律体系基本上可以分为两类：大陆法系和英美法系。

大陆法系又称罗马法系、民法法系、法典法系或罗马日尔曼法系，它是承袭古罗马法的传统，仿照《法国民法典》和《德国民法典》的样式而建立起来的法律制度。大陆法系又称为成文法，其最重要的特点就是以法典为第一法律渊源，法典是各部门法典的系统的综合的首尾一贯的成文法汇编。世界上大约有 70 个国家的法律属成文法系，主要分布在欧洲大陆及受其影响的其他一些国家。如：欧洲大陆上的法、德、意、荷兰、比利时、西班牙、葡萄牙、瑞士等国以及拉丁美洲、亚洲的许多国家。我国也是参照大陆法系。

英美法系又称英国法系、普通法系或判例法系，是承袭英国中世纪的法律传统而发展起来的法律制度。传统的英美法系，判例法占主导地位。近几十年来，英美法系国家也制定了大量成文法作为对判例法的补充，但仍受判例法的制约。目前世界上大约有 26 个国家和地区的法律属英美法系，除中国香港外，主要是英联邦国家如英国、美国、澳大利亚、新西兰等。

本章小结

交易磋商的过程也就是合同成立的过程，交易磋商分为询盘、发盘、还盘和接受四个主要环节。出口交易磋商的形式可分为口头和书面两种。交易磋商的内容通常是货物的品质、数量、包装、价格、交货和支付条件等主要交易条件。发盘一旦被接受则对双方都具有约束力。通常双方还会将交易磋商的结果形成书面的合同，以便进一步明确各自的权利和义务，并方便合同的执行。书面的合同主要包括约首、本文和约尾三部分。

综合训练

一、单项选择题

1. 一项成功的交易磋商的两个必经环节是（　　）。

A. 询盘、接受　　　　　　　　　　B. 发盘、接受

C. 接受、签合同　　　　　　　　　D. 还盘、接受

2. 根据《公约》规定，合同成立的时间是（　　）。

A. 接受生效的时间　　　　　　　　B. 交易双方签订书面合同的时间

C. 在合同合伙的构架批准时　　　　D. 当发盘到达收盘人时

3. 下列哪些项目是发盘必须具备的基本要素？（　　）

A. 货名、品质、数量　　　　　　　B. 货名、数量、价格

C. 货名、价格、支付方式　　　　　D. 货名、品质、价格

4. 在下列条件中，（   ）不是构成发盘的必要条件。

A. 发盘的内容必须十分确定　　　　　B. 发盘人承受约束的意旨

C. 向一个或一个以上特定的人发出　　D. 主要交易条件必须齐全

5. 发盘的撤回与撤销的区别在于（   ）。

A. 前者发生在发盘生效后，后者发生在发盘生效前

B. 前者发生在发盘生效前，后者发生在发盘生效后

C. 两者均发生在发盘生效前

D. 两者均发生在发盘生效后

6. 指出下列哪个发盘有效？（   ）

A. 请每件降价 2 美元 20 日复到有效

B. 你 15 日电可供 1000 件每件 10 美元，供参考

C. 你 15 日电每公吨 1000 英镑 20 日复到

D. 你 15 日电接受，但必须改用 D/P

7. 根据《联合国国际货物销售合同公约》的规定，发盘和接受的生效采取（   ）。

A. 投邮生效原则　　　　　　　　　　B. 签订书面合同原则

C. 口头协商原则　　　　　　　　　　D. 到达生效原则

8. 国外某客商 3 月 8 日上午向我方进行口头发盘，我方（   ）。

A. 任何时间表示接受都能使合同成立　B. 应立即接受方使合同成立

C. 当天下午表示接受也可使合同成立　D. 两三天内表示接受可使合同成立

二、多项选择题

1. 交易磋商分为（   ）形式。

A. 电话磋商　　　B. 口头磋商　　　C. 直接磋商　　　　D. 书面磋商

2. 交易磋商的基本环节有询盘、发盘、还盘、接受，其中（   ）是可以没有的。

A. 询盘　　　　　B. 发盘　　　　　C. 还盘　　　　　D. 接受

3. 构成一项发盘应具备的条件有（   ）。

A. 向一个或一个以上特定的人发出　　B. 表明发盘人受该发盘的约束

C. 发盘的内容必须十分确定　　　　　D. 发盘必须规定有效期

4. 《公约》规定，一项已生效的发盘不能撤销的条件是（   ）。

A. 发盘规定了接受期限

B. 发盘中明确规定该发盘是不能撤销的

C. 发盘中未表明可否撤销

D. 收盘人有理由相信该发盘不可撤销，并采取了行动

5. 一项发盘可以撤回的条件是（   ）。

A. 电子邮件撤回　　　　　　　　B. 撤回通知先于发盘到达受盘人

C. 传真撤回　　　　　　　　　　D. 撤回通知与发盘同时到达受盘人

6. 促使发盘终止的原因主要有（　　　）。

A. 发盘的有效期届满

B. 发盘被发盘人依法撤回或撤销

C. 受盘人对发盘的拒绝或还盘

D. 发盘人发盘后发生了不可抗力事故或当事人丧失行为能力

7. 构成一项有效接受必须具备的条件是（　　　）。

A. 接受必须由特定的受盘人做出

B. 接受必须是无条件地接受

C. 接受必须在发盘有效期内送达发盘人

D. 接受必须表示出来

8. 在实际进出口业务中接受的形式用（　　　）表示。

A. 行动　　　　　B. 缄默　　　　　C. 广告　　　　　D. 口头或者书面形式

9. 在国际贸易中，合同成立的有效条件是（　　　）。

A. 当事人必须具有订立合同的行为能力

B. 合同必须有对价和约因

C. 合同的形式和内容必须符合法律要求

D. 合同当事人的意思表示必须真实

10. 进出口贸易合同的基本内容有（　　　）。

A. 约首　　　　　B. 正文　　　　　C. 约尾　　　　　D. 签名

三、判断题

1. 询盘、发盘是交易磋商不可缺少的步骤。（　　　）

2. 询盘又称询价，即交易的一方向另一方询问价格。（　　　）

3. 在交易磋商过程中，发盘一定是卖方做出的行为。（　　　）

4. 一项发盘表明是不可撤销的发盘，则意味着发盘人无权撤回该发盘。（　　　）

5. 发盘在其生效前是可以修改或撤回的。（　　　）

6. 一项发盘必须写明有效期。（　　　）

7. 还盘一经做出，原发盘即告失效。（　　　）

8. 接受和发盘一样也是可以撤销的。（　　　）

9. 逾期接受一定是无效的。（　　　）

10. 从法律效力来看，合同和确认书这两种形式的书面合同没有区别。（　　　）

四、名词解释

交易磋商

询盘

发盘

还盘

接受

五、简答题

1. 交易磋商一般有哪些环节？要订立一项合同，哪些环节是不可缺少的？

2. 构成一项有效发盘的条件有哪些？

3. 发盘的撤回和撤销有什么区别？

4. 发盘失效的情况有哪些？

5. 一项有效的接受有哪些条件？

6. 逾期接受仍然有效的情况有哪些？

7. 我国进出口业务中通常采用的书面合同形式有哪些？其基本内容是什么？

六、操作题

1. 请翻译下列邮件内容，并指出分别是交易磋商的哪个阶段？

（1）Dear Frank,

Thanks for your information. We are interested to buy large quantities of Angle Grinder（角向磨光机）and shall appreciate it if you would give us the best FOB Ningbo price. I have now listed below the models that are of interest：

AG105L, AG203S, AG880H

Please send us some samples for testing.

We are waiting for your reply.

Best Regards,
Adam

（2）Dear Adam,

With reference to your last inquiry, we have already forwarded you the samples and take pleasure in making the following offer：

Art No. AG105L：USD25. 30/PC FOB Ningbo

Art No. AG203S：USD30. 50/PC FOB Ningbo

Art No. AG880H：USD13. 00/PC FOB Ningbo

Please feel free to contact us if you have any question.

Sincerely,
Frank

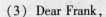

(3) Dear Frank,

We have already done a test for the samples; I have to say that the quality and function are really good.

But comparing to the price which is showed in the pricelist, the new price has not changed much. We hope you can give us a discount of 5% on the basis of the order, 5000 pieces of Angle Grinder.

Best Regards,
Adam

(4) Dear Adam,

The new price has already reached to the bottom of price range. You can not buy Angle Grinder of similar quality at such a price anywhere else. However, as this is the first time to do business with you, we accept your request to give you a discount of 5%.

As we have received large numbers of orders from our clients, it is quite probable that our present stock may soon run out. We would therefore suggest that you take advantage of this attractive offer.

We look forward to receiving your first order.

Sincerely,
Frank

(5) Dear frank,

Thank you for your letter of October 8th, 2014. We do appreciate your concession and want to accept your revised price and please send us your PI.

Best Regards,
Adam

2. 某年6月,甲国某公司准备向国际招标机构投标,由于缺少货源,向我国某外贸公司发来求购意向,我方公司于6月25日向其发实盘并规定有效期至同年7月20日。对方为争取得标,6月30日向我方公司发来传真,要求降价20%,我方公司未回复。对方7月12日又给我方公司来电,同意接受我方6月25日发盘。此时我方公司已将该批货物以高价转卖他国,无法向对方供货,对方遂派专人前来交涉,要求我方公司供货。

请问:我方应否向对方供货?

3. 我方 A 公司向美国 B 公司发盘：某商品 100 公吨，单价 2400 美元 CIF 旧金山，收到 L/C 两个月交货，以不可撤销 L/C 支付，限三天内答复。第二天收到 B 公司电报称："接受对方发盘，立即装运。"当时该货市场价格上涨 20%，A 公司拒绝交货，退回 L/C。

请问：A 公司这样做是否合理？为什么？

4. 我国某出口公司于 3 月 1 日向外商 A 发盘某商品，限 3 月 8 日复到。由于传递过程中的延误，外商 A 表示接受的电传于 3 月 9 日上午送到我方。我方认为答复逾期，未予理睬。这时，该商品国际市场价格已上涨，我公司以较高价将该商品出售给另一外商。22 日，外商 A 来电称："信用证已开出，请立即装运"。我公司复电"逾期接受合同不成立。"而外商 A 坚持认为合同已成立。

请问：根据《公约》的解释，此合同是否成立？为什么？

第5章 签订内贸合同及出口备货

　　上海亿鑫烟花制品进出口公司没有自己的生产实体，签订合同后公司开始着手寻找合适的生产企业，以保证外贸订单能按时按质完成。湖南浏阳是国内烟花爆竹集中生产基地，通过对生产资质、管理水平、企业规模、产品质量、产品成本等方面综合考虑，上海亿鑫烟花制品进出口公司最终选择了湖南省浏阳市强泰花炮厂作为烟花的加工企业，并与之签订了采购合同。为了保证最终交货品质和交货期符合外销合同的要求，梁斌负责跟进这笔订单的执行。梁斌根据合同规定的品质、包装和交货时间等条款进行了生产进度跟单、品质跟单和包装跟单。强泰花炮厂试制了一批样品烟花要求亿鑫公司确认，确认无误后，工厂开始大批量生产。梁斌要求工厂根据交货数量和交货期按照生产能力安排进度。梁斌定期到工厂去查看生产进度，与工厂的质检管理人员沟通，加强产品质量的监控。由于烟花是危险品，要求用七层瓦楞纸箱装货，并在外包装上印刷危险品标识。经过多方努力，最终强泰花炮厂按时按质交付了货物。

请思考：

（1）亿鑫烟花制品进出口公司在备货时需做哪些事情？

（2）在备货的各环节需要注意哪些问题？

　　出口备货是合同履行的重要环节，外贸公司在签订采购合同后必须做好外贸跟单工作，所谓外贸跟单是指密切跟进该笔订单的生产加工情况以保证外销合同的顺利进行。出口备货的流程如图5.1所示：

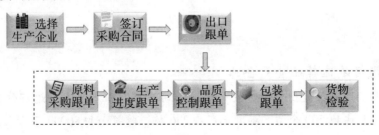

图5.1

5.1　选择生产企业

外贸公司大都没有自己的生产工厂，所以外贸公司在签订外销合同的同时还需要选择有实力的生产企业或者供应商进行加工生产。选择合格的生产企业直接关系到生产企业能否按时、按质、按量地完成订单，避免或降低外贸公司的经营风险。选择生产企业的基本方法有：

1. 了解生产企业的基本信息

例如，核查生产企业法人登记注册事项，获得生产企业较为全面真实的情况。在实际工作中，有些资信不良的生产企业提供的营业执照复印件有虚假现象，如不核实企业法人登记注册情况，就可能留下隐患。还可以通过解读生产企业的财务审计报告了解企业的财务状况，避免因生产企业的经济危机给公司带来不必要的损失。

2. 实地参观

通过实地参观察看判断生产企业的规模、生产企业的机器设备、工厂的管理、厂房的面积及安全情况等是否达到出口商品的生产能力，是否符合外国客商的评估要求。在实地参观过程中，通过询问生产企业的管理人员或生产员工，了解相关产能、品质和交货期等主要问题，从而确定生产企业的产能。

3. 综合判断

通过了解企业的基本信息和实地参观后，外贸公司再根据企业的资质、企业实际生产能力、产品的价格等因素进行综合判断，选取合适的工厂。

技能提示

经过认证机构质量体系认证的企业在产品质量方面有更多的保证。目前，国际体系认证主要有 ISO9000 质量管理体系认证、ISO14000 环境管理体系认证和 SA8000 社会责任管理系统认证等。

梁斌选择的生产企业

上海亿鑫烟花制品进出口公司最终选择了湖南省浏阳市强泰花炮厂作为烟花的加工企业。该工厂占地 500 余亩，标准化厂房 236 栋，建筑面积 80000 平方米，年生产能力 50 万箱，产值 5000 万元。该工厂通过了 ISO9001 认证，业务遍及国内的 26 个省区

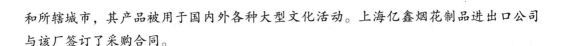

和所辖城市，其产品被用于国内外各种大型文化活动。上海亿鑫烟花制品进出口公司与该厂签订了采购合同。

5.2　签订采购合同

外贸公司选择好加工生产企业后应向加工生产企业订货并签订采购合同。采购合同属于买卖合同，外贸公司在签订采购合同时应注意采购合同的品名、质量、交货数量要符合外销合同的要求，特别是要注意合同交货期，以免造成对国外客户的违约。

 梁斌填制的采购合同：

采 购 合 同	合同编号：C09YPCK0058-01 日　　期：2014-04-12 签约地点：上海 相关合同：C09YPCK0058

买方：上海亿鑫烟花制品进出口公司　　电话（Tel）：86-21-63218467

地址：上海市中山路120号　　　　　　传真（Fax）：86-21-63292167

卖方：湖南省浏阳市强泰花炮厂　　　　电话（Tel）：0731-3250099

地址：湖南省浏阳市文家市镇文华村　　传真（Fax）：0731-3250098

兹买卖双方同意成交下列商品订立条款如下：

公司货号	商品名称	规格	单位	数量	单价（元）	金额（元）
T97	烟花鞭炮	16/4	纸箱	800	92.10	73 680.00
T70X	烟花鞭炮	60/1	纸箱	650	105.40	68 510.00
H10X	烟花鞭炮	120/1	纸箱	300	105.40	31 620.00
F13	烟花鞭炮	96/3	纸箱	200	207.50	41 500.00
价格条件：货到口岸仓库					合计（人民币）：	215 310.00

货款总计（大写）：人民币贰拾壹万伍仟叁佰壹拾元整

（1）包装条件：七层纸箱

　　　唛头：　　　OMI

　　　　　　　　TORONTO

　　　　　　CTNS/NOS1-1950

（2）交货期限及地点：2014年5月10日前买方指定仓库，要求办理商检证和纸箱证。

（3）验收办法：卖方必须严格按照本合同要求的规定交货，货物品质和生产要求列明在附页上。

（4）如发生由于质量及包装引起买方客户的索赔，一切责任及后果由卖方承担。

（5）付款办法：货物验收合格后，凭卖方开出的17%增值税发票付款。

（6）其他事项：

本合同一经双方签字即告生效，未尽事宜，双方协商解决。如发生争议无法协商一致，需提起诉讼，双方一致同意提交给上海市浦东新区人民法院判决。

卖方： 刘强　　　　　　　　　　　买方： 王刚

5.3　出口跟单

5.3.1　原料采购跟单

当加工合同签订后，工厂需要根据合同规定选择原料供应商，签订物料采购合同。外贸公司的跟单员也会参与原料采购以保证所采购的原料符合外销商品的品质要求。在进行原材料、辅料的跟单业务中，跟单员主要是对交货时间、交货质量、交货地点、交货数量和交货价格进行跟踪。

5.3.2　生产进度跟单

生产进度跟单就是对生产计划进行跟踪，是外贸企业的一个主要工作环节。跟单员在完成原材料跟单工作后，协助业务员向生产加工企业下达生产通知单，要求其将采购合同中的生产任务及时落实到具体的生产计划中。为了掌握加工企业的生产进度，保证按约履行交货义务，跟单员要进行有效的生产进度跟进，深入加工生产企业，了解工厂的产能动态，跟踪生产进度。在生产过程中，跟单员如果发现实际生产进度与计划进度有差异，必须协助加工企业一起查找原因并采取有效策略，保证生产有序进行。生产进度跟单的基本要求是使生产企业能按订单及时交货，尽量做到不提前，也不延迟交货。

课堂案例

江苏某贸易公司与美国客商 PTER 有限公司签订了一份出口销售合同，货名为牛皮包，数量10000只，交货期为2014年12月10日。12月1日加工单位苏州箱包有限公司来电告知贸易公司跟单员："原定于2014年12月5日交付的10000只牛皮包还有1000只没有完成，难以按时交货。"

请问：跟单员该如何处理？

案例解析：

跟单员应该及时联系加工工厂，查清生产进度延迟原因，要求工厂加班加点，督促生产落实情况，并向工厂说明如果不能及时交货，将按照购销合同要求工厂承担相应的损失；同时该贸易公司还要积极联系其他生产厂家，避免延迟交货的情况发生。

该案例充分说明了外贸公司应该与工厂保持联系，及时掌握加工企业的生产进度，保证按约履行交货。

5.3.3　品质控制跟单

为了保证产品的质量，跟单员不仅对原材料、辅料等物品进行入库前的检验，而且还要在生产过程中，协同生产企业的质量监督管理部门依据技术标准严格控制产品的质量，避免次品进入下一道工序。同时还要注意产品的设计质量，看其是否采用了新技术、新工艺和新材料，产品的制造与设计要求是否完全相符。当生产加工完成后，还要对全部成品的质量进行抽样或整体检验。

5.3.4　包装跟单

货物的出口包装一般由供应商来完成，有关包装材料、包装规格、注意事项等，外贸公司跟单员要及时跟供应商沟通，确保货物包装符合外商的要求。常用的出口包装主要有木质包装材料、纸质包装材料、金属包装材料和塑料包装材料，如下图所示。

木质包装材料

纸质包装材料

金属包装材料

塑料包装材料

跟单员在进行生产进度和品质控制跟单的同时，还必须做好出口产品的包装跟单工作，根据客户对包装的要求选择合适的包装材料和包装方式，并及时做好入库以及装运工作。

梁斌公司的出口货物包装

上海亿鑫烟花制品进出口公司所出口的烟花是一种危险品，我国对出口烟花爆竹的检验严格执行国家法定标准，盛装出口烟花爆竹的运输的包装，应当标有联合国规定的危险货物包装标记和出口烟花爆竹生产企业的登记代码标记。凡经检验合格的出口烟花爆竹，由检验检疫机构在其运输包装的明显部位加贴验讫标志。因此本批货物的运输包装上除了要标注唛头，货物的毛重、净重、体积、指示性标志外，还要有危险品标志、生产企业的登记代码标记以及检验检疫机构的验讫标志。

5.3.5　货物检验

　　完成出口商品的生产后，加工
企业会根据商品的性质或客户的要求申请相关机构对出口货物的质量、规格、卫生、
安全、数量等进行检验、鉴定，并出具相关的证书以保障对外贸易各方的合法权益。
（关于检验部分的内容将在第8章中详细介绍）。

SA8000 社会责任认证体系简介

　　社会责任管理体系（Social Accountability 8000，SA8000）是国际上规范企业道德行
为和社会责任的一种标准。很多知名的跨国公司都要求其供应商获得 SA8000 认证。
SA8000 标准的主要内容如下：

　　1. 劳工标准

　　公司不应使用或者支持使用童工；公司不得使用或支持使用强迫性劳动，不得要
求员工在受雇起始时交纳押金或寄存身份证件；公司应尊重所有员工结社自由和集体
谈判权；公司不得在种族、性别等方面有歧视行为；公司不能有惩戒性措施。

　　2. 工时和工资

　　公司不能经常要求员工一周工作超过 48 小时，每 7 天至少应有 1 天休假，如因特
殊情况加班，每周不得超过 12 小时，且保证支付加班津贴；公司支付给员工的工资不
应低于法律或行业的最低标准，并且必须满足员工的基本需求。

　　3. 健康和安全

　　公司应为员工提供安全健康的工作环境，为所有员工提供安全卫生的生活环境。

　　4. 管理系统

　　公司高管层应根据本标准制定符合社会责任与劳工条件的公司政策。

本章小结

　　出口备货是出口贸易合同履行的重要环节。为了保证贸易合同项下的货物保质
保量如期完成，在备货阶段，外贸公司必须做好外贸跟单工作，即跟进订单的执行
情况。外贸公司必须在选择加工企业、签订采购合同、原料采购跟单、生产进度跟
单、品质控制跟单、包装跟单和货物检验等环节认真把关，确保合同项下的货物如

约交付。

综合训练

一、判断题

1. ISO9000 仅指一个标准。（　　　）

2. 选择合格的生产企业关系到生产企业能否按时、按质、按量完成订单，避免或降低外贸公司的经营风险。（　　　）

3. 外贸公司在选取供应商时，除了解企业的基本信息和实地参观外，还要对企业实际生产能力和产品价格等因素进行综合判断。（　　　）

4. 国内采购合同的交货期不应晚于外销合同的交货期。（　　　）

5. 出口商出口备货要做到保质、保量、及时交货，不必关注采购价格和采购费用。（　　　）

6. 外贸公司跟供应商签订采购合同后，就可以不管不问，等验收货物就可以了。（　　　）

7. 生产进度跟单的基本要求是使生产企业能按订单及时交货，尽量做到不提前，也不延迟交货。（　　　）

8. ISO 14000 是关于环境管理的国际东京认证。（　　　）

9. 对于公司的老客户，产品的包装不需要确认，只需要按照惯例进行出口包装。（　　　）

10. 在进行原材料，辅料的跟单业务中，跟单员只需要关注原材料或辅料的交货质量即可。（　　　）

二、名词解释

外贸跟单

SA8000 认证

三、简答题

1. 简述出口备货的流程。

2. 简述选择生产企业应注意的问题。

四、操作题

1. 上海漫通进出口贸易公司在广交会上与英国 Graf Imports Co. Ltd. 就男式色织长袖衬衫进行了磋商。在 2014 年 2 月 15 日，该公司业务部林丹小姐收到英国客商的订单。订单内容节选翻译如下表：

品名描述： 男式色织长袖衬衫	装运期： 2014 年 6 月，从上海到南安普敦海运，不允许分批和转运	价格条件： 每件 12 美元 CIF OUTHAMPTON	花型将于今天单独快邮寄出
面料： 100% 亚麻	规格： 10×10　51×51	供应商： 上海漫通进出口贸易公司	

颜色/尺码	S	M	L	XL
藏青	720	720	720	720

总件数：2880 件

包装：每件装入一个印有尺码的胶袋，4 件混码装入一小盒，3 盒装入一出口纸箱，请在衬衫背面放衬纸。

胶袋需印有如下警告语：胶袋有窒息危险，请不要靠近婴儿与儿童，禁用 PVC 胶袋。

样品要求：

手织样：2014 年 4 月 5 日前送达我方办公室

确认样：M 码 3 件，2014 年 4 月 14 日前送达我方

产前样：M 码 3 件，2014 年 4 月 30 日前送达我方

齐码船样：每码 1 件，2014 年 5 月 31 日前送达我方

所有辅料 2014 年 4 月 20 日前寄我处确认

付款方式：后 T/T

有关包装、尺寸的具体细节和其他指示另告。

根据订单，上海漫通进出口贸易公司向上海市黎明服装厂订购了该订单项下的货物。请代为填写一份国内采购合同。

补充资料：

（1）采购合同号：143241001

（2）采购合同日期：2014 年 2 月 20 日

（3）上海漫通进出口贸易公司　地址：上海市黄浦区金钟大厦 24-502

电话：0086-21-56876512　传真：0086-21-56876411

法人代表：林强

（4）上海市黎明服装厂　地址：上海市青浦区白鹤镇白鹤民营经济发展区

电话：0086-21-59271454　传真：0086-21-59271455

法人代表：张帅

（5）采购价格 20 元/件，货到口岸仓库

（6）交货期及地点：2014 年 5 月底前，买方指定仓库

2. 上海某贸易公司与日本的山田商社签订了一份 20000 双牛皮鞋销售合同，交货期为 2014 年 2 月。为此，该贸易公司选择了长期合作的加工单位温州鞋业有限公司进行加工生产。由于牛皮鞋在当地非常畅销，山田商社致电该贸易公司增加 5000 双牛皮鞋，双方并签订了补充条款。贸易公司跟单员未进行生产规模与生产能力的调查，凭想象直接发给温州鞋业有限公司进行加工。2014 年 2 月 25 日温州鞋业有限公司来电告知："全公司的设备和人力全部投入，还是难以于 2 月交付，请与客户协商延迟一周交货。"

请你以跟单员的身份对此案进行分析，该跟单员的做法有何不妥？其后果如何？应吸取什么教训？

3. A 外贸公司应国外老客户 C 公司的需要接了一笔订单。A 公司向 B 工厂采购该笔订单项下的货物。由于国外客户 C 没有说清楚具体规格，A 外贸公司就直接要求 B 工厂按常规生产。出厂前 A 外贸公司发现产品质量不合格，但是 B 工厂坚称以前出口到该目的国的货物就是这个质量，没有问题。于是 A 外贸公司同意出口该批货物。当货物到港后客户 C 公司发现了两个问题：第一，规格不符合要求；第二，工艺质量太次。客户要求赔偿全部损失。工厂却以先前出口都是这个质量没有问题而拒绝承担赔偿责任。

请问：在此案例中各方的责任有哪些？应吸取的教训有哪些？

第6章　租船订舱

梁斌与加拿大 OMI 国际有限公司客商 Joe 经过磋商谈判，最终签订合同。合同中装运条款包括：货物必须在 2014 年 6 月 3 日前装运，装运港为上海，目的港为多伦多，分批装运与转船均不允许。

梁斌收到信用证后即与工厂制订生产计划，且在分析备货生产进程后，着手办理托运手续。梁斌填写了订舱委托书交给大通国际货运代理公司，并委托该公司办理出口运输。大通国际货运代理公司收到梁斌的订舱委托书后，向中远集装箱有限公司办理了订舱手续。

请思考：

(1) 国际贸易货物运输有哪些运输方式？梁斌应该选择何种运输方式？

(2) 双方在书面合同中应该如何规定装运条款？

(3) 如果选择海运，租船订舱的程序是什么？需要提交哪些单据？

(4) 运费由谁支付，需要支付多少？如何计算？

6.1　国际货物运输方式

国际货物运输是国际贸易中必不可少的环节，是实现货物转移的必要手段。随着各种交通运输方式的不断发展，根据实际业务的需求，国际货物运输主要分为海洋运输、铁路运输、航空运输以及国际多式联运等。

6.1.1　海洋运输

海洋运输又称"国际海洋货物运输"，是指货物借助船舶通过海上航道在不同国家（地区）之间的港口间进行转移。海洋运输是目前国际货物运输中最主要的运输方式。

中国有着良好的港口条件，如上海港、宁波港等。随着经济的飞速发展，中国海运业也得到了蓬勃的发展。目前，中国将近80%的货物通过海洋运输的方式运往世界各地，中国已经成为世界海运大国之一。

根据船舶运营方式的不同，海洋运输可以分为以下几种方式，如表6.1所示：

表6.1　海洋运输的分类

		杂货班轮运输
海洋运输	班轮运输	集装箱班轮运输
	租船运输	定程租船
		定期租船

1. 班轮运输

班轮运输，又称定期船运输，即船舶在固定的航线上和固定的港口间按事先公布的固定船期表航行，从事客货运输业务，并按相对固定的费率收取运费。

班轮运输具有"四固定"的特点，即：固定航线、固定港口、固定船期、相对固定的费率。

班轮运输的运价内已包括装卸费用，货物由承运人负责配载装卸，承运人和托运人双方不计滞期费和速遣费。

承运人和托运人双方的权利、义务、责任、豁免以船公司签发的提单为依据。

（1）杂货班轮运输

杂货班轮运输除具有"四固定"的特点外，还具有以下特点：货物的装卸由船方负责；交易双方的权利、义务责任及其豁免以提单条款为依据，并受国际公约的制约；承运人和托运人双方的交货方式相对固定。

（2）集装箱班轮运输

图片注释：集装箱堆场（CY），是交接和保管空箱（empty container）和重箱（loaded container）的场所。集装箱货运站（CFS），是拼箱货交接和保管的场所，也是拼箱货装箱和拆箱的场所。

图6.1　集装箱堆场

集装箱班轮运输是将不同外形、包装的件杂货装入具有标准规格的集装箱内，以集装箱为运输、装卸、搬运的对象，提供了实现高效机械化作业的必要条件。

它具有如下特点：在全程运输过程中，无须接触或移动箱内所装货物；实现货物的"门到门"运输，可以实现联运；提高工作和运输效率，减少货损货差。因此，已替代了大多数的传统杂货班轮运输，成为国际贸易中的主要运输方式。

按照装箱方式可以分为整箱货和拼箱货两种。整箱货（FCL）是由发货方自行装箱直接送到集装箱堆场（CY），整箱货到达目的港后，送至目的港堆场由收货人提取；拼箱货（LCL）是当某一货主的货物不足一整箱时将货物送至货运站（CFS），由承运人把不同货主的货物按要求进行拼装，货到目的港后，同样送至货运站由承运人拆箱后分拨给收货人。

新闻图片：2014 年 12 月 9 日，全球首艘载箱量达 1.91 万标准箱的最大、最先进的集装箱船——"中海环球"轮首航洋山港。该轮全长 400 米，相当于 20 条标准车道，甲板面积达 2.4 万平方米，超过 4 个标准足球场，满载排水量为 23 万吨，满载的 1.91 万标准箱若首尾相连，长度将达 116 公里。

图 6.2　集装箱船

集装箱的交接方式可以分为：整装整拆（CY/CY）；整装拼拆（CY/CFS）；拼装整拆（CFS/CY）；拼装拼拆（CFS/CFS）。

2. 租船运输

租船运输，又称不定期船运输，其运营中无固定航线、港口、船期、运价，较为灵活，运价低于班轮运价，适合量大低值的特定大宗货物运输，如粮食、煤炭、矿砂、化肥、石油、水泥等。租船运输根据租船的营运方式可以分为定程租船（程租船）和定期租船（期租船）。

（1）定程租船

定程租船即指按航程租赁船舶，船方必须按租船合同规定的航程完成货物运输任务，并负责经营管理船舶和承担船舶在航行中的一切开支。船东与租船人之间要计算滞期费、速遣费。

国 际 贸 易 实 务 基 本 流 程

 注释:

滞期费：如租船人在许可时间内没有完成装卸任务，就要向船东支付一定金额的罚款。

速遣费：在规定的时间内如租船人提前完成装卸，船方向租船人支付一定的奖金。

定程租船的装卸费用划分的方法，主要有以下四种：

① FIO（free in and out）。即船东不负责装卸和费用。同时需要明确理舱费（stow）和平舱费（trim）由谁负担。具体有 FIOS、FIOT，或 FIOST 三种。

② FO（free out）。即船东负责装货及其费用，但不负责卸货及其费用。

③ FI（free in）。即船东负责卸货及其费用，但不负责装货及其费用。

④ Gross Terms。也叫 Liner Terms，即船东负责装卸及其费用，又称班轮条件。

（2）定期租船

定期租船即指按一定期限租赁船舶。在租赁期间，租船人根据租船合同规定的航行区域可自行使用和调度船舶。租船期间各航次中所产生的燃料费、港口费、装卸费等均由租船人负担。

 即问即答

请问班轮运输与租船运输的区别是什么？

6.1.2　铁路运输

铁路运输是一种仅次于海洋运输而在国际贸易运输中占有重要地位的陆运方式。其主要优点是速度快、运量大、受气候条件的影响小，从而途中风险小。但是铁路运输受到轨道等限制，适用于陆地相连的国家之间的贸易运输。在我国主要分为国际铁路联运与对港澳地区的铁路运输。

1. 国际铁路联运

国际铁路联运，发货人由始发站托运，使用一份铁路运单，铁路方面根据运单将货物运往终点站交给收货人。在由一国铁路向另一国铁路移交货物时，不需收、发货人参加。亚欧各国按国际条约承担国际铁路联运的义务。

我国通往欧洲的国际铁路联运线有两条：一条是利用俄罗斯的西伯利亚大陆桥贯通中东、欧洲各国；另一条是由江苏连云港经新疆与哈萨克斯坦铁路连接，贯通俄罗斯、波兰、德国至荷兰的鹿特丹。后者被称为新亚欧大陆桥，运程比海运缩短 9000 公里，比经由西伯利亚大陆桥缩短 3000 公里，进一步推动了我国与欧亚各国的经贸往来，促进了我国沿线地区的经济发展。

2. 对港澳地区的铁路运输

对港澳地区的铁路运输按国内运输办理，但又不同于一般的国内运输。货物由内地装车至深圳中转和香港卸车交货，为两票联运，由外运公司签发"货物承运收据"。对澳门地区的铁路运输，是先将货物运抵广州南站再转船运至澳门。

6.1.3 航空运输

航空运输是一种现代化的运输方式，具有速度快、地理条件限制小、比较安全等优点，但也存在运量小、运价高等缺点。特别适合于高价值商品、易腐商品、鲜活商品等货物的运输，如电子设备、计算机、精密仪器、医药、鲜花等。细分有班机运输、包机运输和航空快递业务。

即问即答

请为下列货物选择合适的运输方式：

——粮食、煤炭、矿砂、化肥、石油、水泥

——精密仪器、电子设备

——手套、玩具

——急需文件

——危险化学品

6.1.4 国际多式联运

1. 国际多式联运的含义

国际多式联运是按照多式联运合同，以至少两种不同的运输方式，由多式联运经营人将货物从一国境内接管货物的地点运至另一国境内指定交付货物的地点。

2. 国际多式联运的特点

① 要有一个国际多式联运合同；

② 使用一份包括全程的联运单据；

③ 至少是两种不同运输方式的连贯运输；

④ 一个多式联运经营人对全程运输负总责；

⑤ 实行全程单一的运费费率；

⑥ 一般采用集装箱运输。

在实际操作中，国际多式联运经营人在接受了货主的委托后，除自己控制范围内的一段运输外，往往将其余各段委托其他运输经营人。国际多式联运经营人对货物在全程运输过程中的灭失和损坏承担全部责任，并按合同约定进行赔偿。

6.2 贸易合同装运条款的拟订

了解过国际货物运输方式后，梁斌选择了集装箱班轮运输来完成货物的运输。接下来需要与进口商具体协商装运条款。梁斌与进口商签订的装运条款包括了对装运时间、装运港与目的港、分批装运及转运等情况的规定。

6.2.1 规定装运时间

装运时间又称为装运期，是买卖合同的主要条件。装运时间与交货时间是两个不同的概念。在 FOB、CFR、CIF 等术语情况下，装运期和交货期在时间上基本一致的，但若采用目的港口交货或者工厂交货之类，则装运期不等于交货期。

1. 装运时间的规定方法

一般采用规定具体的装运时间或规定收到信用证后若干天装运这两种方法。

（1）规定具体的装运时间

① 规定在一段时间内装运。在国际贸易中，装运时间一般是确定一段时间，而不是某一个具体日期。

例如：Shipment during July 或 Shipment during Jan. /Feb，2014.

② 规定最后装运期限。在合同中规定一个最迟的期限，这个最迟期限可以是某个月的月底也可以是某一天。

例如：Shipment before the end of June，2014 或 Shipment on or before August 16th 2014.

合同装运条款中装运期示例一：

Shipment during Jan. 2013.   装运期为 2013 年 1 月。

Shipment within Oct. /Nov. /Dec. 2013.   装运期在 2013 年 10/11/12 月。

Shipment on or before July 30，2013.   装运期在 2013 年 7 月 30 日或之前。

Shipment not later than July 30，2013.   装运期不迟于 2013 年 7 月 30 日。

Shipment on or about May 15，2003.   装运期在 5 月 15 日左右。

（2）规定收到信用证后若干天装运

对于某些外汇管制比较严格的国家和地区或是进口商专门定制的出口商品，为了防止收汇的风险，可采用收到信用证后一定时间内装运的方法。例如：Shipment within 30 days after receipt of L/C.

注释：按照 UCP600 规定：装运时间要明确具体，避免使用"迅速装运"、"尽快装运"等词语，以防引起争议。

合同装运条款中装运期示例二：

Shipment within 60 days after receipt of L/C.　收到信用证后 60 天内装运。

Shipment as soon as possible/immediately/promptly.　尽早装运。

即问即答

上海亿鑫烟花制品进出口公司与 OMI 国际有限公司确定的装运时间 LATEST DATE OF SHIPMENT JUNE 3，2014 属于哪种规定方法？

课堂案例

某对外贸易进出口公司于 5 月 23 日收到一张国外开来的信用证，信用证规定装运期为："Shipment before 31st May，2013。"经各方努力，于 5 月 31 日装运完毕，并取得 5 月 31 日签发的提单。6 月 2 日备齐所有单据向开证行交单。6 月 16 日开证行来电提出："提单记载 5 月 31 日装运货物，不符合信用证规定的装运期限，不同意接受单据。"请问：开证行这么做的原因是什么？

案例解析：

信用证规定的是"装运期为 2013 年 5 月 31 日前"，是不包括 5 月 31 日当天的（Shipment before 31st May，2013.），而卖方却于 31 日装运，所以不符合信用证要求。有关审证人员没有认真地审查信用证条款，误解信用证装运期的规定，导致了开证行不接受单据。

6.2.2　确定装运港与目的港

1. 装运港与目的港的规定方法

装运港都是由卖方提出，而目的港则一般由买方提出，但须经双方协商后确定。

在买卖合同中，装运港和目的港的规定方法有以下几种：

（1）一般情况下，分别规定一个装运港和目的港。例如：

装运港：上海（Port of shipment：Shanghai）

目的港：伦敦（Port of Destination：London）

（2）在货物数量较多且货源地众多的情况下，也可分别规定两个或两个以上的装运港和目的港。例如，

装运港：大连/青岛/上海（Dalian/Qingdao/Shanghai）

目的港：伦敦/利物浦（London/Liverpool）

（3）如果在订约时还不能确定何处装运、何处卸货，可以使用选择港。一种是在两个或两个以上港口中选择一个，例如 CIF 伦敦/汉堡/鹿特丹（CIF London/Hamburg/Rotterdam）；另一种是笼统规定某一航区为装运港或目的港，例如"地中海主要港口"。如果货方未在规定时间前将选定的卸货港通知船方，船方有权在任何一个备选港口卸货。

合同装运条款示例：装运港和目的港

LOADING IN CHARGE：NINGBO, CHINA　　　　装运港：中国宁波

FOR TRANSPORT TO：OSAKA, JAPAN　　　　目的港：日本大阪

即问即答

上海亿鑫烟花制品进出口公司与 OMI 国际有限公司确定的装运港为上海，目的港为多伦多，属于哪种规定方法？

2. 确定装运港与目的港的注意事项

（1）对装卸港的规定应具体明确。由于世界各国港口重名的很多，即使在同一国家，也有同名港。此外有的城市有多个港口，各港口的装卸条件不一，费用不等。因此在合同中，应明确装卸港名称。

（2）对于内陆国家的贸易，应选择靠其最近的港口作为卸货港。

（3）正确使用"选择港"：

① 数目不宜过多（一般不超过三个）；

② 备选港必须在同一条航线上，且是班轮公司都停靠的港口；

③ 核算价格和计算运费时，以最高的费率和附加费作为计算依据；

④ 买方宣布最后卸货港的时间必须至少在载货船舶到达合同所列第一备选港前 48 小时。

6.2.3 确定分批装运与转运

分批装运与转船直接关系到买卖双方的利益，能否分批装运和转船，是装运条款的重要内容。

1. 分批装运

国际上对分批装运的解释和运用有所不同，按有些国家的合同法规定，如合同对分批装运不做规定，则卖方交货时不得分批装运；而国际商会制定的《跟单信用证统一惯例》规定，除非信用证另有规定，允许分批装运。因此，在允许分批装运的情况下，为了避免引起争议，防止交货时出现困难，最好在合同中明确规定"允许分批装运"。

注释：分批装运（partial shipment），又称为分期装运，是指一个合同项下的货物分若干批或若干期装运。

另外《跟单信用证统一惯例》规定：同一船只、同一航线中多次装运的货物，只要目的港相同，即使提单上注明不同的装运日期和装运港，也不应视做分批装运。该惯例还对定期、定量分批装运做了规定：在信用证有效期内，分批装运中任何一期未按期完成，信用证对该期及各期货物均告失效。

即问即答

装运期分别为 2013 年 7 月 8 日和 7 月 10 日的同船名、同航次、同目的港的 2 个 40 英尺集装箱提单，应视为分批还是不分批？

合同装运条款示例：分批装运

Shipment to be effected during July 2014 from Shanghai to Hamburg by ocean transportation with partial shipments allowed.

装运须在 2014 年 7 月完成，从上海到汉堡经海运，允许分批装运。

课堂案例

我国某公司向非洲出口某商品 15000 箱，合同规定 1～6 月按月等量装运，每月 2500 箱，凭不可撤销即期信用证付款。客户按时开来信用证，装运条款规定为"最迟装运期 6 月 30 日，分数批等量装运"。我方 1 月份装出 3000 箱，2 月份装出 4000 箱，3 月份装出 8000 箱，客户发现后向我方提出异议。你认为我方这样做是否合理？为什么？

案例解析：

这样做不合理。根据《跟单信用证统一惯例》：如合同和信用证中明确规定了分批数量，以及类似的限批限时条件，卖方应严格履行约定，只要其中任何一批没按规定装运，就可做违反合同论处，且该批以后各批均告失效。

本案例中信用证已规定 1~6 月按月等量装运，每月 2500 箱，而我方却 1 月份装出 3000 箱，2 月份装出 4000 箱，3 月份装出 8000 箱，明显违背了信用证的规定。因此，该信用证从 1 月份开始就已失效了。

2. 转运

转运（transhipment），是指卖方在交货时，如驶往目的港没有直达船或船期不定或航次间隔太长，为了便于装运，允许货物从某一运输工具卸下，再装上另一运输工具，或在不同运输方式的情况下，货物从一种运输工具卸下，再装上另一种运输工具的行为。

《跟单信用证统一惯例》规定：除非信用证有相反的规定，可准许转运。因此，为了明确责任和便于安排装运，买卖双方需在合同中订明是否同意转运、有关转运的办法和转运费用的负担等事项。

即问即答

上海亿鑫烟花制品进出口公司与 OMI 国际有限公司确定的不允许分批、不允许转运，应该如何翻译成英文？

6.2.4 确定装运通知等其他事项

1. 装船通知

装船通知（advice of shipment），是卖方向买方发出的货物已装船通知。它的作用是便于买方办理保险手续和准备提货。尤其是在 FOB、CFR 条件下，发出装船通知是卖方履行合同的义务。在 CFR 条件下，如果卖方没有及时通知买方而导致买方未办理保险，则在运输期间发生的保险损失由卖方负责。

2. 装卸时间、滞期、速遣条款

在租船运输的大宗货物买卖合同中，还会规定装卸时间、滞期、速遣条款。这是一种奖罚条款。目的在于明确买卖双方的责任，促使双方相互合作，共同做好船货衔接。

梁斌签订的合同装运条款

装运期：

TIME OF SHIPMENT：LATEST DATE OF SHIPMENT JUNE 3，2014

装运港：

LOADING PORT：SHANGHAI

目的港：

DESTINATION：TORONTO

分批装运：

PARTIAL SHIPMENT：NOT ALLOWED

转运：

TRANSSHIPMENT：NOT ALLOWED

6.3　海上货物运输订舱流程及相关运输单据

　　根据合同中拟订的装运条款与 CIF 贸易术语，梁斌开始着手办理货物运输事宜。由于梁斌选择的是集装箱班轮运输，因此需要委托货运代理公司办理订舱手续。在此过程中，梁斌需要填写一份订舱委托书。

6.3.1　办理订舱的流程

　　办理订舱是顺利装船的前提。托运订舱手续比较繁杂，在整个过程中将涉及进出口商、货运代理、承运人、海关等众多部门。

　　在我国的业务实际中，船公司一般不直接接受进出口商的托运申请，所以一般都是由货运代理公司来办理托运手续的。

　　以下托运订舱流程以 CIF 贸易术语下的出口合同为背景，说明委托货运代理公司办理集装箱托运订舱的过程：

| 步骤一：托运人委托货代订舱 | 托运人（出口商）在货、证备齐后，填制订舱委托书，委托货代订舱。 |

| 步骤二：货代向船公司订舱 | 货代接受订舱委托后，将订舱委托书交给船公司办理订舱。 |

| 步骤三：船公司安排舱位 | 船公司接受订舱委托，安排好舱位后，把订舱单（即放柜纸S/O）发给货代。 |

| 步骤四：货代提柜装柜 | 货代凭放柜纸到码头提柜，再到工厂仓库装货，装完柜回到码头后，到码头打印码头纸，将此码头纸及其他报关资料一起输入报关平台报关，待海关对货物查验没问题后，则出具放行条给货代或托运人。 |

| 步骤五：货代交放行条给船代 | 货代或托运人持海关盖章的放行条交给船代，船代收齐放行条，到海关船关科打印舱单，等待装船。 |

| 步骤六：缮制并审核提单 | 船公司缮制提单后发给货代公司审核，货代公司审核无误后再传给出口商确认，收到出口商确认后，货代把提单资料再发给船公司出提单。 |

| 步骤七：货物装船并取得正本提单 | 货物装船后，船公司把正本提单发给货代公司，待托运人缴纳所有费用后，货代公司再把正本提单交给出口商。 |

 注释：

码头纸是指装完货的重柜回到集装箱堆场 CY，进闸口后，码头给的一个收据。

技能提示

船代、货代、船公司的区别

船公司是船舶的所有人（owner），有签发提单的权力，对船有直接管理权。

货运代理公司，简称货代，是指接受进出口货物收发货人的委托，以委托人或自己的名义，为委托人办理国际货物运输及相关事宜，并收取报酬的法人企业，它们是为船公司揽货的，是船公司和货主的桥梁。

船代，是当船舶靠港时办理手续，并直接与船东或者船舶控制方联系的企业，它是船公司的代表，可以接受船公司的委托给货运公司签发提单。

梁斌办理出口订舱的流程

由于梁斌与加拿大客商的合同采用的是集装箱班轮运输方式，所以在落实信用证及备货时，梁斌即向广州各家货运代理公司询价，最终确定大通国际货运代理有限公司代为订舱。

梁斌发了一份订舱委托书（托运单）传真给大通货代公司。在各项费用谈妥之后，大通货代公司把订舱委托书发给中远集装箱运输有限公司订舱。不久，大通货代公司收到了中远集装箱运输有限公司发来的订舱单（S/O）。大通货代公司凭 S/O 到码头提取集装箱，之后到工厂仓库装货，等待办理出口报检和报关手续。

完成出口报检报关手续后，货物顺利装船，船公司将正本提单交给大通货代公司，在缴清所有费用后，货代公司把正本提单交给了梁斌。梁斌收到的正本提单如图 6.3。

6.3.2　海运方式下的运输单据

1. 海运提单

海运提单，是指用以证明海上货物运输合同和货物已经由承运人接收或者装船，以及承运人保证据以交付货物的单证。它也是承运人与托运人之间运输契约的证明，在法律上具有物权证书的效用。在实际业务中，提单是由承运人或其代理人在货物装船后（也可以是货物在承运人掌管之后）签发给托运人（出口商或货代公司）的一种凭证，收货人在目的地凭提单向运输公司提货。提单样本见图 6.3。

注释：

提单的性质和作用：① 收货证明；② 物权凭证；③ 运输合同的证明。

许可证号：JTL0008

1. Shipper
SHANGHAI YIXIN FIREWORKS PRODUCE IMPORT&EXPORT CORPORATION 127 ZHONGSHAN ROAD EAST ONE, SHANGHAI P. R. OF CHINA

B/L NO CANE103014

中远集装箱运输有限公司
COSCO CONTAINER LINES

COSCO

TLX：33057 COSCO CN
FAX：+86（021）6545 8984

2. Consignee
TO ORDER OF SHIPPER

Port-to Port or Combined Transport

BILL OF LADING

3. Notify Party/Address
OMI INTERNATIONAL INC. 2856 VINCENT ST. DOWNS VIEW, ONTARIO M5J, 2J4, CANADA

RECEIVED in apparent good order and condition except as otherwise noted the total number of containers or other packages or units enumerated below for transportation from the place of receipt to the place of delivery subject to the terms and conditions hereof. One of the Bills of Lading must be surrendered duly endorsed to the Carrier by or on behalf of the Holder of the Bill of Lading, the rights and liabilities arising in accordance with the terms and conditions hereof shall, without prejudice to any rule of common law or statute rendering them binding on the Merchant, become binding in all respects between the Carrier and the Holder of the Bill of Lading as though the contract evidenced hereby had been made between them. IN WITNESS whereof the number of original Bills of Lading stated under have been signed. All of this tenor and date, one of which being accomplished, the other(s) to be void.

For delivery of goods please apply to :

4. Pre-carriage by	5. Place of receipt
6. Ocean Vessel Voy. No PUSAN SENATOR	7. Port of Loading SHANGHAI,CHINA
8. Port of Discharge TORONTO	9. Place of Deliver

Container/Seal No. Marks & Nos.	No of Container or Packages	Description of Goods(If Dangerous Goods, See Clauses 20)	Gross Weight Kgs	Measurement M^3
OMI TORONTO CTNS/NOS1-1950 CYLU2215087 DRTY7764568	1950CTNS	FIREWORKS 2×40′ FCL CY/CY FREIGHT PREPAID ON BOARD DATE:MAY 18,2014	38395	107.4M^3

10. Total Number of Containers and/or Packages(in words)	ONE THOUSAND NINE HUNDRED AND FIFTY CTNS ONLY

11. FREIGHT & CHARGES	Revenue Tons.	Rate Per	Prepaid	Collect
Ex. Rate: Prepaid at		Payable at	Place and date of issue SHANGHAI,MAY.18，2014	
Total Prepaid		No. of Original B(s)/L THREE	Stamp & Signature COSCO CONTAINER LINES AS CARRIER	

图 6.3　海运提单

2. 海运提单的分类

在实际业务中，从不同的角度可以把提单分为多种类型，各有不同的特点，提单主要分为以下几类，如表6.2所示：

表6.2　海运提单的种类及特点

分类依据	提单种类	提单特点
货物是否已装船	已装船提单 Shipped B/L	货物装船后由承运人或其代理人签发的提单。该提单上必须载明运载船只和装船日期。实际业务中一般都要求使用已装船提单结汇。
	备运提单 Received for Shipment B/L	货物受承运人监管但尚未装船时承运人签发的提单。因为货物未上船，故买卖双方风险并未转移，一般不能结汇使用。
收货人抬头不同	记名提单 Straight B/L	收货人一栏填写指定收货人的提单。承运人只能将货物交给提单上所载的指定收货人，较为安全。但其不能做背书转让，无流通性，故在实际业务中较少使用，一般用于贵重物品的托运。
	指示提单 Order B/L	收货人一栏填写"凭指示"或"凭某人指示"字样的提单。指示提单可以背书转让，在国际贸易中大量使用。
	不记名提单 Bearer B/L	收货人一栏填写"交与持有人"的提单，又称空白提单。这种提单不需要背书手续便可转让，风险较大，故在实际业务中较少使用。
表面批注情况	清洁提单 Clean B/L	指提单表面无不良批注的提单。该批注仅就货物的外表状态而言，表明承运人所收到的货物表面状况良好。结汇时需要递交清洁提单。
	不清洁提单 Foul B/L	指提单表面有不良批注的提单，表明货物装船时货物表面状况不良。在实际业务中，银行一般不接受不清洁提单。
运费支付情况	运费预付提单 Freight Prepaid B/L	在提单表面标注 Freight Prepaid 的提单，常在 CFR 和 CIF 贸易术语下使用。
	运费到付提单 Freight to Collect B/L	在提单表面标注 Freight Collect 的提单，常在 FOB 贸易术语下使用。
提单签发时间	倒签提单 Anti-dated B/L	签发日期早于实际装船日期的提单，是承运人为了使提单符合信用证要求而勾结船公司所使用的欺诈性单据。
	预借提单 Advanced B/L	指货物未装船或未装船完毕的情况下签发的已装船提单，是托运人为了顺利结汇而向承运人借用的提单。
	过期提单 Stale B/L	指晚于装船日后21天递交银行结汇的提单。根据信用证有关规定，银行不接受这种提单。同时也指提单晚于货物到达目的港的情况。

3. 海运单

海运单是承运人签发给托运人或其代理人的，证明承运人接收货物或者已将货物装船的不可转让的单证，其正面内容与提单基本一致，但印有"不可转让"的字样。

 注释：海运单是运输合同的证明、货物收据，但是不具有物权凭证的作用。

海运单既能作为承运人接管货物或货物已装船的货物收据，也是承运人与托运人之间订立的海上货物运输合同的证明。

海运单因其操作简单、无流通性而常在跨国公司内部或关系密切的贸易伙伴间使用。海运单与海运提单相比，具有以下异同：

（1）相同点

① 两者都能起到货物收据和运输合同证明的作用。

② 两者单据正面记载内容基本相同。

（2）不同点

① 海运提单是物权凭证，可以背书转让；海运单不是物权凭证，不能背书转让。

② 海运提单的收货人凭海运提单提货；海运单收货人凭提货通知或身份证明提货。

③ 海运提单有简式提单和全式提单之分；海运单无背面条款，但可援用海运提单背面条款。

 即问即答 ◆━━━━━━━━━━━━━━━━━━━━━━━━━━━━━━━━━━

什么情况下需要使用海运单？

6.3.3 其他运输方式下的运输单据

1. 国际铁路运输单据

（1）国际铁路货物联运单

国际铁路货物联运单是铁路与发货人之间缔结的具有运输契约性质的一种运送单据。它明确规定了在货物运输过程中双方的权利、义务和责任。此运单正本从始发站随同货物附送至终点站并交给收货人，是铁路同货主之间交接货物、核收运杂费用和处理索赔与理赔的依据。运单副本是卖方凭以向银行结算货款的主要单据。

 注释：

铁路运单正本随货物交给收货人，副本是结汇的单据。

（2）承运货物收据

承运货物收据，是承运人收到运往港澳的货物后所签发的铁路运输单据。我国内地通过铁路运往港澳地区的出口货物，一般委托中国对外贸易运输公司承办。当出口货物装车发运后，对外贸易运输公司即签发一份承运货物收据给托运人，以作为办理结汇的凭证。承运货物收据不是物权凭证，也不能流通转让。

2. 国际航空运输单据

航空运单是承运人与托运人之间签订的运输契约，也是承运人或其代理人签发的货物收据。航空运单还可作为核收运费的依据和海关查验放行的基本单据。但航空运单不代表货物的所有权。在航空运单的收货人栏内，必须详细填写收货人的全称和地址，而不能做成指示性抬头。

3. 国际多式联运单据

国际多式联运单据是适应集装箱的需要而产生的，在使用多种运输方式运送货物时使用，是根据多式联运合同签发的提单。多式联运提单与海运提单一样，具有货物收据、物权凭证和运输合同证明的性质和作用。

 注释： 多式联运单据包括全程运输，由多式联运经营人签发。

国际多式联运单表面上与联运提单相仿，但联运提单承运人只对自己执行的一段负责，而多式联运承运人对全程负责。联运提单由船公司签发，包括海洋运输在内的全程运输；多式联运单据由多式联运承运人签发，也包括全程运输，但多种运输方式中，可以不包含海洋运输。

 即问即答

多式联运单据与联运提单有什么区别？

6.4 国际货物运输运费计算

由于采用 CIF 贸易术语，梁斌在报价时必然涉及运费问题。根据合同，该批烟花一共 1950 箱，总毛重 38.395 公吨，总体积 107.4 立方米，集装箱装运。梁斌根据集装箱运费的计算方法算出了运费。

6.4.1 杂货班轮运费的计算

杂货班轮运费是按班轮运价表的规定计算的。不同的班轮公司会有不同的班轮运价表。班轮运费由基本运费和各种附加费构成，其计算公式为：

运费总额 = 基本运费 + 附件费用 = 基本费率 × (1 + 附加费率) × 计费标准

1. 基本运费

基本运费是指运输的每批货物所应收取的最基本的运费，是按照班轮运价表中的基本费率计算出来的，相对比较固定。班轮运价表是班轮运输公司定期公布的相对稳定的计算运费的标准，根据费率结构可分为两种：一种是按每项货物列出其基本费率，称为"单项费率运价表"；另一种是将货物分为若干个等级，每个等级的货物有一个基本费率，称为"等级运价表"。多数运价表将货物分为 20 个等级，等级越高，费用也越高。

2. 附加费

附加费是为了弥补运输过程中的一些额外支出而向货主收取的补充费用，根据情况灵活收取，比如燃油附加费、超长附加费、冰冻附加费等。

3. 计费标准

计费标准主要有以下五种：

（1）按重量计算。即以货物的毛重计收，运价表中用"W"表示。一般以公吨为单位，称为重量吨。主要适用于机器、建材等货物。

（2）按体积计算。即以货物的体积计收，运价表中用"M"表示。一般以立方米为单位，称为尺码吨。主要适用于塑料之类的体积大、重量轻的货物。

（3）按价格计算。又称为从价运费，以"A. V."或"Ad Val"表示。一般按商品 FOB 价格的一定百分比计算（通常不超过 5%）。这种方式适用于黄金、珠宝等贵重物品的运费计算。

（4）议价运费。由货主与船公司临时议定运费。如粮食、矿石等运量特别大，难以一一丈量和称重的货物。

（5）按件收费。如装运卡车，按辆数计收运费。

 即问即答

班轮运费计费标准有哪几种？分别适用于什么样的货物？

上海信达进出口公司按 CIF 贸易术语出口一批罐头到美国 SISY 进出口公司，共 1000 箱，每箱体积 40 厘米 × 30 厘米 × 20 厘米，毛重为 30 公斤。经查，该商品每吨运费率为 200 美元。另据查得知该国要加收港口附加费 20%，燃油附加费为每运费吨 2 美元，问：上海信达进出口公司应付船公司运费是多少？

案例解析：

步骤一：查货物运价表确定计费标准

根据货物的名称与性质在货物等级表中查出该商品的所属等级和计费标准。

查阅货物等级运价表，8 级，计费标准为 W/M。

货物等级运价表

货名	COMMODITIES	CLASS BASIS
农具	AGRICULTURAL IMPLEMENT	8 W/M
自行车及零件	BICYCLE & PARTS	5 W/M
各种罐头	CANNED GOODS, ALL KINDS	8 W/M
……	……	
半危险化学品	CHEMICALS, SEMI-HAZARDOUS	17 W/M
危险化学品	CHEMICALS, HAZARDOUS	20 W/M

步骤二：计算总体积与总毛重，以选择计费标准

总毛重 = 1000 × 30 = 30000KGS = 30 公吨

总体积 = 0.4 × 0.3 × 0.2 × 1000 = 24 立方米

因为 30 > 差 24，所以应该按照重量计算运费。

步骤三：计算总运费

总运费 = 基本运费 + 各种附加费 = [200 × (1 + 20%) + 2] × 30 = 7260 美元

上海信达进出口公司应付船公司运费 7260 美元。

即问即答

杂货班轮运费的计算步骤有哪些？

6.4.2 租船运费的计算

租船运费就是租船的租金。由于租船运输没有固定的运价，所以运费或租金是在市场供求关系的制约下，通过租船人与船主之间的洽谈而形成的。由于租船有很多方式，故租金也有不同的内容和计算方法。

程租船的运费中包含船员工资、给养、船体的维护和修理，物料供应及装备、油料、燃料、淡水、保险、检验、折旧、港口、装卸、洗舱、压舱、代理、索赔等方面的支出。其计算方法有两种：一种是按装货或卸货的吨数计算，即按租船合同中的协议运费率乘以装货或卸货的数量得出；另一种称为包价计算，即按照整船包干运费计算。

期租船的运费是根据租船合同协议按每月每载重吨若干金额或整船每天若干金额计算。在运费中不包括燃料、港口、装卸、洗舱、垫舱物料、压舱、淡水、代理等费用，这些费用由承租人自己负担。光船租船的租金主要按租期计算，租金中只包括折旧、保险、检验、佣金方面的费用，其余开支均由承租人自己负担。

6.4.3 集装箱班轮运费的计算

集装箱运输中，整箱货和拼箱货的运费计算方法是不同的。

1. 拼箱货的运费计算

拼箱货物在集装箱货运站内装箱，收货方式与普通杂货班轮运输相似，因此集装箱拼箱货的运费计算与普通的杂货班轮运费计算相类似。需注意的是，集装箱拼箱货的运费有起码运费，不足 1 运费吨的货物，按 1 运费吨计收。

2. 整箱货的运费计算

托运人在整箱托运的条件下，一般不考虑货物的种类和级别，而是按照具体航线对货物的等级、箱型、尺寸、重量等因素设定包箱费率，也称为"均一费率"，包箱费率的计算单位是集装箱。

整箱货运费除了基本运费外，还收取各项附加费。

 注释：

20 英尺集装箱的载货重量为 17.5 公吨，载货体积为 25 立方米；40 英尺集装箱的载货重量为 24.5 公吨，载货体积为 55 立方米。

出口时尚手提包 3500 箱，总毛重 42 公吨，总体积 255 立方米，共装 10 个 20′ 集装箱，目的港悉尼。中远班轮至悉尼港 20′ 集装箱包箱费为 1800 美元，港口附加费为 61 美元。计算该批货物的集装箱运费。

案例解析：

集装箱运费 $= (1800 + 61) \times 10 = 18610$ 美元

 梁斌的运费计算

上海亿鑫烟花制品进出口公司出口到加拿大的烟花产品从上海运到多伦多，货物的型号、数量、装箱资料如下：

商品货号 ITEM NO.	商品名称、规格	数量	单位	净重 KGS/CTN	毛重 KGS/CTN	体积 CBM/CTN
T97	FIREWORKS 16/4	800	CARTON	19	20	0.06
T70X	FIREWORKS 60/1	650	CARTON	23.3	24.3	0.048
H10X	FIREWORKS 120/1	300	CARTON	13	14	0.036
F13	FIREWORKS 96/3	200	CARTON	11	12	0.087

梁斌计算运费如下：

总毛重 $= 800 \times 20 + 650 \times 24.3 + 300 \times 14 + 200 \times 12 = 38.395$ 公吨

总体积 $= 800 \times 0.06 + 650 \times 0.048 + 300 \times 0.036 + 200 \times 0.087 = 107.4$ 立方米

总箱数 $= 800 + 650 + 300 + 200 = 1950$ 箱

根据 20 英尺和 40 英尺集装箱的载货重量和体积的要求，梁斌选择了用两个 40 英尺集装箱。经查询得知，从上海运到多伦多的包箱费率为一个 40 英尺集装箱基本运费为 5800 美元，危险品附加费为 150 美元，港口附加费为 60 美元，燃油附加费为 70 美元。

最后，梁斌计算出的集装箱运费为：

国际总运费 $= (5800 + 150 + 60 + 70) \times 2 = 12160$ 美元

集装箱的种类

集装箱的类型很多，根据不同的分类标准而有不同的类型，其中应用最广的是按照集装箱用途进行的分类，如表 6.3 所示：

表 6.3 集装箱的种类

分类	名称	集装箱结构	适运货物	图例
干货集装箱保温集装箱	普通干货集装箱	一般为封闭式，在一端或侧面设有箱门，箱内有用于捆扎绳索固定的拉环等装置	普通的干杂货	
	挂衣集装箱	由普通干货集装箱改装而成，箱体内加装挂衣杠或挂衣绳	成衣	
	冷藏集装箱	冷藏箱分为两种：内藏式机械冷藏箱、外置式机械冷藏箱	低温冷冻食品	
	隔热集装箱	箱内具有隔热装置，通常用干冰制冷，保温时间一般为 72 小时	水果、蔬菜、鲜花等杂货	
特种集装箱	通风集装箱	在冷藏集装箱箱体上设有通风口	水果、蔬菜、鲜花等杂货	

分类	名称	集装箱结构	适运货物	图例
特种集装箱	散货集装箱	多种式样，最常见的是铝制和钢制两种	大豆、大米、麦芽、面粉和水泥、化学制品等散装粉粒状货物	
	罐状集装箱	由罐体和框架两部分组成，罐体用于装液体货物，框架用来支承和固定罐体	装载酒类、油类、化学品等液体货物	
分类干货集装箱	开顶集装箱	箱体可以方便地取下、装上，箱体有硬顶和软顶两种	钢材、木材、机械加工设备等大型重货，特别适合平板玻璃的运输	
	框架集装箱	没有箱顶和箱壁，只留箱底和四角柱，如四角柱取下，也可作为平板集装箱使用	长大件、重货件，如：重型机械、钢材、钢管、木材等	

本章小结

本章是关于托运订舱的内容，主要包含四部分内容：运输方式、装运条款、流程单据、运费计算。需重点了解以下知识：运输方式的种类及特点，合同装运条款的构成要素与拟订要点，托运订舱的流程与所需的单据，运费计算公式和方法。

综合训练

一、单项选择题

1. 已装船提单的日期表示（   ）。

A. 货物开始装船的日期   B. 货物装船完毕的日期

C. 货物置于船公司保管下的日期   D. 轮船开航日期

2. 海运提单和航空运单（   ）。

A. 均为物权凭证

B. 均为可转让的物权凭证

C. 前者是物权凭证，后者不是物权凭证

D. 前者不是物权凭证，后者是物权凭证

3. 滞期费是（　　　）。

A. 买方向卖方收取的因卖方延期交货而造成损失的补偿费

B. 卖方向买方收取的因买方延期交货而造成损失的补偿费

C. 租船人未按约定日期完成装运，延误了船期而付给船方的罚款

D. 船方装卸太慢而向货方支付的赔偿费

4. 班轮运价表中，用字母"M"表示的计收标准为（　　　）。

A. 按货物毛重计收　　　　　　　　B. 按货物体积计收

C. 按商品价格计收　　　　　　　　D. 按货物件数计收

5. 就收货人抬头而言，国际上普遍采用的是（　　　）。

A. Straight B/L　　　B. Order B/L　　　C. Bearer B/L　　　D. Stale B/L

6. 下列各项中，（　　　）表示"已装船提单"的日期。

A. 货物于 5 月 20 日送交船公司

B. 货物于 5 月 20 日全部装完

C. 货物于 5 月 20 日开始装船

D. 货物于 5 月 20 日到达目的港

7. 必须经过背书才能转让的海运提单是（　　　）。

A. 记名提单　　　B. 不记名提单　　　C. 指示提单　　　D. 不清洁提单

8. 下列说法中，不属于班轮运输特点的是（　　　）。

A. 具有定线、定港、定期和相对稳定的运费费率

B. 由船方负责对货物的装卸，运费中包括装卸费

C. 以运送大宗货物为主

D. 不规定滞期、速遣条款

9. 我国内地经由铁路供应港澳地区的货物，交银行收汇的运输凭证是（　　　）。

A. 国际铁路联运单　　　　　　　　B. 国内铁路联运单

C. 承运货物收据　　　　　　　　　D. 多式联运单

10. 船长在提单上批注"两箱货物包装破裂"，这种提单属于（　　　）。

A. 不清洁提单　　　B. 清洁提单　　　C. 记名提单　　　D. 指示提单

11. 在固定的航线运行，固定的港口停靠，并按事先公布的航期表营运，事先公布的运价表收费的运输方式是（　　　）。

A. 租船运输　　　B. 班轮运输　　　C. 定程租船运输　　　D. 定期租船运输

12. 在班轮运价表内标示"W/M"表示（　　）。

A. 按货物重量计价　　　　　　　　B. 按货物体积计价

C. 按货物质量计价

D. 按货物重量或体积收费较高者计算单位运价

13. 在国际货物运输中，对需要进行拼箱处理的货物，一般需由承运人在（　　）负责将不同发货人的货物拼装在一个集装箱。

A. 集装箱堆场　　　　　　　　　　B. 集装箱货运站

C. 发货人仓库　　　　　　　　　　D. 码头

14. 海运提单之所以能够向银行办理抵押贷款，是因为（　　）。

A. 海运提单是承运人签发的货物收据

B. 海运提单不可以转让

C. 海运提单是运输契约的证明

D. 海运提单具有物权凭证的性质

15. 速遣费是指负责装卸货物的一方，在约定的装卸时间内提前完成装卸任务，则可以从（　　）取得奖金。

A. 买方　　　　　B. 卖方　　　　　C. 船方　　　　　D. 保险公司

16. 班轮运输的运费应该包括（　　）。

A. 装卸费，不计滞期费、速遣费　　B. 装卸费，但计滞期费、速遣费

C. 卸货费和滞期费，不计速遣费　　D. 卸货费和速遣费，不计滞期费

17. 国际货物运输中最常见的运输方式是（　　）。

A. 海洋运输　　　B. 航空运输　　　C. 铁路运输　　　D. 邮政运输

18. 签发多式联运提单的承运人的责任是（　　）。

A. 只对第一程运输负责　　　　　　B. 必须对全程运输负责

C. 对运输不负责　　　　　　　　　D. 只对最后一程运输负责

19. 被称为集装箱的标准箱位（TEU）的是（　　）英尺的集装箱。

A. 10　　　　　　B. 20　　　　　　C. 30　　　　　　D. 40

20. 买卖双方成交 1000 台设备，L/C 规定可以分批装运，并规定第一批交 600 台，第二批交 400 台，那么（　　）。

A. 只要货物已备好，可以将 1000 台一次装运

B. 只能按规定先交 600 台，后交 400 台

C. 只要数量相符，可以先交 400 台，后交 600 台

D. 可以先交 500 台，后交 500 台

二、多项选择题

1. 班轮运输的特点有（　　）。

A. 行使航线及停靠港口固定   B. 开航及到港时间较固定

C. 运费率相对固定   D. 装卸费由船方负担

2. 按提单对货物表面状况有无不良批注，可分为（   ）。

A. 清洁提单   B. 不清洁提单   C. 记名提单   D. 不记名提单

3. 海运提单的性质与作用主要有（   ）。

A. 是海运单据的唯一表现形式

B. 是承运人或其代理人出具的货物收据

C. 是代表货物所有权的凭证

D. 是承运人与托运人之间订立的运输契约的证明

4. 班轮运价的计算标准有（   ）。

A. 按货物的毛重计收   B. 按毛重或体积择高计收

C. 从价运费   D. 按货物的体积计收

5. 构成国际多式联运应具备的条件有（   ）。

A. 必须要有一份多式联运合同

B. 必须是至少两种不同运输方式的连贯运输，而且是国际上的货物运输

C. 必须是全程单一的运费费率

D. 使用一份包括全程多式联运单据并有一个多式联运经营人对全程运输负责

6. 以下不是海洋运输特点的是（   ）。

A. 运载量大   B. 运费低廉   C. 速度快   D. 风险大

7. 以下适合租船运输的货物有（   ）。

A. 粮食   B. 煤炭   C. 蔬菜   D. 服装

三、判断题

1. 航空运单的作用和海运提单基本相同，但它不是物权凭证，因此不能通过背书转让。（   ）

2. 不可转让海洋运单与常见的海运提单一样也是物权凭证。（   ）

3. 联运提单（through B/L）只用于由海运和其他运输方式组成的联合运输中；而多式联运单据（MTD）既可用于由海运和其他运输方式组成的联合运输中，也可用于不包括海运的其他运输方式组成的联合运输中。（   ）

4. 国际铁路货物联运情况下，发货人凭以向银行结汇的运输单据为铁路运单正本。（   ）

5. 凡装在同一航次及同一条船上的货物，即使装运时间及装运地点不同，也不作为分批装运。（   ）

6. 信用证如未规定"允许分批装运"或"允许转运"，可以视为"不准分批装运"和"不准转运"。（   ）

7. 国际多式联运的经营人只需承担全程运输中的一部分运输任务，且仅对该段运输负责。（　　）

8. 合同规定装运时间为 2014 年 8～9 月，允许分批装运。卖方在交货时，应于 8 月和 9 月各交一批。（　　）

9. 在近洋运输时，海运提单上一般都有"过期提单可以接受"的条款。（　　）

10. 在班轮运输中，如果客户提前装货将获得速遣费。（　　）

四、名词解释

班轮运输

租船运输

海运提单

国际多式联运

五、简答题

1. 国际贸易运输方式有几种？分别有什么特点？

2. 装运条款应该包含哪些要素？

3. 班轮运费的计价标准有哪些？

4. 请说明集装箱订舱流程？

六、操作题

1. 我国某公司收到国外开来一份即期信用证，有关分批装运条款规定如下："600M/Tons Kidney Beans. Partial shipments are allowed in two lots. 400M/Tons to Antwerp not later than May 31，2010 and 200M/Tons to Brussels not later than June 30，2010."该进出口公司 5 月份联系装运时发现舱位不够，但认为信用证既然允许分批装运，即于 5 月 20 日和 5 月 25 日由两条船各装 200 公吨（共 400 公吨）运至安特卫普；此后在 6 月 18 日再装 200 公吨至布鲁塞尔，履行了全部交货义务。当该公司于 7 月 2 日通过议付行向开证行交单并要求付款时，开证行以分批装运出现"不符点"为由拒绝付款。

请分析银行拒付是否有理？为什么？

2. 某省土畜产进出口公司拟向英国出口某种商品 30 公吨，纸箱装每箱净重 25 千克、毛重 26 千克，每箱尺码为 50cm×30cm×30cm。该出口商品对外报价为每公吨 800 美元 FOB 上海，现国外客户要求改报"CFR 普茨茅斯"价。经查：该货物运费计费标准为 W/M12 级，从上海至普茨茅斯海运运费为每运费吨 42 美元，燃油附加费率 10%。

试计算：（1）本批货物计收运费的标准是 M 还是 W？（2）总计应支付多少运费？（3）每公吨商品支付多少运费？（4）每公吨 CFR 普茨茅斯价为多少美元？

3. 某出口公司以 CIF FELIXSTOWE 出口货物一批到欧洲，经香港转船，2×40' FCL。已知香港至费利克斯托的费率是 USD3500.00/40'，广州经香港转船，其费率在香港直达费利克斯托的费率基础上加 USD150/40'，另外港口拥挤附加费 10%，燃油附

加费5%。

请问：该出口公司应支付多少运费？

4. 请为以下业务选择合适的运输方式：

（1）上海某服装公司将服装样品寄给急需的法国客户。

（2）上海宝钢将一批钢材运到德国汉堡。

（3）哈尔滨某农业合作社将新鲜蘑菇运往香港。

第7章 国际货运保险

加拿大 OMI 国际有限公司向上海亿鑫烟花制品进出口公司订购烟花一批，按 CIF 术语成交。按照合同的规定，作为卖方的上海亿鑫烟花制品进出口公司应该为该批货物办理国际货运保险。

请思考：

（1）亿鑫公司可以向保险公司购买哪些险种？承保的范围是什么？

（2）如果投保货物发生投保范围内的风险造成了损失，怎样向保险公司索赔？

（3）亿鑫公司为该批货物应支付的保险费有多少？

7.1 国际运输货物保险的范围

梁斌在报 CIF TORONTO 价前，需先考虑烟花可能遇到的风险以及保险公司是否可以承保。因为货物采用海洋运输方式，所以梁斌就向中国人民保险公司了解海洋运输货物保险的承保范围，发现海洋运输货物保险保障的范围包括海上风险和外来风险所造成的损失与费用。

在国际货物贸易中，货物由卖方交给买方的过程中通常要经过长途运输、储存、装卸等环节，可能会由于难以预料的风险而遭受较大的损失。为了在货物遭遇风险时得到一定的经济补偿，买方或卖方通常会投保一定的货物运输保险。

货物运输保险的种类与国际货物贸易的运输方式相对应，主要有海洋运输货物保险、陆上运输货物保险、航空运输货物保险和邮包货物保险。本章主要介绍海洋运输货物保险。

7.1.1 风险

海洋运输货物保险保障的风险包括海上风险和外来风险（如图7.1所示）：

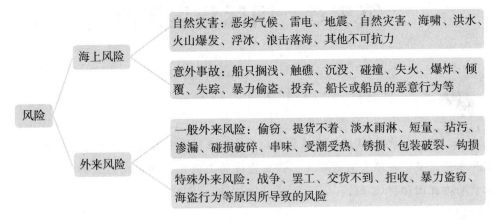

图7.1 海上风险的分类

7.1.2 损失

海上货物运输的损失又称海损（average），指货物在海运过程中由于海上风险而造成的损失，海损也包括与海运相连的陆运和内河运输过程中的货物损失。

海损按损失的程度可以分成全部损失和部分损失（如图7.2所示）：

图7.2 海上损失的分类

1. 全部损失

全部损失又称全损，指被保险货物全部遭受损失，有实际全损和推定全损之分。实际全损是指货物全部灭失或全部变质而不再有任何商业价值。推定全损是指货物遭受风险后受损，尽管未达实际全损的程度，但实际全损已不可避免，或者为避免实际全损所支付的费用和继续将货物运抵目的地的费用之和超过了保险价值。推定全损需经保险人核查后认定。

2. 部分损失

不属于实际全损和推定全损的损失，为部分损失。按照造成损失的原因可分为共同海损和单独海损。

在海洋运输途中，船舶、货物或其他财产遭遇共同危险，为了解除共同危险，有意采取合理的救难措施所直接造成的特殊牺牲和支付的特殊费用，称为共同海损。

不具有共同海损性质，还未达到全损程度的损失，称为单独海损。该损失仅涉及船舶或货物所有人单方面的利益损失。

损失种类及主要特征如表 7.1 所示：

表 7.1 海上损失种类及主要特征

损失类别	性质	主要特征
全部损失	实际全损	①标的物完全灭失或损毁 ②标的物失去原有价值或作用 ③永远丧失所有权 ④船舶失踪
	推定全损	①保险标的实际全损不可避免 ②为防止实际全损发生而需要的费用将超过获救后标的价值 ③修理受损保险标的费用将超过修复后的价值 ④为收回已经丧失所有权的保险标的所需费用将超过其价值
部分损失	共同海损	①危险必须是真实的，并危及船与货物的共同安全 ②共同海损行为必须是有意而合理的 ③共同海损牺牲必须是特殊的，费用是额外的，且是共同海损行为的直接后果 ④共同海损行为必须取得效果
	单独海损	①特定标的单独遭受损失，非货、船共同遭遇的损失 ②损失不是人们故意采取的行为造成的

共同海损和单独海损的区别：

（1）造成损失的原因不同。单独海损是由所承保的风险直接导致的货物损失，而共同海损是为解除或减轻船、货、运三方共同危险而人为地、有意识地采取合理措施所造成的损失。

（2）损失的构成不同。单独海损一般是指货物本身的损失，不包括费用损失，而共同海损既包括货物损失，又包括因采取共同海损行为而引起的费用。

（3）损失的承担者不同。单独海损的损失，由受损者自己承担，而共同海损的损失则由受益各方根据获救利益的大小按比例分摊。

注释： 船舶发生共同海损后，凡属共同海损范围内的牺牲和费用，均可通过共同海损清算，由有关获救受益方（即船方、货方和运费收入方）根据获救价值按比例分摊，然后再向各自的保险人索赔。

7.1.3 费用

在被保险货物遇险时，为防止损失扩大而采取必要的抢救措施所支出的费用的种类及判断依据如图 7.3 所示：

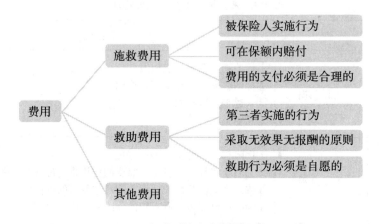

图 7.3 费用种类及判断依据

即问即答 ◆━━━━━━━━━━━━━━━━━━━━━━━━━━━━━━

1. 共同海损和单独海损有何区别？

2. 怎样判断救助费用和施救费用？

7.2 国际运输货物保险条款

上海亿鑫烟花制品进出口公司业务员梁斌了解到烟花属于危险物品，烟花出口中发生的事故绝大多数是在运输过程中出现的，因此他在与外国客户签订出口合同时特别注重险种的选择及保险条款的内容，以免在发生风险时买卖双方发生争议。梁斌认真查阅比较了我国海洋运输的险种，根据烟花的特性进行了有针对性的投保。

7.2.1 我国海洋运输货物保险的基本险

中国国际货物运输最常用的保险条款是中国保险条款（简称 CIC），其中海洋运输货物的保险按照能否单独投保分为基本险和附加险两大类（如图 7.4）。

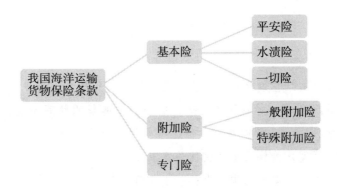

图 7.4 我国海洋运输货物保险的险别

基本险按照保险公司的承保范围由小至大的顺序分为平安险、水渍险和一切险，基本险可以单独投保。

1. 平安险（free from particular average，FPA）

平安险是我国三种基本险中承保范围最小的险种。其英文意思是对单独海损不承担赔偿责任。投保平安险时，保险公司对意外事故所造成的全部损失和部分损失都予以赔付，对自然灾害所造成的全部损失也予以赔付，而对自然灾害造成的部分损失只有满足一定的条件才予以赔付。

我国保险条款规定，平安险负责赔偿以下几方面的损失：

（1）被保险货物在运输途中由于恶劣气候、雷电、海啸、地震、洪水等自然灾害造成整批货物的实际全损和推定全损，被保险货物用驳船运往或运离海轮的，每一驳船装的货物可视做一个整批。

（2）由于运输工具遭受搁浅、触礁、沉没、爆炸等意外事故造成货物的全部或部分损失。

（3）运输工具遭受搁浅、触礁、沉没、爆炸等意外事故的情况下，货物在此前后又在海上遭受恶劣气候、雷电、海啸、地震、洪水等自然灾害造成的货物的部分损失。

（4）在装卸或转船时由于一件或数件货物落海造成的全部损失或部分损失。

（5）被保险人对遭受承保责任内危险的货物采取抢救、防止或减少货损的措施而支付的合理费用，但以不超过该批被救货物的保险金额为限。

（6）运输工具遭遇海难后，在避难港由于卸货所引起的损失以及在中途港、避难港由于卸货、存仓和运送货物所产生的特殊费用。

（7）共同海损的牺牲、分摊和救助费用。

（8）运输契约定有"船舶互撞责任"条款，根据该条款的规定应由货方偿还船方的损失。

上海亿鑫烟花制品进出口公司装运烟花的货轮从上海港驶往法国马赛港。航行途中船舶货舱起火，大火蔓延到机舱，船长为了船货的共同安全，决定采取紧急措施，往舱中灌水灭火。火虽被扑灭，但主机受损，无法继续航行。于是船长雇拖轮将货船拖回上海港修理，检修后重新驶往马赛港。

事后调查，这次事件造成的损失有：（1）100 箱货物由于灌水灭火受损；（2）主机和部分甲板被烧坏；（3）拖船费用；（4）额外增加的燃料和船长、船员工资。

请问：若公司投了平安险，可以向保险公司索赔哪些损失和费用？

案例解析：

（1）100 箱货物由于灌水灭火受损属于共同海损，可以向保险公司索赔；（2）主机和部分甲板被烧坏属于意外事故造成的单独海损，可以向保险公司索赔；（3）拖船费用与（4）额外增加的燃料和船长、船员工资是因维护船货共同安全，灌水灭火而造成的损失和产生的费用属于共同海损，可以向保险公司索赔。

2. 水渍险（with particular average，WPA）

水渍险的英文直译为：包括单独海损。水渍险除包括平安险上述的各项责任外，还负责被保险货物由于恶劣气候、雷电、海啸、地震、洪水等自然灾害所造成的部分损失。

水渍险 = 平安险 + 自然灾害所造成的部分损失

课堂案例

某外贸公司按 CIF 术语出口一批货物，装运前已向保险公司按发票总值 110% 投保平安险，6 月初货物装船后顺利开航。载货船舶于 6 月 13 日在海上突然触礁，致使该批货物又遭到部分损失，价值约 8000 美元。问：保险公司对该批货物的损失是否赔偿？为什么？

案例解析：

保险公司应该赔偿。因为在海上遇到暴风雨，致使一部分货物受到水渍，损失价值 2100 美元，属于自然灾害引起的部分损失；该轮触礁，造成 8000 美元货物损失属于意外事故引起的部分损失。

平安险承保范围中包括：运输工具遭受搁浅、触礁、沉没、爆炸等意外事故的情况下，货物在此前后又在海上遭受恶劣气候、雷电、海啸、地震、洪水等自然灾害造成的货物的部分损失。

注释： 值得注意的是，货物由于舱汗、雨水、船上水管泄漏等各种形式的淡水所形成的水渍损失不赔，由海水、风浪导致的水渍损失则可获赔。

3. 一切险（All Risks）

一切险的保险责任是三个基本险中最大的。一切险除包括水渍险的各项责任外，还负责被保险货物在运输途中由于一般外来风险所致的全部或部分损失。投保一切险等于投保了水渍险加上 11 种一般附加险。

一切险 = 水渍险 + 一般外来原因造成的损失

7.2.2 我国海洋运输货物保险的附加险

在海洋货物运输保险中，进出口商除了为货物投保上述基本险别外，还可以根据货物的特点和实际需要加保适当的附加险别。《中国保险条款》中的附加险有一般附加险和特殊附加险，附加险别不能单独投保。

1. 一般附加险

一般附加险承保由于一般外来原因所造成的损失，一般附加险包含在一切险之中，如投保人投保了一切险，则无须再加保一般附加险。一般附加险共有 11 种，险种和承保损失范围如表 7.2 所示：

表 7.2　一般附加险险种及承保损失范围

序号	一般附加险种	承保损失范围
1	偷窃提货不着险 Theft, Pilferage and Non-delivery Risk，简称 T. R. N. D.	保险期内，货物被偷走或货物运抵目的地以后，整件未交的损失。
2	淡水雨淋险 Fresh Water Rain Damage，简称 F. W. R. D.	货物在运输中，由于淡水、雨水以及冰雪融化所造成的损失。淡水包括船上淡水舱、水管漏水以及舱汗等。
3	短量险 Risk of Shortage	保险货物出现数量短少和重量短缺的损失，不负责正常运输过程中货物的自然损耗。
4	混杂玷污险 Risk of Intermixture & Contamination	货物在运输过程中，混进了杂质或与其他物质接触而被玷污所造成的损失。
5	渗漏险 Risk of Leakage	流质、半流质的液体物质和油类货物，在运输过程中因为容器损坏而引起的渗漏损失，或是用液体储运的货物因液体渗漏而使货物发生腐烂、变质等损失。
6	碰损、破碎险 Risk of Clash & Breakage	碰损主要是对金属、木质等货物来说的。在运输途中，由于受到震动、颠簸、挤压而造成货物本身的损失；破碎主要是对易碎性物质来说的。在运输途中由于装卸野蛮、粗鲁、运输工具的颠震造成货物本身的破裂、断碎所造成的损失。
7	串味险 Risk of Odor	货物在运输过程中因受其他带有异味物品的影响而使货物受到损失。
8	受热受潮险 Damage Caused by Heating & Sweating	船舶在航行途中，由于气温骤变或者由于船上通风设备失灵等使舱内水汽凝结、发潮、发热而引起货物的损失。
9	钩损险 Hook Damage	货物在装卸过程中由使用手钩、吊钩等工具所造成的损失。
10	包装破裂险 Loss for Damage by Breakage of Packing	由于包装破裂造成货物的短少、玷污等损失。此外，因为保险货物运输过程中续运安全需要而产生的候补包装、调换包装所支付的费用，保险公司也会负责。
11	锈损险 Risks of Rust	货物在运输过程中因为生锈造成的损失由保险公司负责赔付。

2. 特殊附加险

特殊附加险则承保由于特殊外来原因如某些政府行为等政治风险所造成的损失。特殊附加险只能在投保"平安险"、"水渍险"或"一切险"的基础上加保。特殊附加险有战争险、罢工险、舱面险、进口关税险、拒收险、黄曲霉素险、交货不到险、货物出口香港（包括九龙）或澳门存仓火险责任扩展条款（简称 FREC）八种。

战争险是特殊附加险的主要险别之一，保险公司承保的是由于战争或类似战争行为所直接导致的货物损失，对由于敌对行为使用原子或热核武器所致的损失和费用不负责，对根据执政者、当权者或其他武器集团的扣押、拘留引起的承保航程的丧失和挫折而提出的索赔也不负责。

罢工险是保险公司承保被保险货物因罢工等人为活动造成损失的特殊附加险。保险公司只赔偿对被保险货物造成的直接损失，对由于罢工造成劳动力不足使货物无法正常运输、装卸所带来的间接损失不负责。已投保战争险后另加保罢工险，保险公司不另增收保险费。

即问即答

1. 中国人民保险公司海运货物保险的险别主要有哪些？

2. 投保时可否同时投保一切险和淡水雨淋险？

课堂案例

A 公司按 CIF 贸易术语出口 100 箱货物，投保了平安险。货物在装运港卸货时，有 2 箱落入海中。因该损失属于公司责任范围，保险公司是否应予赔偿？请说明原因。

案例解析：

根据 CIC 保险条款，平安险责任规定"在装卸或转运时，由于每一件或数件货物落海，造成的全部或部分损失"保险公司应负责赔偿。

7.2.3 保险责任起讫

中国人民保险公司海运货物保险条款中的"责任起讫"就是保险的期限，也被称为保险的有效期，是指保险人承担保险责任的期间。保险人对发生在保险有效期内由

于保险事故发生而产生的货物损失负有赔偿责任。

我国海运货物基本险一般采用"仓至仓"条款。该条款自被保险货物运离保险单所载明的起运地仓库或储存场所开始运输时生效，至货物到达保险单所载明的目的地收货人的仓库或储存场所为止，其中包括正常运输过程中的海上、陆上、内河和驳船运输。

1. 保险责任的开始

按照规定，保险责任自被保险货物运离保险单所载明的起运地仓库或储存场所开始运输时开始。

2. 保险责任的终止

当被保险货物进入收货人的仓库，保险责任即行终止。如果被保险人已将货物在最后卸载港卸离海轮后达到60天，那么货物在卸离海轮满60天时保险责任终止。如果在上述60天内被保险货物被转运到非保险单所载明的目的地时，那么保险责任则在该货物被转运时终止。

 **技能提示**

"仓至仓"条款与贸易术语的关系

在实际业务中，仓至仓条款责任起点会由于买卖双方选用的贸易术语的不同而不同。在 FOB 和 CFR 贸易术语下，货物的保险由买方办理，在货物越过船舷之前，货物的所有权仍属于卖方，卖方不是保险单的合法持有人，也就是卖方和保险人之间没有保险契约，因而其保险单项下的保险责任尚未开始，装船前货物的损失，即使是由保险人承保的风险造成，保险人也不负责赔偿。因此，只有在 CIF 贸易术语条件下，保险责任起讫才是真正的"仓至仓"。

战争险的责任起讫采用"水面"条款，以"水上危险"为限，即保险人的承保责任自货物装上保险单所载明的起运港的海轮或驳船开始，到卸离保险单所载明的目的港的海轮或驳船为止。如果货物不卸离海轮或驳船，则从海轮到达目的港可卸货地点的当日午夜起算满15天之后责任自行终止。如果货物中途转船，则不论货物是否在当地卸货，保险责任自海轮到达该港可卸货地点的当日午夜起算满15天为止，如货物在15天内再装上海轮运往目的港，保险责任才继续有效。

罢工险的责任起讫采用"仓至仓"条款。罢工险和战争险关系密切，按照惯例，投保战争险后再加保罢工险时一般不再加收保险费。如仅要求投保罢工险，则按战争险费率收费。

课堂案例

新加坡 A 公司与中国 B 公司订立 CIF（上海）合同，销售白糖 500 吨，由 A 公司投保一切险。2014 年 7 月 21 日，货到上海港后 B 公司将货物存放在目的地港口仓库中，并委托他人办理报关和提货的手续。7 月 23 日晚，港口遭遇特大海潮，共计 200 吨白糖受到浸泡而导致全部损失。B 公司向保险公司办理理赔手续时被保险公司拒绝，理由是港口仓库就是 B 公司在目的港的最后仓库，故保险责任已终止。

请问：保险公司的保险责任是否在货物进入港口仓库？

案例解析：

根据 CIC 保险条款，一切险的保险责任起讫条款是"仓至仓"，因此保险公司的责任在货物运抵保单载明的收货人的仓库时终止。

7.2.4　我国陆空邮运输货物保险的险别

采用其他方式运输的货物保险的基本险别及责任起讫见表 7.3。

表 7.3　其他方式运输的货物保险的基本险别及责任起讫

运输方式	基本险别	责任起讫
陆运	陆运险和陆运一切险	采用"仓至仓"条款。保险责任自被保险货物运离保险单所载明的起运地仓库开始，包括正常运输过程中的陆上和水上运输在内，直至货物运达保险单所载明的目的地收货人的仓库为止。如未运抵上述仓库，则以被保险货物运抵最后卸载的车站满 60 天为止。
空运	航空运输险和航空运输一切险	采用"仓至仓"条款。但与海洋运输的"仓至仓"条款不同的是：如货物运达保险单所载明目的地而未运抵保险单所载明的收货人仓库时，保险人的责任以被保险货物在最后卸载地卸离飞机后满 30 天为止。
邮包	邮包险和邮包一切险	保险责任自被保险邮包离开保险单所载起运地点寄人的处所运往邮局时开始生效，直至被保险邮包运达保险单所载明的目的地邮局，并由邮局发出通知书给收件人当日午夜起算满 15 天为止。但 15 天内邮包一经递交给收件人的处所时，保险责任则自动终止。

7.2.5 伦敦保险协会海运货物保险条款

在当今国际贸易保险实践中，除中国人民保险条款外，英国伦敦保险协会制定的"协会货物险条款"（简称 ICC）的使用也比较广泛。"协会货物险条款"中把保险的险别划分为六种：① 协会货物条款 A——ICC(A)；② 协会货物条款 B——ICC(B)；③ 协会货物条款 C——ICC(C)；④ 协会战争险条款；⑤ 协会罢工险条款；⑥ 恶意损害险条款。其中，ICC(A) 险类似于我国的一切险，ICC(B) 险类似于我国的水渍险，ICC(C)险类似于我国的平安险。英国的战争险和罢工险在必要的情况下可以单独投保。六种险别中，只有恶意损害险是附加险。

7.3 贸易合同保险条款的拟订

梁斌在明确了保险险种之后，即开始拟订与加拿大公司的合同条款。在保险条款拟订前，他认真研究了因保险条款而发生的案例，有的合同保险条款一项只简单规定"保险由卖方负责"，有的因对保险的险种和保险的起止期限理解不正确而无法向保险公司索赔，既浪费了金钱，又耽误了时间。他决定把保险条款写得尽量完整，那么保险条款应包括哪些内容呢？

进出口合同的保险条款主要包括确定投保人、支付保险费、投保险别和保险期限等。

1. 由哪一方负责投保

由哪一方投保，取决于采用哪种贸易术语。国际贸易通常采用《2010 国际贸易术语通则》中的 CIF、CIP、CFR、CPT、FOB、FCA 贸易术语。采用 CIF、CIP 术语成交的合同由卖方投保，采用其他贸易术语成交的合同由买方投保，因此买方要注意货物装运时间，以便及时安排购买保险。一般合同中都有转船通知条款，如"卖方应在装船前×天传真通知买方发票价值及开船日期"。

2. 保险金额和保险费

（1）保险金额（insured amount）

按照国际保险市场的习惯做法，出口货物的保险金额一般按 CIF 货价另加 10% 计算，这增加的 10% 叫保险加成，也就是买方进行这笔交易所付的费用和预期利润。保

险金额的计算公式是:

$$保险金额 = CIF 货值 \times (1 + 加成率)$$

注释: 保险金额是指保险公司承担赔偿或给付保险金责任的最高限额,即投保人能从保险公司获得的最高赔偿额。

(2)保险费(premium)

投保人按约定方式缴纳保险费是保险合同生效的条件。保险费率(premium rate)是由保险公司根据一定时期、不同种类的货物的赔付率,按不同险别和目的地确定的。保险费则根据保险费率表按保险金计算。其计算公式是:

$$保险费 = 保险金额 \times 保险费率$$

课堂案例

深圳某公司对某外商出口茶叶 200 箱(每箱净重 30 千克),价格条款 CIF 伦敦每箱 50 英镑,向中国人民保险公司投保 F. P. A. 平安险,以 CIF 价格加成 10% 作为投保金额,保险费率为 0.6%。

请计算保险金额及保险费。

案例解析:

$$
\begin{aligned}
保险金额 &= CIF \times (1 + 加成率) \\
&= 50 \times 1.1 \times 200 = 55 \times 200 = 11000 \text{ 英镑}
\end{aligned}
$$

$$
\begin{aligned}
保险费 &= 保险金额 \times 保险费率 \\
&= 11000 \times 0.6\% = 66 \text{ 英镑}
\end{aligned}
$$

即问即答

若 CIF 报价为 300 美元,其中运费 64 美元,保险费 2.4 美元。进口商要改报 CFR 价,则应报多少?

3. 保险公司和保险险别

为国际贸易提供保险服务的公司很多,合同中应约定投保哪一家保险公司。不同的保险公司服务质量不一样、险别不一样、费率不一样。目前世界上很多国家和地区的保险公司都直接采用英国伦敦保险协会制定的《协会货物条款》(简称 ICC 条款)。在我国对外贸易活动中,应争取采用中国人民保险公司的《中国保险条款》(简称 CIC 条款)。

梁斌拟订的保险条款

梁斌代表上海亿鑫烟花制品进出口公司（卖方）和加拿大 OMI 国际有限公司（买方）签订的合同采用的是 CIF TORONTO 贸易术语，双方签订的保险条款如下：

Insurance：to be effected by the sellers for 110% of total invoice value against all risks and war risk as per Ocean Marine Cargo Clause of the People's Insurance Company of China dated 01/01/1981. Claim payable at destination in the currency of this contract.

保险：由卖方按发票总金额的 110% 投保一切险和战争险，以 1981 年 1 月 1 日生效的中国人民保险公司《海洋运输保险条款》为准，以本合同币种在目的地索赔。

7.4 国际贸易投保操作流程

备妥货物并确定装运日期和运输工具后，出口商要找选择好的保险公司办理货物保险。货物运输保险业务操作流程参见图 7.5。

| 选择保
险险别 | 确定保
险金额 | 填写
投保单 | 交付
保险费 | 取得保
险单据 |

图 7.5 货物运输保险业务操作流程

梁斌的保险业务操作

在办理订舱手续后，梁斌打电话向保险公司咨询，弄清楚了在办理货物运输保险中所要遵循的业务流程。

第一步：选择保险险别

在签订合同前，梁斌根据烟花的性质和特点以及包装状况、运输方式等方面进行了综合考虑，然后确定投保一切险和战争险。

第二步：确定保险金额

梁斌根据合同中保险条款的要求以 CIF 价格为基础加一成（即投保加成率为 10%）进行投保。按 CIF 贸易术语出口的保险金额计算的公式为：

保险金额 = CIF 价格 × (1 + 投保加成率)

梁斌计算出本合同货物的投保金额为：

保险金额 = CIF 价格 × (1 + 投保加成率)

$$= 49141.00 × (1 + 10\%) = 54055.10 （美元）$$

第三步：向保险公司投保

梁斌按照保险公司的要求填写了投保单。投保单一般是在逐笔投保方式下采用的做法，是投保人向保险公司对运输货物进行投保的申请书，也是保险公司据以出立保险单的凭证，保险公司在收到投保单后即缮制保险单。

第四步：交付保险费

保险费是指投保人按合同约定向保险人支付的费用，投保人按约定方式缴纳保险费是保险合同生效的条件。

保险费 = 保险金额 × 保险费率

梁斌根据烟花的投保金额投保了一切险和战争险，费率合计 0.88%，于是他计算出：

保险费 = 保险金额 × 保险费率

$$= 54055.10 × 0.88\% = 475.68 （美元）$$

注释： 当保险金额有小数时，可保留小数，也可采用进一法处理。进一法的原则是：只要有小数都进 1，不管小数后第一位数是否大于 5。

第五步：取得保险单

梁斌在确认保单内容和缴纳保费后，便取得了保险单。

常见的保险单据有保险单和保险凭证两种：

保险单内容详细，俗称"大保单"，它是保险人与被保险人之间成立保险合同关系的正式凭证，CIF 术语下卖方必须向买方提供保险单。保险单是被保险人索赔、理赔的主要依据，可转让。

保险凭证，俗称"小保单"，是简化了的保险单，除对双方的权利、义务等方面的详细条款不予载明外，其余的内容与保险单相同，且具有同等效力。

技能提示

有时进口商要求增加保险金额，甚至高达发票金额的 150%。为避免道德风险，对过高的保险加成要慎重。如合同订明按 110% 投保，在征得保险公司同意后，可请保险公司对于增加的费用另行出具收据，向进口商收取。

拓 展 提 升

1. 出口信用保险

出口信用保险也叫出口信贷保险，是政府为了推动本国的出口贸易，保障出口企业的收汇安全而制定的一项政策性保险业务，是世界贸易组织（WTO）补贴和反补贴协议原则上允许的支持出口的政策手段。全球贸易额的 12% ~ 15% 是在出口信用保险的支持下实现的。

出口信用保险承保的对象是出口企业的应收账款，承保的风险主要是人为原因造成的商业信用风险和政治风险。商业信用风险主要包括：买方因破产而无力支付债务、买方拖欠货款、买方因自身原因而拒绝收货及付款等。政治风险主要包括因买方所在国禁止或限制汇兑、实施进口管制、撤销进口许可证、发生战争、暴乱等卖方或买方均无法控制的情况，导致买方无法支付货款。

出口商投保出口信用保险可确保收汇的安全性，扩大企业国际结算方式的选择面（如 L/C 外还可采用 T/T、D/P、D/A 等），从而增加出口成交机会。同时，投保后可提高出口企业信用等级，有利于获得银行打包贷款、托收押汇、保理等金融支持，加快资金周转。

2. 除外责任

《中国保险条款》规定保险公司对三种基本险有以下除外责任：

（1）被保险人的故意行为或过失所造成的损失；

（2）由于发货人的责任所引起的损失；

（3）在保险责任开始之前，被保险货物已存在的品质不良或数量短差所造成的损失；

（4）被保险货物的自然耗损、本质缺陷、特性以及市价下跌、运输延迟所引起的损失或费用支出；

（5）属于海洋运输货物战争险和罢工险条款所规定的责任范围和除外责任。

本章小结

在进出口合同中，保险条款是主要条款之一。条款中要约定投保人、保险公司、险别、保险金额等内容。投保人要根据货物在运输中可能会遇到的风险和损失选择相应的险别进行投保，以规避风险带来的损失。风险、损失和险别之间的关系如表 7.4 所示：

表 7.4 风险、损失和险别的对应关系

损失 风险和险别			海 损			其他损失	
			全损	部分损失		一般其他 损失	特别特殊 损失
				共同海损	单独海损		
风险	海上风险		√	√	√		
	外来风险	一般外来风险				√	
		特殊外来风险					√
险别	基本险	平安险	√	√	(注)		
		水渍险	√	√	√		
		一切险	√	√	√	√	
	附加险	一般附加险				√	
		特殊附加险					√

注: 平安险只负责因意外事故造成的单独海损, 因自然灾害造成的单独海损一般不予负责 (除非在自然灾害前后船舶发生过触礁搁浅、沉没、焚毁等意外事故。)

综合训练

一、单项选择题

1. 我公司出口稻谷一批, 因保险事故被海水浸泡多时而丧失其原有价值, 这种损失属于 ( )。

A. 实际全损 B. 推定全损 C. 共同海损 D. 单独海损

2. 按中国人民保险公司海洋货物运输保险条款的规定, 在三种基本险别中, 保险公司承担赔偿责任的范围从大到小的顺序为 ( )。

A. 平安险、一切险、水渍险 B. 水渍险、一切险、平安险

C. 一切险、水渍险、平安险 D. 一切险、平安险、水渍险

3. 对于共同海损所做出的牺牲和支出的费用, 应由 ( )。

A. 船方承担 B. 货方承担

C. 保险公司承担

D. 所有与之有利害关系的受益人按船舶、货物、运费获救后的价值比例分摊

4. 保险公司承担保险责任的期间通常是 ( )。

A. 钩至钩期间 B. 舷至舷期间 C. 仓至仓期间 D. 水面责任期间

5. 对于出口货物, 通常保险是按 CIF 发票金额加成多少投保平安险? ( )

A. 10% B. 20% C. 5% D. 无惯例

6. 平安险不赔偿 ( )。

A. 自然灾害造成的实际全损

B. 自然灾害造成的推定全损

C. 意外事故造成的全部损失和部分损失

D. 自然灾害造成的单独海损

7. 淡水雨淋险属于（   ）的承保范围。

A. 平安险   B. 水渍险

C. 一般附加险   D. 特别附加险

8. 为防止运输途中货物被窃，应该投保（   ）。

A. 一切险、偷窃险   B. 水渍险

C. 平安险、偷窃险   D. 一切险、平安险、偷窃险

二、多项选择题

1. 在国际货物运输保险中，保险公司承保的风险包括（   ）。

A. 自然灾害   B. 意外事故

C. 外来风险   D. 运输延迟造成损失的风险

2. 保险公司承保水渍险的责任包括赔偿（   ）。

A. 自然灾害造成的全部损失   B. 自然灾害造成的部分损失

C. 意外事故造成的共同海损   D. 意外事故造成的单独海损

3. 一般附加险包括（   ）。

A. 淡水雨淋险   B. 包装破裂险   C. 拒收险   D. 舱面险

4. 为防止海上运输途中货物被窃，可以投保（   ）。

A. 平安险加保偷窃险   B. 水渍险加保偷窃险

C. 一切险加保偷窃险   D. 一切险

5. 中国人民保险公司海洋运输货物保险条款规定的基本险别包括（   ）。

A. 平安险   B. 战争险   C. 水渍险   D. 一切险

6. 出口一批茶叶，为防止运输途中串味，办理投保时，应该投保（   ）。

A. 串味险   B. 平安险加串味险

C. 一切险   D. 水渍险加串味险

三、判断题

1. 平安险（F. P. A）英文名称为单独海损不赔，实际上，保险公司仍然承担了一部分单独海损的责任。（   ）

2. 淡水雨淋险属于平安险中的一种类别。（   ）

3. 根据中国人民保险公司保险条款，航运战争险的责任起止是从货物装上海轮或驳船开始，至货物到达目的港卸离海轮或驳船时为止。（   ）

4. 对于推定全损，应由保险公司按全部损失赔偿货物的全价。（   ）

5. 共同海损属于全部损失范畴。（　　　）

6. 单独海损损失由受损失方自行承担。（　　　）

7. 投保一切险意味着保险公司为一切风险承担赔偿责任。（　　　）

8. 基本险别中，保险公司责任最小的险别是水渍险。（　　　）

9. 托运出口玻璃制品时，被保险人在投保一切险后，还应加保碰损破碎险。（　　　）

10. 按《中国保险条款》的规定，三种基本险和战争险均适用"仓至仓条款"。
（　　　）

四、名词解释

共同海损

推定全损

保险金额

仓至仓条款

五、简答题

1. 什么叫实际全损？构成实际全损的有哪几种情况？

2. 基本险的除外责任有哪些？

3. 海运货物保险的一般附加险有哪些？

4. 投保人怎样为货物办理运输保险？

5. 保险条款应包括哪些内容？

六、操作题

1. 一批出口货物 CIF 价为 2000 美元，现公司按 CIF 价加 10% 投保海上一切险，如保险费率为 1% 时，公司应向保险公司支付多少保险费？

2. 某公司以 60 美元/箱 CIF 纽约出口某商品 3000 箱。货物出口前，公司向中国人民保险公司投保水渍险及串味险，保险费率分别为 0.7% 和 0.3%，按 CIF 价格的 110% 投保。试求：整批货物的投保金额和保险费各是多少？

3. 根据下列条件填制销售合同中的保险条款。

某公司出口一批男式纯棉衬衫，共计 10000 打，价格为每打 150 美元 CIF 新加坡。根据中国人民保险公司保险条款（1/1/1981），按发票金额的 110% 投保一切险加战争险。

销 售 合 同
经买卖双方同意成交下列商品，订立条款如下：
保险： 由_____ 按发票金额_____ 投保_____ 险，另加保_____ 险至_____ 为止。

第8章 出口通关

　　由于上海亿鑫烟花制品进出口公司出口的烟花属于法定检验的商品范围（属于《种类表》商品范畴），在商品报关时，必须有中国出入境检验检疫局出具的通关单方可报关。按规定，最迟在报关或出运前7天必须报检。梁斌在货物全部生产包装完毕后，即填写报检委托书委托工厂报检，几天后，梁斌收到了工厂寄来的通关单，即开始准备全套资料办理报关手续，最后顺利取得了海关签发的放行条。

　　请思考：

　　（1）先办理报关还是先办理报检手续？

　　（2）办理报关报检的最迟日期是什么时候？

　　（4）报检需要备齐哪些单证办理报检手续？

　　（3）报关需要备齐哪些单证办理报关手续？

8.1 报检流程

　　梁斌公司的产品产地在浏阳，他出具了一份报检委托书给工厂，委托工厂在当地商检。梁斌还查阅了与外商所签合同中关于商检的条款，并查看了商品检验检疫局的网站以了解烟花报检的手续和所需要的资料。

8.1.1 出入境检验检疫概述

　　在国际贸易中，买卖双方分处不同的国家或地区，一般不能当面交接货物，而且货物通常要经过长途运输，容易发生货损或短缺。为了确定责任的归属，保障买卖双

154

方各自的利益，需要一个公正的商品检验机构对货物进行检验或鉴定，以利于货物交接的顺利进行。此外，国家也是通过商品检验对进出口商品的品质进行监管。因此商品检验已经成为国际贸易中重要环节之一，由商品检验检疫机构出具的检验证书成为国际贸易买卖双方交接货物、结算货款、索赔和理赔的重要依据之一。

检验条款是国际贸易合同中的一项必要内容。订立商品检验条款的目的在于确定商品的质量、数量（重量）和包装等是否符合要求，确认卖方是否按要求履行了交货义务。合同商检条款的主要内容一般包括检验的时间和地点、检验机构、检验的标准和方法、复验的期限和地点、商品检验的内容、检验证书的名称和份数等。

8.1.2 出入境检验检疫的机构和职责

1. 国际上主要的商品检验机构

国际上的商品检验机构种类繁多，但大体可归纳为官方、半官方和非官方三种检验机构。目前比较有名望有权威的商品检验机构有：美国食品药物管理局（FDA）、瑞士通用公证行（SGS）、英国英之杰检验集团（IITS）、日本海事检定协会（NKKK）、新日本检定协会（SK）、中国商品检验总公司（CCIC）等。

2. 我国的商品检验机构

在我国，中华人民共和国国家质量监督检验检疫总局（AQSIQ，简称国家质检总局）主管全国进出口商品检验工作。国家质检总局下属出入境检验检疫局负责所辖地区的进出口商品检验工作，对列入《实施检验的进出口商品目录》（简称目录）的进出口商品以及法律、行政法规规定须经检验检疫机构检验的其他进出口商品实施法定检验。

3. 我国出入境检验检疫机构的职责

按我国《商品检验法》规定，我国商检机构基本职责有三项。

（1）法定检验检疫。检验检疫是国家质检总局根据国家法律，对规定的进出口商品或有关的检验检疫事项实施强制性的检验检疫。属于法定检验检疫的出口商品，未经检验检疫合格，不准出口。

（2）办理鉴定业务。凭对外贸易关系人的申请或委托，商检机构以公证人的身份，对申请的有关内容进行检验鉴定，并出具权威的鉴定证书，作为对外贸易关系人办理进出口商品交接、结算、计费、报关、索赔、仲裁等活动的有效凭证。

（3）实施监督管理。商检机构通过行政管理手段，监督管理进出口企业的检验部门和检验人员，对进出口商品执行检验把关，对生产企业的质量体系进行评审，对进出口商品进行抽查检验等。

即问即答 ●━━━━━━━━━━━━━━━━━━━━━━━━━━━━━━━━━━━━━━

1. 在出口前为什么要做商品检验？
2. 我国检验检疫机构有哪些基本职责？

8.1.3 商品检验检疫的时间和地点

买卖合同中对检验时间和地点的规定直接关系到买卖双方的权利与义务。进出口商品检验的时间和地点一般有以下三种规定：

1. 在出口国检验

这种方法又包括产地（工厂）检验和装运港（地）检验两种。

这两种方法中，由买卖合同中约定的检验机构对货物的品质、数量等内容进行检验鉴定，并以该机构出具的检验证书作为最后依据。卖方对离开产地（工厂）或装运港（地）交货后货物所发生的变化不承担责任，买方原则上不能就货物的不符向卖方提出异议。这一规定方法被称做"以离岸品质、重量或数量为准"，从根本上否定了买方的复验权，对买方不利。

2. 在进口国检验

这种方法又分为目的港（地）检验和用户所在地检验。

这两种方法中，在货物运达目的港（地）或用户所在地后，由买卖合同中约定的检验机构在规定的时间内对货物的品质、数量等项内容进行检验鉴定。买方有权根据在目的港（地）或用户所在地的检验结果，对属于卖方责任的货物品质、数量等的不符点向卖方索赔。这一规定方法被称做"以到岸品质、重量或数量为准"，对卖方不利。

3. 出口国检验、进口国复验

按照这种做法，装运前的检验证书可作为卖方收取货款的出口单据之一，但货到目的地后，买方有复验权。买方在双方认可的商检机构复验后，发现货物不符合合同规定，且属于卖方责任，买方可在规定时间内向卖方提出异议和索赔，乃至拒收货物。

这种做法既肯定了卖方提供的检验证书是有效的结算凭证，又承认了买方在收到货物后有复验权，比较合理。目前这是国际贸易中最常见的一种规定检验时间和地点的做法，我国对外贸易中大多采用这一做法。

课堂案例

广东成华进出口公司与泰国某商人以 **CFR** 价格术语达成一笔出口交易，合同规定商品重量为 18000 公吨，每公吨 150 美元，信用证支付方式付款。商品检验条款规定："货物在装船前，由广州出入境检验检疫局对货物进行检验，并以其检验货物后出具的检验证明作为货物品质、重量的最后依据。"广东成华进出口公司按合同规定装运出口，并已交单议付。不久，收到泰商因货物品质与合同规定不符而向广东成华进出口公司提出索赔的电传通知并附有目的港检验机构出具的检验证明。问：泰商的索赔是否合理？为什么？

案例解析：

泰商的索赔不合理。因为双方在合同中约定商品检验条款为："货物在装船前，由广州出入境检验检疫局对货物进行检验，并以其检验货物后出具的检验证明作为货物品质、重量的最后依据"，而泰商的索赔依据是目的港检验机构出具的检验证明，这不符合合同的约定，所以泰商的索赔显然不合理。

8.1.4 商品检验的范围和内容

进出口报检是指对外贸易关系人向检疫机构申请检验。

1. 报检范围

（1）国家法律法规规定必须由出入境检验检疫机构检验检疫的被称为法定检验或者强制检验的商品。如列入《实施检验的进出口商品目录》的出入境货物；

（2）输入国家或地区规定必须凭检验检疫机构出具的证书方准入境的；

（3）有关国际条约或对外贸易合同规定须经检验检疫的；

（4）申请签发原产地证明书及普惠制原产地证明书的；

（5）出入境鉴定业务。

2. 商品检验的内容

国家只是对列入法定检验或者强制检验的进出口商品按照国家技术法规的要求进行检验。检验的内容见图 8.1。

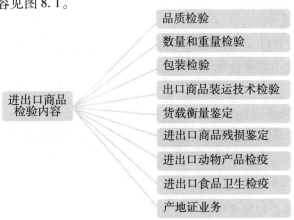

图8.1 进出口商检的内容

8.1.5　商品检验证书

检验证书是检验机构对进出口商品进行检验、鉴定后出具的书面证明文件。它是证明卖方所交货物的品质、数量、包装等项内容是否符合合同规定的依据，是海关凭以验关放行和卖方凭以办理货款结算的一种单据，也是买方就货物的不符点向卖方索赔和卖方理赔的主要依据。目前，常见的检验证书有以下几种：品质检验证书、重量或数量检验证书、兽医检验证书、卫生/健康证书、消毒检验证书、熏蒸证书、产地检验证书和价值检验证书。

 即问即答

1. 在出口合同的检验条款中怎样约定商品检验的地点？
2. 商品检验检疫机构签发的证书有哪些？

8.1.6　法定商检货物报检流程

出口商对商品的报检有多种做法，可以委托工厂报检，也可以自理报检，还可以委托货代等代理机构代为报检。下面是法定检验检疫出口贸易关系人在货物产地或装运口岸向出入境检验检疫机构申请报检的一般流程：

1. 查询监管条件

商品是否需要法定商检，要看该商品的监管条件，监管条件为 A 表示进口需要实施检验检疫，办理入境货物通关单；监管条件为 B 表示出口需要实施检验检疫，检验合格后办理出境货物通关单。

2. 网上电子申报

企业可通过电子软件如"九城"、"榕基"等在网上进行电子申报，填制相关信息后，直接打印"出境货物报检单"。

注释： 九城电子报检系统（简称九城）是北京九城数码科技有限公司在全国质检系统构建的中国检验检疫电子业务服务平台系统。全国进出口企业通过该平台向各地检验检疫机构申报进出口货物数据，缩短了报检周期，降低了成本，加强了质检部门的监管力度。

3. 准备纸质单据办理报检手续并缴费

出境货物，一般应于报关或装运前 7 天向检验检疫机构报检，对于需隔离检疫的出境动物应在出境前 60 天预报，隔离前 7 天报检。对于个别检验检疫周期较长的货物，应留有相应的检验检疫时间。

受理报检人员审核报检单内容填写是否完整规范，应附的单据资料是否齐全、是否符合规定等。报检人提交的材料不齐全或不符合有关规定的，检验检疫机构不予受理报检。

不同地方和不同商品需要的单据有可能不同，一般商品提交的单据见图 8.2。

图 8.2　出口报检提供的单据

4. 接受检验检疫和鉴定

商检机构对已报检的出入境货物，需要现场抽取（采取）样品，通过感观、物理、化学、微生物等方法进行检验检疫，以判定所检对象的各项指标是否符合有关强制性标准或合同及买方所在国官方机构的有关规定，并对有关出入境货物、动植物、运输工具、交通工具等实施卫生除害处理。

5. 签证放行

报检完毕后检验检疫机构签发通关单或者换证凭条，出口商将通关单作为报关单据之一向海关递单进行出口申报。

注释： 通关单是法检商品的通行文件，通常被称为商检单。属于法检目录的商品出口时需要出具通关单，海关才给予放行。换证凭条是检验检疫机构在出口货物的报检地与出境地不同的情况下出具的，出口商凭换证凭条去出境地检验检疫机构换取正本通关单。

即问即答

法定货物报检的流程有哪些？

梁斌办理报检手续

梁斌通过海关网 http://service.customs.gov.cn/查询烟花的监管条件，经查询，监管条件代码为 AB，意味着梁斌公司的烟花产品出口需要实施检验检疫，取得通关单后方能报关。

梁斌公司的烟花爆竹是由产地湖南浏阳以集装箱运往上海口岸，而检验检疫机构对异地出口的烟花爆竹的检验和监管采用产地检验和口岸查验相结合的办法。所以梁斌出具了一份报检委托书连同商业发票、装箱单、正本合同寄给湖南浏阳市强泰花炮厂，委托工厂在当地向商检局报检。几天后，梁斌收到了工厂寄来的通关单和纸箱单（出境货物运输包装性能检验结果单），随后便准备了全套报关资料准备报关。

8.2　报关流程

梁斌取得货物通关单后，即准备报关单证，包括商业发票、装箱单、合同、信用证等，向海关办理报关手续。几天后梁斌接到海关通知说该批出口货物需要抽检，根据新的海关报关规定，要求出口货物报关必须在货物进入装货码头仓库后才能进行。于是，梁斌按照海关的要求将货物从工厂仓库拖至码头仓库。海关人员到码头仓库检验货物后，向梁斌签发了海关放行条。

8.2.1　出口报关概述

1. 报关

报关是指进出口货物收发货人、进出境运输工具负责人、进出境物品的所有人或其代理人向海关办理货物、物品或运输工具进出境手续及相关海关事务的全过程。

2. 报关单位类型

《海关法》将报关单位划分为两种类型，即进出口货物收发货人和报关企业。进出口货物收发货人和报关企业必须依法经海关注册登记，取得报关权方可办理报关手续。未在海关办理注册登记的出口企业一般委托代理报关企业办理报关。报关单位在办理报关业务时，应遵守国家有关规定，承担相应法律责任。

3. 报关人员

报关人员是代表企业向海关办理通关手续的人员。2013 年以前报关人员需要通过全国报关员资格考试才能取得从业资格。2013 年以后取消了报关员资格考试。

根据海关总署发布的《海关报关单位注册登记管理规定》，海关在取消报关员注册登记，改为以报关企业名义对其所属从业人员进行备案的同时，还取消对报关员记分考核管理，改为对报关单位报关差错进行记录。海关通过互联网、政府公示平台等形式，向社会公布报关企业信用信息、报关差错率等情况，引导进出口企业与信用好、报关规范的报关企业合作，通过市场竞争逐渐淘汰失信违法、报关质量差的报关企业。

 技能提示

进出口经营权与报关权是两个不同的概念，具有进出口经营权的企业要向海关办理注册登记，经海关批准才能取得报关权，才可自行开展报关活动。

课堂案例

王先生在广州开设了 A、B 两家服装公司，为降低企业成本，王先生产生了两点设想：（1）只将 A 公司向海关办理注册登记，取得报关权，如 B 公司需要报关时直接委托 A 公司办理；（2）A、B 两公司都向海关办理注册登记，取得报关权，聘用一名报关员办理两个公司的报关业务。请问：王先生降低企业成本的这两种设想是否可行，为什么？

案例解析：

关于设想（1），如果只将 A 公司向海关办理注册登记，A 企业所取得的报关权是自理报关权，不能为其他公司代理报关。因此是不可行的。至于设想（2），如果两个企业都申请了报关权，而由同一个报关员办理业务也是不可能的。因为该报关员所在企业非代理报关企业，报关员只能代表本公司向海关报关，而不能同时为两个单位报关。

8.2.2 一般货物出口报关流程

图 8.3 一般货物出口报关流程

1. 出口申报

（1）出口申报时限

出口货物要在货物运抵海关监管区后装货的 24 小时以前向海关申报。如果在规定期限之前没有向海关申报，海关可以拒绝接受通关申报，这样出口货物就得不到海关的检验、征税和放行而无法装货运输。

（2）申报单证

主要单证：报关单

基本单证：货运单据、商业单据，如出口装货单据、商业发票、装箱单等。

特殊单证：出口许可证件、原产地证明书、通关单等。

预备单证：贸易合同、进出口企业的有关证明文件等。

（3）申报程序

① 准备申报单证

② 申报：先进行电子数据申报，接到海关"现场交单"、"放行交单"通知之日起10日内提交纸质报关单及随附单据。

即问即答

出口报关要经过哪些程序？需要准备哪些单证？

2. 配合查验

海关工作人员在审核报关单证的基础上对出口货物进行实际校对检查，目的是核对实际出口货物与报关单证所申报内容是否相符，有无错报、漏报、瞒报、伪报等情况，审查货物出口是否合法，确定货物的物理性质和化学性质。海关在正常工作时间内采取彻底查验、抽查、人工查验、设备查验等方式进行查验。查验地点一般在海关监管区内的出口口岸码头、车站、机场、邮局或海关的其他监管场所进行，对大宗的散货、危险品、鲜活品等，也可现场作业。报关员在收到通知后应主动配合海关人员进行查验。另外，海关也有可能在收发货人不在场时，自行指令第三者（如货物保管员）开拆货物进行查验，并在查验记录上由海关与见证人双方签字，这种查验方式称为径行查验。

技能提示

在配合海关查验时要注意：

（1）货物的收发货人或其代理人必须到场，并按海关的要求进行搬移货物、拆装箱和重封货物的包装等工作。

（2）海关认为有必要时可以径行开验、复验或提取货样，货物管理人员应当到场作为见证人。

（3）申请人应提供往返交通工具和住宿，并支付有关费用，同时按海关规定交纳。

3. 缴纳税费

海关在审核相关单证，查验货物之后会开出纸质缴款书和收费票据，报关员要在 15 天内到海关指定的银行或通过网上缴纳税费。

4. 海关放行

如海关审单完毕不需要查验的就会开具放行条，货物正常出口；如需要查验，会把报关资料移交查验科，并把货物转移至查验平台，查验没问题则开具放行条放行，有问题的会再做进一步处理，如移交缉私科等。

 梁斌办理出口报关手续

上海亿鑫烟花制品进出口公司成立后的第二年，便向海关登记注册，申请了报关权。梁斌到了公司后，经过努力，也考取了报关员资格证书。在与加拿大 OMI 国际有限公司的交易中，梁斌取得出境货物通关单后即安排拖车运输。由于烟花在联合国危险品等级中属于 1.4 类——高危险品，国家严格监管，必须找具有特种运输资质的公司由湖南浏阳运至上海。当货物运到上海口岸，货柜进入码头堆场闸口时，码头电脑会记录此货柜的进场时间、柜号、封条号、堆场位置等信息。并受到海关电脑的监控。这时，梁斌以亿鑫烟花制品进出口公司报关员的身份向海关办理报关预录入手续：发送预录信息至审单中心，海关办理电子审单，当天审核通过。梁斌打印出口报关单后签字、加盖公司报关专用章，连同报关资料（合同、发票等）向现场海关递单，海关在电脑里确认接单。

随后梁斌接到了海关要求查验货物的通知。第二天，梁斌来到码头海关监管区，配合海关查验并顺利取得了海关的放行条。

 **拓展提升**

1. 无纸化通关

2001 年，"无纸通关"的理念就已经在海关系统提出。2002 年的全国海关关长会议将无纸通关试点工作列为海关重点工作。2004 年明确提出了"积极推广无纸通关"的要求，并规划了"建立全国海关统一规范的电子化通关作业流程和普遍适用的全程无纸化通关作业模式"的蓝图。2012 年 8 月 1 日，海关总署宣布正式启动"通关无纸化"试点推广工作。

无纸通关依托海关 H2000 作业系统，以企业联网申报、海关电子数据审核、电子信息验放的方式，对不涉证、税的进出口货物，由企业登录中国电子口岸，选择无纸

报关方式申报，海关计算机系统审核申报的合法性和有效性，对符合条件的发送信息给口岸海关验放，不符合条件的由审单中心进行人工专业审单，审核无误的按无纸通道发送信息给口岸海关验放。对通过无纸通道放行的，企业凭海关通知回执等随附单证在口岸海关办理放行。无纸通关改革改变了验核纸面单证的传统模式，实现了海关申报手续前伸，现场纸质单证审核环节后移，接单审核手续简化，通关现场"瓶颈"压力减少，企业 24 小时上网申报，部分资信良好企业低风险报关单直接验放，可谓是一举多得。

无纸化通关具有以下三大优点：

一是审核环节减少。目前传统的有纸通关中，根据《中华人民共和国海关进出口货物申报管理规定》（海关总署第 103 号令）第五条"申报采用电子数据报关单申报形式和纸质报关单申报形式。电子数据报关单和纸质报关单均具有法律效力"规定，海关关员必须同时审核纸质单证和电子档，并核对两者是否一致，耗时费力。通关无纸化只需审核电子档单证，减少了 50% 的审核环节。

二是通关效率提升。随着分类通关、运抵开关、电子放行等辅助功能的开发，对系统判定为低风险的报关单，直接审核放行，无须现场关员进行人工审核，一次申报即放行；高风险报关单，仅需接单关员审核，系统自动放行。而传统的有纸通关需接单、单证流转、放行、敲章、提货。以出口为例，传统的有纸通关平均需半个工作日，而通关无纸化最慢仅需半个小时，极大地提升了通关效率。

三是作业流程透明。无纸化通关系统，以企业申报为起点，系统审核为终点，在整个审核过程中，企业均可通过自己的客户端进行流程跟踪，单证的审结、放行、结关状态都可以实时显示，海关审批状态公开透明。而传统的有纸通关，将单证递交到海关受理窗口后，只能等待处理，政务公开透明度不高。

从企业角度看，无纸化通关节省了企业成本：一是减少纸质单证的使用。传统的报关大厅，人员嘈杂，单证、档案堆积如山，合同、发票、提运单、装箱单、委托书等，一份报关单后面往往随附十几、二十几页纸质单证，单证流转容易出错，事后过了监管期限后，还要专门销毁，费时费力还不环保，对企业来说也是一笔不菲的办公支出；二是减少现场交单人员。通关无纸化后，海关关员审核企业传输的电子档，正常情况下，无须现场交单人员，人员至少节省 50%；三是减少了单证传递、人员往返。传统单证的传递需专人送、快递寄，费时费力还容易丢失或出差错，电子传送后，这些问题都得到根本解决。

从海关角度看，无纸化通关减少了工作环节，提高了流程透明度，有利于防范执法风险和廉政风险。

2. "属地申报、口岸验放"通关模式

"属地申报、口岸验放"是为适应区域经济一体化的发展要求，进一步简化通关手续，提高通关效率而采取的一种新的通关方式。符合海关规定条件的守法水平较高的企业，在其货物进出口时，可以自主选择向其属地海关申报纳税，而在货物实际进出境地海关办理货物验放手续。

本章小结

在国际贸易中，买卖双方所交易的商品一般都要经过报关报检的程序。熟悉和掌握商品检验和报关的相关内容，对准确快速地进行报检和报关具有重要意义。本章内容包括：合同中商品检验条款、商品检验机构及职责、商品检验的范围及地点、商品检验证书的种类以及报关和报检的基础知识、一般货物出口报检和报关流程。

综合训练

一、单项选择题

1. 法定检验检疫货物的通关模式是（   ）。

A. 先报检，后报关　　　　　　B. 先报关，后报检

C. 既可先报检也可先报关　　　D. 报检与报关应同时办理

2. 出境货物的检验检疫流程一般为（   ）。

A. 报检——签发检验检疫单证——实施检验检疫

B. 签发检验检疫证单——实施检验检疫——报检

C. 签发检验检疫证单——报检——实施检验检疫

D. 报检——实施检验检疫——签发检验检疫证单

3. 为了照顾买卖双方利益，在检验上做到公平合理，国际贸易中广泛采用的做法是（   ）。

A. 出口国检验，进口国复验　　B. 出口国检验

C. 装船前检验　　　　　　　　D. 进口国检验

4. 湖南某企业生产的一批产品，经检验检疫合格后运到上海口岸准备出口，在上海办理报检手续时，以下所列单证，必须提供的是（   ）。

A. 装箱单　　　　　　　　　　B. 厂检合格单

C. 出境货物换证凭单　　　　　D. 出境货物通关单

5. 上海某公司欲向日本出口一批河南生产的大蒜，在天津口岸报关出口。报检人应向____检验检疫机构申请检验检疫，向____检验检疫机构申请办理换证报检手续。（   ）

A. 上海、天津　　　　　　　　B. 天津、上海

C. 河南、上海　　　　　　　　D. 河南、天津

6. 出口法定检验商品的报检人应向（　　　）检验检疫机构申请实施检验。

A. 生产地

B. 装运地

C. 报关地

D. 离境口岸

7. 按照法律规定，下列不列入报关范围的是（　　　）。

A. 进出境运输工具

B. 进出境货物

C. 进出境物品

D. 进出境旅客

8. 出口货物的申报期限为货物运抵海关监管区后（　　　）。

A. 装货前的 24 小时

B. 装货的 24 小时前

C. 装货前的 48 小时

D. 装货的 48 小时前

9. 产地检验、口岸报关出境的货物，企业应向产地检验检疫机构申请出具（　　　）。

A. 出境货物换证凭单或换证凭条

B. 出境货物通关单

C. 出境货物调离通知单

D. 检验检疫处理通知书

二、多项选择题

1. 货物报关的出口阶段是指出口货物发货人或代理人根据海关对出境货物的监管要求，在货物出境时，向海关办理相关手续的过程，包括（　　　）环节。

A. 出口申报　　　B. 配合查验　　　C. 缴纳税费　　　D. 提取货物

2. 以下所列单据，出境报检时须提供的有（　　　）。

A. 提（运）单　　　B. 发票　　　C. 装箱单　　　D. 外贸合同

3. 我国出入境检验检疫机构的职责包括（　　　）。

A. 法定检验检疫　　　B. 办理鉴定业务　　　C. 实施监督管理　　　D. 办理报关业务

三、判断题

1. 根据我国海关的规定，进出口货物的收发货人有权自行办理报关事宜。（　　　）

2. 检验检疫工作受到法律保护，所签发的证件具有法律效力。（　　　）

3. 法定检验检疫货物的报检手续应在报关前办理。（　　　）

4. 对于需办理换证报检手续的出境货物，报关地检验检疫机构凭"出境货物换证凭单"换发"出境货物通关单"。（　　　）

5. 需隔离检疫的出境动物应在出境前 60 天预报，隔离前 7 天报检。（　　　）

四、名词解释

商品检验

出口电子报检

报关

五、简答题

1. 出口合同中检验条款通常包括哪些内容？

2. 简述法定货物的报检流程。

3. 什么情况下货物需要报检？

六、操作题

1. 湖南 A 外贸公司向塞拉利昂出口一批价值为 30 000 美元的釉面砖（检验检疫类别为空），该批货物由江西 B 陶瓷工厂生产，包装数量为 300 纸箱，装于 30 个木箱内。这些木箱从四川 C 木质包装生产企业购买，并由 C 企业进行检疫除害处理。该批货物装在 1 个 40 英尺集装箱运到厦门口岸出口，并委托厦门 D 代理报检公司办理相关出口手续。

请问：该批货物应在湖南、江西、四川、厦门四地中的哪个地方申请检验？

2. 卖方上海亿鑫烟花制品进出口公司和买方加拿大 OMI 国际有限公司就出口烟花的检验达成一致：买卖双方同意以中国出入境检验检疫机构签发的质量检验证书作为信用证项下议付所需单据之一，买方有权对货物的质量进行复验，复验费由买方承担。如发现质量与合同规定不符，买方有权向卖方索赔，并提交经卖方同意的公证机构所出具的检验报告。

请据以拟订合同具体的检验条款。

第9章 国际货款的结算

由于业务员梁斌的努力，他手头的业务也逐渐多了起来。目前梁斌手头有四笔业务：

业务1：与日本 ABC 公司的一笔订单，金额为 USD25080，付款方式为 T/T。要求日方公司预付 30%货款。

业务2：与阿根廷 VARALDA S. A 公司的一笔订单，金额为 USD21532，付款方式为 D/P at sight。业务经理要求梁斌制作该笔业务项下的单据。

业务3：与加拿大 OMI 公司的一笔订单，金额为 USD49141，付款方式为 Sight L/C。货物已经装船，正在制作结汇单据。

业务4：与美国 BEAUTY. CO 的一笔业务正在磋商，经过协商，最后双方同意 30% T/T in advance，其余 70%采用 D/P 即期。

请思考：

1. 什么是汇票？支付时为什么要用到汇票？如何使用汇票？

2. 上述几种支付方式是什么意思？

3. 这几种支付方式的流程是什么？

4. 在具体业务上如何选择支付方式？

9.1 国际贸易结算票据

阿根廷 VARALDA S. A 公司向上海亿鑫烟花制品进出口公司购买礼花弹（T-D001，T-D002，T-D003，T-D004），共计 500CTNS，金额为 USD21532，付款方式为 D/P at sight，合同号码：YX14007。货物已经于 2014 年 5 月 5 日装船，业务经理要求梁斌制作该笔业务项下的汇票并办理结汇。

国际贸易货款的结算，可以使用现金和票据两种支付工具，现金结算一般用于数额较小的交易，绝大多数交易都是用票据来结算的。

票据（bills）是以支付货币为目的的有价证券，是由出票人签名于票据上，约定由自己或另一人无条件地支付确定金额的可流通转让的证券。国际贸易中使用的票据主要包括汇票、本票及支票，以使用汇票为主。

9.1.1　汇票

汇票（bill of exchange，简称 bill 或 draft）是出票人签发的，委托付款人在见票时或指定日期无条件支付确定金额给收款人或持票人的票据（见图 9.1）。

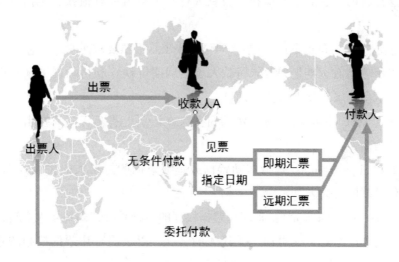

图 9.1　汇票的概念

1. 汇票的主要当事人

（1）出票人（drawer），即汇票的签发人，一般是出口方或其指定的银行。

（2）付款人（drawee/payer），即接受支付命令付款的人，一般是进口方或指定的银行。

（3）收款人（payee），即受领汇票所载明金额的人，是汇票的债权人，一般是指出口商或其往来银行。

2. 汇票的种类

（1）银行汇票和商业汇票。银行汇票是指出票人和付款人都是银行的汇票（多为光票，常用于票汇中）；商业汇票是指出票人是商号（企业或个人）而付款人是企业或银行的汇票，多为随附货运单据的汇票。在国际贸易结算中，使用商业汇票居多。

（2）商业承兑汇票和银行承兑汇票。商业承兑汇票是企业或个人承兑的远期汇票，常使用在托收中；银行承兑汇票是银行承兑的远期汇票，常使用在信用证业务中。

（3）即期汇票（sight draft）和远期汇票（time draft）。即期汇票是持票人提示时付款人立即付款的汇票；远期汇票是在未来的特定日期或一定期限付款的汇票。

（4）光票（clean draft）和跟单汇票（documentary draft）。光票是指不附带货运单据的汇票，常用于运费、保险费、货款尾数及佣金的收付；跟单汇票是指附带货运单据的汇票，常用于货款的收付。

3. 汇票的使用

汇票的使用就是运用汇票的一系列活动，包括出票、提示、承兑、付款、背书、拒付与追索等。

（1）出票（issue）：出票人签发汇票并将其交给收款人的行为。只有在交付以后才算完成，这样就创设了汇票的债权，收款人持有汇票就拥有债权，包括付款请求权和追索权。

（2）提示（presentation）：持票人向付款人出示汇票要求承兑或付款的行为。提示分为承兑提示（持有远期汇票要求付款人承诺到期付款）和付款提示（持即期汇票或到期的远期汇票要求付款人付款）两种。

（3）承兑（acceptance）：远期汇票付款人在汇票上签名，同意按出票人的指示到期付款的行为。

（4）付款（payment）：是指即期票据或远期票据的持票人向付款人提示票据时，付款人支付票款的行为。

（5）背书（endorsement）：是转让票据权利的一种手续，即持票人在转让汇票时在汇票背面签上自己的名字或再加上受让人的名字，以表明转让票据权利的意图，并交

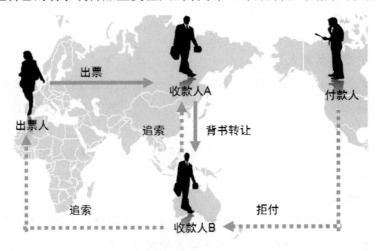

图9.2　汇票的背书、拒付和追索

付给受让人的行为。

（6）拒付与追索：拒付（dishonour）是指持票人提示汇票要求承兑或付款时遭到拒绝承兑付款的行为，又称退票。破产、死亡、避而不见，也属于此种范围。追索（recourse）是汇票遭到拒付时，持票人向背书人、出票人及其他票据债务人请求偿还汇票金额、利息及费用的行为。

 梁斌制作的汇票

BILL OF EXCHANGE

No. YX-IN-140004 　　　　　　　　　　 SHANGHAI 2014-05-06

For 　USD21532.00

　　D/P At＿＿＿ ******　＿＿ sight of this *FIRST* Bill of exchange (*SECOND* being unpaid)

Pay to the order of＿＿＿＿BANK OF CHINA ,SHANGHAI BRANCH＿＿＿＿the sum of

SAY U.S.DOLLARS TWENTY-ONE THOUSAND FIVE HUNDRED AND THIRTY-TWO ONLY

Value received for＿＿＿＿500CTNS＿＿＿of＿＿FIRE WORKS＿＿＿＿

Drawn under＿＿S/C NO. YX14007 FOR COLLECTION＿＿＿＿

L/C No.＿＿＿＿＿＿＿＿　　　　Dated＿＿＿＿＿＿＿＿＿

To: 　VARALDA S.A 　　　　　　　　　 For and on behalf of

RAMON CARRILLO 2820 PISO 22 SAN 　　SHANGHAI 　YIXIN 　FIREWORKS 　PRODUCE
MARTIN-BUENOS AIRES,ARGENTINA 　　　IMPORT&EXPORT CORPORATION

　　　　　　　　　　　　　　　　　　　　　　王明

该汇票的主要当事人如下所示：

（1）出票人：SHANGHAI YIXIN FIREWORKS PRODUCE IMPORT & EXPORT CORPORATION（上海亿鑫烟花制品进出口公司）

（2）付款人：VARALDA S. A（阿根廷进口商）

（3）收款人：托收行 BANK OF CHINA, SHANGHAI BRANCH（中国银行上海分行）

9.1.2　本票

本票（promissory note）是指出票人签发的承诺自己在见票时无条件支付确定金额给收款人或持票人的票据。本票按出票人不同可以分为一般本票和银行本票两种。出票人是企业或个人的称为一般本票或商业本票，一般本票有即期和远期之分；出票人

是银行的称之为银行本票，银行本票大多数是即期本票。(本票样式见图9.3)

Promissory Note for USD 2,000.00   Beijing，July 1, 2013

At 60days after date   we promise to pay   ABC Co. or order

The sum of two thousand US dollars

                                        For   Bank of China，Beijing

                                                (signature)

图9.3　本票样本

即问即答

远期本票需要承兑吗?

9.1.3　支票

支票（cheque/check）是出票人签发的委托银行或其他金融机构在见票时无条件支付确定金额给收款人或持票人的票据。支票从不同角度可以分为现金支票、转账支票、普通支票、划线支票等。(支票样式见图9.4)

Cheque No. 00－00－xx   London，   25 May，2013

Pay to the order of Ruirui Co.，Tianjin China

The sum of SIX THOUSAND US DOLLARS ONLY

To：Bank of China，Tianjin Branch   **For**：ABC Co.

        Tianjin   London

                                            （Signature）

图9.4　支票样本

即问即答

什么是"空头支票"?

9.2 汇付

上海亿鑫烟花制品进出口公司与日本 ABC 公司于 2014 年 6 月签订烟花出口合同，金额为 25080 美元，合同中的支付条款为"买方应于 2014 年 6 月 20 日前将货款的 30% 电汇至卖方，其余货款收到正本提单传真后 5 日内支付。"（The buyer shall pay 30% of the sales proceeds by telegraphic transfer to reach the seller not later than June 20th 2014，The remaining part will be paid to the seller within 5 days after receipt of the fax concerning original B/L by the buyer.）

9.2.1 汇付的定义及当事人

汇付（remittance）又称汇款，是指汇出行应汇款人的要求，以一定方式将一定金额通过国外联行或代理行（汇入行）付给收款人的一种支付方式。

在汇付方式中一般有四个当事人：汇款人、收款人、汇出行和汇入行。

（1）汇款人（remitter）是委托银行向国外债权人付款的当事人。在国际贸易中汇款人通常是进口商，其责任是填写汇款申请书，向银行提供要汇出的金额并承担有关费用。汇款人与汇出行之间是委托与被委托关系。

（2）收款人又叫受益人，是指接收汇款人所汇款项的当事人。在国际贸易中，汇付付款方式下的收款人通常是出口商。收款人与汇入行之间一般有账户关系。

（3）汇出行是指汇款人委托办理款项汇出业务的银行，汇出行通常是汇款人所在地银行，汇出行的基本职责是按汇款人的要求将款项通过一定途径汇给收款人。

（4）汇入行又称解付行，是指接受汇出行委托，向收款人解付汇入款项的银行。汇入行通常是收款人所在地银行，它必须是汇出行的联行或代理行，职责是证实汇出行委托付款指示的真实性，通知收款人取款并付款。汇入行与汇出行是委托与受托关系。

9.2.2 汇付的种类及流程

汇付有信汇、电汇和票汇三种。

1. 信汇（mail transfer，简称 M/T）

是指汇出行应汇款人的要求，用航邮信函委托汇入行向收款人付款的方式。信汇

具有收款慢、费用低廉的特点。

2. 电汇（telegraphic transfer，简称 T/T）

是指汇出行应汇款人的要求，用电报、电传或 SWIFT 等形式委托汇入行向收款人付款的方式。电汇具有汇款迅速、安全可靠、费用较高的特点。

注释：SWIFT 全称为环球银行金融电讯协会，是 1973 年在布鲁塞尔成立的一种银行间的合作性的、自动的世界通讯系统。目前，我国许多银行都是 SWIFT 成员。

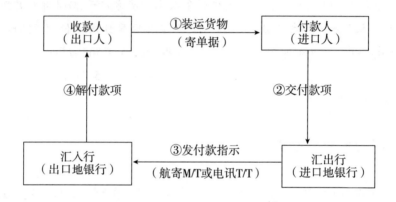

图 9.5　信汇和电汇流程图

3. 票汇（remittance by banker's demand draft，简称 D/D）

是指汇出行应汇款人的要求开立以汇入行为付款人的银行即期汇票交给汇款人，再由汇款人自行将汇票寄给收款人，收款人凭此汇票向付款人取款的方式。由于汇票可以通过背书流通转让，而且一般银行也愿意买入汇票，因此对收款人而言，票汇具有流动性和主动性较大的特点。（票汇业务流程参见图 9.6）

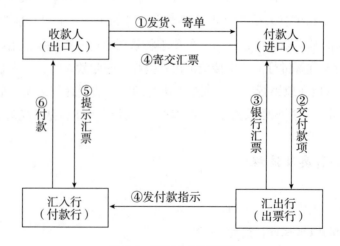

图 9.6　票汇业务流程图

174

信汇、电汇和票汇所使用的结算工具（委托通知或汇票）的传送方向与资金的流动方向相同，因此均属于顺汇。三种汇付方式的不同之处在于付款的速度：电汇最快，信汇和票汇次之，如果付款银行在非收款人所在国，则票汇最慢。因此电汇是目前最常用的一种汇付方式。

9.2.3　电汇的实际运用

在进出口贸易使用汇付方式结算货款的过程中，银行只提供服务而不提供信用，因此使用汇付方式完全取决于买卖双方中的一方对另一方的信任，因此汇付方式属于商业信用。在实际业务中，根据货物与货款交付的先后，电汇有以下三种情况：

1. 预付货款（payment in advance）

预付货款是指进口商将部分货款通过汇款方式预支给出口商，出口商收到货款后，在约定时间内备货出运，货交进口商的一种结算方式，又称为前 T/T。预付货款的结算方式相对有利于出口商，对进口商较为不利。

2. 货到付款（payment after arrival of goods）

货到付款是指出口商先发货，进口商收到货物后，在约定期限内向出口商汇付货款的结算方式，又称为后 T/T。货到付款也称"赊销"（open account，O/A），预付货款的结算方式相对有利于进口商，对出口商较为不利。

3. 预付部分货款

如果全部前 T/T 或全部后 T/T，将使风险过于集中于一方，因此目前普遍使用的是两者相结合的方法，通常采用进口商先付 20% ~ 30% 的预付款，等货物出运后再凭提单支付余下的货款。如"先预付 30% 货款，剩下 70% 货款凭提单传真件支付。"

电汇合同条款示例：

例 1：买方应在收到正本提单后 10 天内电汇支付全部货款。

The buyer should pay total amount to seller by T/T within 10 days after receipt of the concerning original B/L.

例 2：买方应于 2009 年 4 月 20 日前将货款的 30% 电汇至卖方，其余货款收到正本提单传真后 5 日内支付。

Telegraphic transfer to reach the seller not later than April 20th 2009. The remaining part will be paid to the seller within 5 days after receipt of the fax concerning original B/L by the buyer.

天津一家食品进出口公司向日本某公司出口一批天津宝坻产的大蒜。合同规定付款方式为后 T/T，由进口商在接到出口方发货后传真来的提单传真件后，立即将货款电汇至卖方指定的账户。天津公司按期发货后将提单传真给日商并将提单寄给日方。日方在收到货物后，提出货物在规格上部分与合同不符，表示货款不能立即支付。中方与日方据理力争，最终在折让一部分货款后，日方才将货款付出。讨论：此案例说明了后 T/T 付款方式应注意哪些问题？

案例解析：

提示一：我方不应急于将提单寄交买方。

提示二：最好采用前 T/T 的付款方式，如不行也可采用 T/T 方式预付部分货款或订金的方式。

梁斌与日本 ABC 公司的电汇操作

步骤一：日本 ABC 公司填写汇付申请书，预付 30% 货款。

6 月 19 日，日本 ABC 公司（汇款人）向中国银行东京分行（汇出行）索取汇款申请书，并按要求填写汇款申请书。中国银行东京分行审核汇款申请书及相关资料确认无误后，日本 ABC 公司将 7524 美元的货款（总金额的 30%）及手续费交中国银行东京分行，中国银行东京分行收款后开给日本 ABC 公司一张收款回执。

步骤二：汇出行向汇入行发出汇款指示。

中国银行东京分行（以电报、电传、SWIFT 等方式）向中国银行上海分行（汇入行）发出付款指示，委托中国银行上海分行支付 7524 美元给上海亿鑫公司。

步骤三：汇入行解付预付汇款给上海亿鑫公司。

中国银行上海分行在收到中国银行东京分行的汇款指示并核对无误后，将 7524 美元预付货款付给上海亿鑫公司（如图 9.7 所示）。

步骤四：货物装船，亿鑫公司取得正本海运提单并传真给日本 ABC 公司。

上海亿鑫烟花制品进出口公司于 7 月 10 日将货物顺利装船，取得了船公司签发的已装船清洁提单，7 月 11 日，梁斌将正本提单传真给日本 ABC 公司。

步骤五：日本 ABC 公司电汇剩余的 70% 款项。

日本 ABC 公司收到提单传真后，于 7 月 13 日到中国银行东京分行将剩余的 70% 货款 17556 美元电汇给上海亿鑫烟花制品进出口公司（具体流程与步骤一、二、三相同，如图 9.7 所示）。

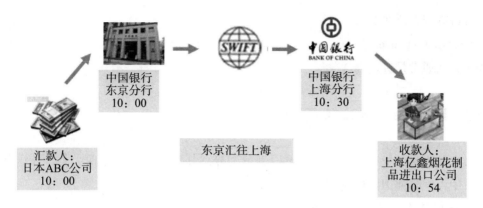

图 9.7　电汇收汇流程图

步骤六：亿鑫公司收到电传收据后将正本提单快递给日本 ABC 公司。

日本 ABC 公司将电汇收据电传给上海亿鑫烟花制品进出口公司梁斌。梁斌收到电传收据后，将正本提单快递给了日本 ABC 公司。7 月 15 日，货物抵达日本，日本 ABC 公司凭正本提单提货。

9.3　托收

上海亿鑫烟花制品进出口公司与阿根廷 VARALDA S.A 公司签订了一笔订单，金额为 USD21532，付款方式为 D/P at sight。货物已经于 2014 年 5 月 5 日装船，梁斌已经做好该笔业务项下的所有结汇单据和汇票。2014 年 5 月 6 日梁斌委托中国银行上海分行向 VARALDA S.A 公司收款，并向银行递交了该笔业务项下的所有单据。

9.3.1　托收的定义及当事人

托收是指出口商通过开立汇票，委托银行向进口商收取货款的一种结算方式。托收方式中主要涉及以下四个当事人：

1. 委托人（principal），也称出票人，是开立汇票委托银行代收货款的人。在进出口业务中一般是指出口商。

2. 托收行（remitting bank），又称委托行、寄单行，是指接受委托人的委托代为收款的银行。托收行通常是出口商所在地的银行。

3. 代收行（collecting bank），是指接受委托行的委托代为收款的银行。代收行通常是进口商所在地的银行。

4. 付款人（payer 或 drawee），是指被提示单据并进行付款的人。付款人也是汇票的受票人，通常是进口商。

9.3.2　托收的种类及流程

根据是否附带货运单据，托收可以划分为光票托收和跟单托收两大类，在国际贸易结算中，主要使用跟单托收。

1. 光票托收（clean collection）

是指出口商凭汇票，不随附货运单据进行托收。在国际贸易和国际结算中，光票托收的金额一般都不太大，通常用于收取货款的尾款及样品费、佣金、代垫费用、进口赔款等小额或从属费用，并且大多数是即期托收，远期托收较少。

2. 跟单托收（documentary collection/documentary bill for collection）

是指附有货运单据的托收。跟单托收可以是有汇票托收，也可以是无汇票托收。没有汇票的托收并不影响跟单托收的效果，此时发票金额代表汇票金额。

跟单托收按交单条件不同，可以分为付款交单和承兑交单：

（1）付款交单（documentary against payment，D/P），是指出口商的交单以进口商的付款为条件，即出口商在办理托收时指示银行只有在进口商付清货款后，才能将货运单据交给进口商。根据付款时间不同，付款交单又可以分为：

① 即期付款交单（D/P at sight），是指进口商见到银行提示的即期汇票并审核无误后，立即付款换取单据（业务流程见图9.8）。

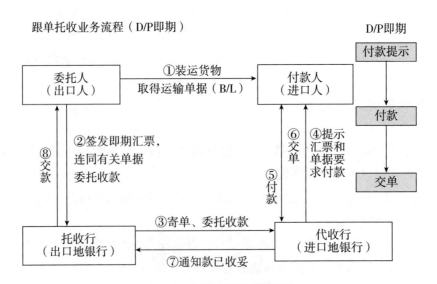

图9.8　即期付款交单流程图

② 远期付款交单（D/P after sight），是指进口商见到银行提示的跟单远期汇票并审核无误后，先办理承兑手续，待汇票到期时再付款换取单据（业务流程见图9.9）。

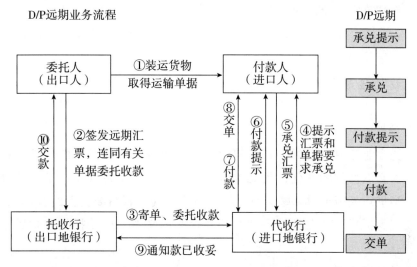

图9.9 远期付款交单业务流程图

（2）承兑交单（documentary against acceptance，D/A），是指出口商的交单以进口商的承兑为条件，即出口商在办理托收时，指示银行只要在进口商承兑远期汇票以后，就能将货运单据交给进口商，待汇票到期时，进口商再履行付款义务（承兑交单业务流程参见图9.10）。

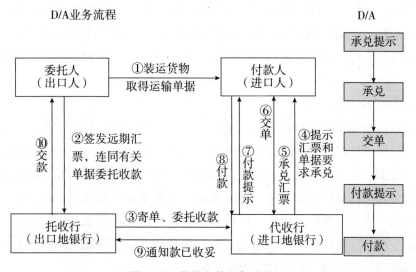

图9.10 承兑交单业务流程图

由以上托收流程图可以看出，托收中使用的结算工具（托收指示书和汇票）的传送方向与资金的流动方向相反，所以托收方式属于逆汇。

即问即答

D/P 与 D/A 哪一个风险会更大一些？为什么？

9.3.3 托收的性质和实际运用

1. 托收的性质

银行在托收业务中只提供服务不提供信用。银行只以委托人的代理人行事，既无保证付款人必然付款的责任，也无检查审核货运单据是否齐全、是否符合买卖合同的义务；当进口人拒绝付款赎单时，除非事先经托收银行委托并经代收银行同意，代收行也无代为提货、办理进口手续和存仓保管的义务。所以托收方式属于商业信用性质。

2. 托收的实际运用

在跟单托收方式下，出口人和进口人可采用托收出口押汇和凭信托收据借单方式向银行获得资金融通。

（1）托收出口押汇

托收出口押汇是指由托收银行以买入出口人向进口人开立的跟单汇票的办法向出口人融通资金的一种方式。其实质是出口企业以代表货物所有权的单据做抵押品，向银行抵押贷款。托收银行买入跟单汇票及其所附单据，按照汇票金额扣除从付款日（即买入汇票日）至预计收到票款日的利息及手续费，将款项先行付给出口人。这先付的款项，实际上是托收银行对出口人的一种垫款，也是以汇票和单据作为抵押品的一种贷款。

（2）凭信托收据借单

凭信托收据借单又称进口押汇，在托收业务中，指代收银行给予进口人凭信托收据（trust receipt，T/R）提货便利的一种向进口人通融资金的方式。进口人在承兑汇票后出具信托收据，凭以向代收银行借取货运单据，并提取货物。信托收据是进口人借单时提供的一种书面信用担保文件，用以表示出据人愿意以代收银行的受托人身份代为提货、报关、存仓、保险、出售，同时承认货物的所有权仍属于银行。货物售出后所得的货款在汇票到期日偿还代收银行，收回信托收据。这种做法纯粹是代收行自己向进口人提供的信用便利，与出口人和托收银行无关。

上海通达进出口公司与美国 ABC 公司达成一笔金额为 150000 美元的玩具出口合同，付款条件为付款交单见票后 45 天付款（D/P at 45 days after sight），当汇票及单据经托收行寄往纽约分行（代收行）后，ABC 公司及时履行了承兑手续。货到目的港后，该商用货心切，未经授权就出具信托收据向代收行借得单据自行提货。当汇票到期时，该外商因经营不善失去偿付能力，代收行以汇票付款人拒付为由，通知托收行无法代收，并建议上海通达进出口公司直接向外商索取货款。请问：（1）代收行的做法是否合理？（2）通达公司应如何处理？

案例解析：

（1）代收行的做法不合理。

（2）上海通达进出口公司应要求代收行付款。因为如果 D/P 45 天凭 T/R 借单是由代收行自行决定的，则代收行对出口商负全部责任，如果是上海通达公司授权采用以上方式，则该案例引发的后果由上海通达进出口公司承担。

3. 托收的风险防范

（1）加强对进口方资信的调查。

（2）注意选择代收行。

（3）注意了解进口国家的有关规定。

（4）谨慎使用远期付款方式。

（5）出口方应注意办理保险。

4. 托收统一规则

国际商会为统一托收业务的做法，于 1958 年草拟《商业单据托收统一规则》。1995 年修订后称为《托收统一规则》国际商会第 522 号出版物（简称《URC522》），1996 年 1 月 1 日起实施。《托收统一规则》自公布实施以来，被各国银行所采用，已成为托收业务的国际惯例。

合同中的托收条款示例：

例 1：买方应凭卖方开具的即期跟单汇票于见票时立即付款，付款后交单。

Upon first presentation the Buyers shall pay against documentary draft drawn by the Sellers at sight. The shipping documents are to be delivered against payment only.

例 2：买方对卖方开具的见票后××天付款的跟单汇票，于第一次提示时应即予以承兑，并应于汇票到期日立即付款，承兑后交单。

The Buyers shall duly accept the documentary draft drawn by the Sellers at…days sight upon first presentation and make payment on its maturity. The shipping documents are to be delivered against payment only.

梁斌的托收业务流程

步骤一：发货备单。

上海亿鑫公司按合同规定装船发货，并准备好相关单据（包括商业发票、提单等），开立以阿根廷 VARALDA S. A 公司为付款人的商业汇票。

步骤二：填写托收委托书。

上海亿鑫公司向中国银行上海分行索取并填写托收委托书，然后将填写后的托收委托书及汇票和相关单据交给银行，委托银行收款。

步骤三：托收行缮制托收指示。

中国银行上海分行（托收行）对亿鑫公司的托收委托书进行审查后，缮制托收指示，将托收指示及全套单据（包括汇票）寄给中国银行布宜诺斯艾利斯分行（代收行）委托其收款。

步骤四：代收行向付款人提示。

中国银行布宜诺斯艾利斯分行（代收行）收到托收指示后，向 VARALDA S. A 公司提示汇票和单据。

步骤五：付款人付款，代收行交单。

中国银行布宜诺斯艾利斯分行向 VARALDA S. A 公司（付款人）提示单据和汇票后，VARALDA S. A 公司先验看单据和汇票，如若无误立即付款，代收行则按照托收指示向 VARALDA S. A 公司交单。

步骤六：代收行向托收行汇款。

中国银行布宜诺斯艾利斯分行（代收行）根据中国银行上海分行（托收行）的指示向托收行汇出货款。

步骤七：托收行向出口商付款。

中国银行上海分行（托收行）收到代收行汇出的款项后向上海亿鑫公司付款。

9.4 信用证结算

上海亿鑫烟花制品进出口公司与加拿大 OMI 国际有限公司于 2014 年 4 月 6 日签订一笔金额为 49141 美元的烟花制品出口合同，双方在合同中约定采用即期信用证结算货款。2014 年 4 月 15 日，上海亿鑫烟花制品进出口公司收到加拿大帝国商业银

行（CANADIAN IMPERIAL BANK OF COMMERCE）开来的信用证。梁斌审核信用证无误后，按照信用证的要求准备货物。2014 年 5 月 18 日该批货物装船，装船后梁斌按照信用证要求制作了全套结汇单据，向银行议付单据。

9.4.1　信用证概念及特点

信用证（letter of credit，L/C）是开证行根据申请人（买方）的请求，向受益人（卖方）开立的承诺在一定期限内凭规定的单据支付一定金额的书面文件。简单地说，信用证是银行开立的一种有条件付款承诺的书面文件。

信用证具有如下特点：

（1）开证行承担第一性付款责任

信用证支付方式是由开证行以自己的信用做保证，所以开证行要负首要的即第一性的付款责任，出口人可凭信用证直接向开证行或其指定银行凭单取款，而无须先找进口人。在信用证业务中，开证行对受益人的付款责任不仅是第一性的，而且是独立的终局的责任。

（2）信用证是一种自足文件

信用证是根据买卖合同开立的，但信用证一经开出，就成为独立于买卖合同之外的约定，信用证的各当事人的权利和责任完全以信用证中所列条款为依据，不受买卖合同的约束。出口人提交的单据即使符合买卖合同要求，但若与信用证条款不一致，仍会遭银行拒付。

（3）信用证是一种纯单据业务

银行处理信用证业务时，只凭单据而不管货物，即只审查受益人所提交的单据是否与信用证条款相符，以决定其是否履行付款责任。在信用证业务中，只要受益人提交符合信用证条款的单据，开证行就应承担付款责任，进口人也应接受单据并向开证行付款赎单。所以，信用证业务是一种纯粹的单据业务。

注释：UCP600 第 5 条明确规定："银行所处理的是单据，而不是可能与单据有关的货物、服务及（或）履约。"

即问即答

某出口企业收到一份国外开来的不可撤销即期议付信用证，正准备按信用证规定发货时，突接开证银行通知，声称开证申请人已经倒闭。对此，出口企业应如何处理？依据何在？

我国某出口公司与某外商订立出口合同，规定货物分两批装运，支付条件为不可撤销即期议付信用证。对方按时开来信用证，经审核无误，第一批货物随即装运，并顺利结汇。出口公司正准备发运第二批货时，我通知行忽接开证行电传，声称申请人收到第一批货物后发现品质与合同不符，提出拒付第二批货物的款项。我通知行在与出口公司联系后，立即回电拒绝。试分析我通知行这样做是否合理？为什么？

案例解析：

我通知行做法合理。因为根据信用证的纯单据业务特点，开证行拒付的理由只能是单据中的不符点，至于货物中存在的不符，进口方可以通过买卖合同要求出口方承担违约责任。

9.4.2　信用证的当事人

1. 开证申请人（applicant）

又称开证人（opener），向银行申请开立信用证的人，即进口商，其必须在规定时间内开证、交开证押金并及时付款赎单。

2. 开证行（opening bank/issuing bank）

指受开证人委托开立信用证的银行（进口地），负首要付款责任。

3. 受益人（beneficiary）

指信用证上指定的有权使用该证的人，即出口商。其拥有按时交货、提交符合信用证规定的单据、索取货款的权利和义务，又有对其后的持票人保证汇票承兑和付款的责任。

4. 通知行（advising bank/notifying bank）

指受开证行的委托通知并转交信用证的银行。通常是开证行在出口地的代理行（correspondent bank）。

5. 议付行（negotiating bank）

指在相符交单下，根据开证行的授权购买受益人汇票或单据的银行。如果遭到拒付，有权向受益人追索货款。议付行可以是指定的银行，也可是非指定银行，一般为通知行。

6. 保兑行（confirming bank）

指根据开证行的授权或要求对信用证加具保兑的银行，具有与开证行相同的责任和地位，对受益人独立负责。通知行和其他银行都可以加具保兑。

7. 付款行（paying bank）

指信用证指定付款的银行。付款行可以是开证行，也可以是开证行指定的另一家银行（代付行）。付款行一旦验单付款后，付款人无权向受益人追索。

8. 偿付行（reimbursing bank）

指开证行的付款代理，但不负责审单，只代替开证行偿还议付行垫款的第三国银行。偿付行的付款不是最终付款，当开证行发现单证不符时可向议付行进行追索。

9. 转让行（transferring bank）

指应受益人的委托，将信用证转让给信用证的受让人（第二收益人）的银行，一般为通知行、议付行或保兑行。

9.4.3 信用证的内容

1. 信用证的内容

目前广泛使用的信用证是 SWIFT 格式的信用证，而信用证的内容随着不同交易的需要而不同。信用证的内容主要包括：

（1）信用证本身的说明。例如，信用证的种类、性质、金额及其有效期和到期地点等。

（2）货物本身的描述。例如，货物的品质、规格、数量、包装、价格等。

（3）货物运输的说明。例如，装运期限、起运港（地）和目的港（地）、运输方式、可否分批装运和可否中途转船等。

（4）单据的要求。单据中主要包括商业发票、提单和保险单等。

（5）特殊条款。根据进口国政治经济贸易情况的变化或每一笔具体业务的需要，可能做出不同规定。

（6）开证行对受益人及汇票持有人保证付款的责任文句。

2. 信用证适用的惯例

19 世纪末，信用证付款方式开始在国际贸易中被逐步采用，跟单信用证现已成为国际贸易结算中一种通行的支付方式。但由于国际上对跟单信用证项下有关当事人的权利、责任与义务、信用证所用条款的定义和有关术语的解释缺乏公认的准则，各国银行根据自身的利益和习惯自行其是，因此信用证的各有关当事人之间的争议和纠纷时常发生。特别是在市场不景气时，进口商和开证银行以单据上某些内容不符要求为借口提出异议，拖延甚至拒绝付款，以致引起司法诉讼。国际商会为了减少因解释不同而引起的争端，调和各有关当事人之间的矛盾，于 1930 年拟订一套《商业跟单信用证统一惯例》（Uniform Customs and Practice for Commercial Documentary Credits）并于 1933 年以国际商会第 82 号出版物的名称正式公布，建议各国银行采用。以后随着国际贸易的变化，国际商会先后对其进行多次修订。目前使用的是 2007 年 1 月起实施的新版本，英文全称为 The Uniform Customs and Practice for Documentary Credits, 2007 revision, ICC Publication No. 600（简称 UCP600）。

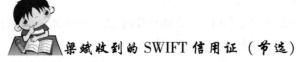梁斌收到的 SWIFT 信用证（节选）

27 SEQUENCE OF TOTAL：   1/1

40A FORM OF DOC. CREDIT：   IRREVOCABLE

20 DOC. CREDIT NUMBER：   WET3678

31C DATE OF ISSUE：   20140425

31D DATE PLACE OF EXPIRY：20140610 CHINA

50 APPLICANT：   OMI INTERNATIONAL INC.

                                 2856 VINCENT ST

                                 DOWNS VIEW, ONTARIO

                                 M5J, 2J4, CANADA

59 BENEFICIARY：   SHANGHAI YIXIN FIREWORKS PRODUCE

                                 IMPORT&EXPORT CORPORATION, 127 ZHONGSHAN

                                 ROAD EAST ONE, SHANGHAI, P. R. OF CHINA

32B AMOUNT CURRENCY：   USD49141，00

39A POS/NEG TOL（%）：   10/10

41D AVAILABLE WITH/BY：   AVAILABLE WITH ANY BANK IN CHINA

                                 BY NEGOTIATION

42C DRAFTS AT：   SIGHT

42D DRAWEE：   CANADIAN IMPERIAL BANK OF COMMERCE

43P PARTIAL SHIPMENTS：   NOT ALLOWED

43T TRANSSHIPMENT：   NOT ALLOWED

44E PORT OF LOADING：   SHANGHAI

44F PORT OF DISCHARGE：   TORONTO

44C LATEST DATE OF SHIP：   20140603

45A SHIPMENT OF GOODS：   FIREWORKS, AS PER S/C NO. CNY3820

                                 CIF TORONTO

46A DOCUMENTS REQUIRED：

+ COMMERCIAL INVOICE IN QUADRUPLICATE

+ FULL SET CLEAN ON BOARD BILLS OF LADING MADE OUT TO SHIPPERS
  ORDER BLANK ENDORSED MARKED FREIGHT PREPAID NOTIFY APPLI-
  CANT

+ INSURANCE POLICY OR CERTIFICATE ISSUED BY PEOPLES INSURANCE COMPANY OF CHINA INCORPORATING THEIR OCEAN MARINE CARGO CLAUSES ALL RISKS AND WAR RISKS FOR 110 PERCENT OF CIF INVOICE VALUE WITH CLAIMS PAYABLE IN CANADA

+ CERTIFICATE OF ORIGIN GSP CHINA FORM A, ISSUED BY THE CHAMBER OF COMMERCE OR OTHER AUTHORITY DULY ENTITLED FOR THIS PURPOSE.

+ DETAILED PACKING LIST IN TRIPLICATE

47A: ADDITIONAL CONDITIONS:

+ THE NUMBER AND THE DATE OF THIS CREDIT AND THE NAME OF OUR BANK

   MUST BE QUOTED ON ALL DRAFTS REQUIRED

+ AN ADDITIONAL FEE OF USD 80.00 OR EQUIVALENT WILL BE DEDUCTED FROM THE PROCEEDS PAID UNDER ANY DRAWING WHERE DOCUMENTS PRESENTED ARE FOUND NOT TO BE IN STRICT CONFORMITY WITH THE TERMS OF THIS CREDIT

47B: DETAILS OF CHARGES:

   ALL BANKING CHARGES OUTSIDE CANADA ARE FOR THE BENEFICIARY'S ACCOUNT AND MUST BE CLAIMED AT THE TIME OF ADVISING

48: PRESENTATION PERIOD:

   WITHIN 15 DAYS AFTER THE DATE OF ISSUANCE OF THE SHIPPING DOCU-MENTS BUT WITHIN THE VALIDITY OF THE CREDIT

49: CONFIRMATION: WITHOUT

9.4.4 信用证的业务流程（以议付信用证为例）

跟单信用证流程介绍如下（见图 9.11）：

① 贸易合同规定使用信用证方式支付货款，这是进口商据以申请开证的基础和前提。

② 进口商填制开证申请书，缴纳押金和手续费，要求开证行开出以出口商为受益人的信用证。

③ 开证行根据开证申请书开出信用证，并要求出口商所在地的分行或代理行（通知行）向出口商通知信用证。

④ 通知行审核信用证的真伪后，将信用证转给出口商。

⑤ 出口商收到信用证后，先审核信用证，若信用证有与合同不符的地方或有不能

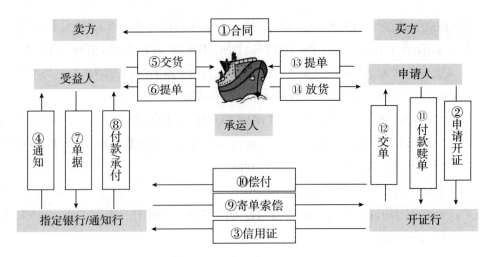

图 9.11 跟单信用证流程图

接受的条款，需要修改信用证。若信用证与合同相符，则出口商要按照信用证的规定办理出口备货、租船订舱、报检、报关等手续，最后将货物装上船交货。

⑥ 装船后出口商取得船公司签发的已装船清洁提单。

⑦ 出口商备齐信用证所要求的各项单据，开出汇票，在信用证有效期内送交议付行要求议付。

⑧ 议付行按信用证条款审核单据无误后，按汇票金额扣除利息和手续费后将货款垫付给出口商。

⑨ 议付行将汇票和单据寄交开证行或指定的付款行索偿。

⑩ 开证行或其指定的付款行审单无误后，向议付行偿付，并通知申请人付款赎单。

⑪ 开证申请人（进口商）审单无误后，向开证行付清货款及其他费用。

⑫ 开证行将信用证项下的单据交给申请人。

⑬ 申请人（进口商）凭单据向承运人提货。

⑭ 承运人放货给进口商。

合同信用证支付条款举例：

买方应通过一个卖方可接受的银行开立不可撤销的即期信用证，并于 4 月底以前送达卖方，该信用证于装船后 15 天内在中国议付有效。

The buyer shall open through a bank acceptable to the seller an irrevocable letter of credit payable at sight which should reach the seller by the end of April and remain valid for negotiation in China until l5 days after the date of shipment.

梁斌的信用证业务结算过程

步骤一：催开信用证。

业务员梁斌与加拿大 OMI 公司签订外销合同后，开始着手与湖南省浏阳市强泰花炮厂谈判，并签订了内销合同。2014 年 4 月 20 日信用证还未开到，于是梁斌写了一封催证函，催促 OMI 国际有限公司尽快开立信用证。

步骤二：申请开立信用证。

加拿大 OMI 公司（开证申请人）接到梁斌发来的催证函后，于 4 月 24 日向其所在地的加拿大帝国商业银行（开证行）索取开证申请书（Application for the letter of credit）并根据合同规定填写，然后将填好的开证申请书递交加拿大帝国商业银行，要求其根据开证申请书的内容向亿鑫公司（受益人）开出一份 SWIFT 信用证。

步骤三：开立信用证并传递给通知行。

加拿大帝国商业银行接到 OMI 公司递交的开证申请后，对 OMI 公司的授信额度和开证申请书上的条件进行审核。经审核帝国商业银行同意开证，但要求 OMI 公司缴纳 19656.4 美元（相当于合同金额的 40%）的押金或相等价值的其他担保品。

在 OMI 公司缴纳押金后，加拿大帝国商业银行根据开证申请书的要求开出信用证，通过 SWIFT 传递给中国银行上海分行（通知行），并请代为通知上海亿鑫公司。

步骤四：通知行通知信用证。

中国银行上海分行收到信用证后，首先审核信用证的真伪，并及时准确向出口商通知信用证。

步骤五：出口商审证。

梁斌收到中国银行上海分行转递的加拿大帝国商业银行开立的信用证后，根据合同的内容和 UCP600 的规定，审核了信用证的金额、货物条款、最晚装运期、信用证有效期、单据要求等信用证条款，并审核该信用证有无软条款。经过认真细致的审核，梁斌认为该信用证没有与合同不符的地方，也没有不可以接受的软条款。

注释：软条款：L/C"软条款"也叫"陷阱条款"，是指在信用证中，含有一个或一些灵活条款，这些灵活条款弹性很大，足以改变信用证的性质或导致信用证业务不能正常进行。

 课堂案例

某进出口商签订的合同规定按不可撤销信用证付款。收到的信用证规定

受益人须提交商业发票及买方会签的商品检验证书。卖方收到信用证后，如期备货装运，货物安全到达目的地。但买方始终未在检验证书上会签，使卖方无法收到货款，后经长期多方交涉，虽然最终追回了货款，但仍受到极大损失。

案例解析：

本案中使受益人无法顺利结汇的原因在于信用证中的软条款，即本案中的客检条款。信用证是纯单据业务，银行审单非常严格，而软条款使出口方能否结汇掌握在进口方或者开证行手中，带有极强的主观性，所以出口人审核信用证时要特别注意信用证中的软条款问题。

步骤六：出口商办理出口备货、租船订舱、保险、报检报关等，最后装船出运。

梁斌接受了信用证后，根据与强泰花炮厂签订的内销合同积极地跟单备货，并根据生产计划，及时办理租船订舱、保险、报关报检等手续。2014年5月18日，货物顺利装船，梁斌取得了已装船清洁提单。

步骤七：制单结汇。

梁斌取得正本提单后，按照信用证的要求缮制了全套单据。根据信用证的规定，交单期为提单日期后的15天内（同时必须在信用证有效期内）。梁斌于2014年5月30日将信用证规定的全套单据连同信用证交给中国银行上海分行（议付行）办理议付。中国银行上海分行收到亿鑫公司交来的单据后，将票据与信用证核对无误后，按照发票金额扣除邮程利息后付款给亿鑫公司。

 技能提示

如果来证对交单期限没有要求，根据UCP600第14条C款的规定，受益人需在不迟于发运日期后21个日历日期内交单，但不得迟于信用证的有效期。

课堂案例

天津A公司向美国某商出口一批货物，合同规定8月份装船，后来国外开来信用证将船期定为8月15日前。但8月15日前无船去美国，A公司立即要求美商将船期延至9月15日前装运。美商来电：同意修改合同，将装船期及信用证有效期顺延一个月。A公司于9月10日装船，15日持全套单据向指定银行办理议付，但被银行以单证不符为由拒绝议付。试问议付行的做法合理吗？

案例解析：

案例中议付行的做法是合理的。因为美商来电同意修改合同，将装船期、信用证有效期延展，但信用证并无修改，A 公司 9 月 10 日的装船提单与信用证 8 月 15 日前的装船日期明显不符，银行拒付是有正当理由的。

步骤八：议付行寄单索偿。

中国银行上海分行（议付行）凭与信用证相符的单据向受益人垫款后，将全套单据寄往加拿大帝国商业银行（开证行）要求偿付自己垫付的款项。

步骤九：开证行偿付。

加拿大帝国商业银行收到中国银行上海分行寄来的单据后立刻审核单据，并在五个银行工作日内（从收到单据翌日起算）向议付行付款。

 **技能提示**

如果开证行发现不符点，而且是实质性不符点，根据 UCP600 第 16 条 A 款规定可以拒绝付款，解除开证行的第一性付款责任，但开证行必须给予交单人一份单独的拒付通知并说明拒付所依据的每一个不符点，留存单据听候交单人进一步指示。

当开证行确定交单不符时，也可以自行决定联系申请人是否愿意放弃不符点，但必须在 5 个银行工作日内做出决定，否则开证行将丧失拒付权利。

步骤十：开证申请人付款赎单。

加拿大帝国商业银行（开证行）在向中国银行上海分行（议付行）偿付后，即可通知 OMI 公司付款赎单。OMI 公司接到通知后，到帝国商业银行审核单据无误后付清全部货款和有关费用（因开证时缴纳 19656.4 美元押金，所付款项应扣除押金本息）。OMI 公司付清款项后，即从帝国商业银行取得全部单据。

9.4.5　信用证的种类

1. 跟单信用证和光票信用证

根据付款凭证的不同，信用证可分为跟单信用证和光票信用证。

（1）跟单信用证（documentary credit）是指凭跟单汇票或单纯凭单据付款、承兑或议付的信用证。所谓"跟单"，大多是指代表货物所有权或证明货物已装运的运输单据、商业发票、保险单据、商检证书、海关发票、产地证书、装箱单等。

（2）光票信用证（clean credit）是指开证行仅凭受益人开具的汇票或简单收据而无须附带单据付款的信用证。光票信用证在国际贸易货款的结算中，主要被用于贸易总公司与各地分公司间的货款清偿，及贸易从属费用和非贸易费用的结算。

2. 不可撤销信用证和可撤销信用证

《UCP500》中根据开证银行的保证责任性质不同，分为不可撤销信用证（irrevocable credit）和可撤销信用证（revocable credit）。UCP600 中取消了可撤销信用证。

不可撤销信用证是指信用证一经通知受益人，在有效期内，非经信用证受益人及有关当事人（即开证行、保兑行）的同意，不得修改或撤销的信用证。

3. 保兑信用证和非保兑信用证

根据有无另一家银行者提供保兑，可分为保兑信用证和非保兑信用证。

（1）保兑信用证（confirmed letter of credit）是指开证行开出的信用证由另一家银行保证兑付的信用证。对于保兑信用证，开证行和保兑行都承担第一性的付款责任，所以这种有双重保证的信用证对于出口商安全收汇是有利的。

（2）非保兑信用证（unconfirmed letter of credit）是指未经另一家银行加具保兑的信用证，即一般的不可撤销信用证。

4. 即期、远期付款信用证和议付信用证

《跟单信用证统一惯例》（UCP600）中规定："一切信用证均须明确表示它是用于即期付款、延期付款、承兑抑或议付。"

（1）即期付款信用证（credit available by payment at sight）是指即期付款信用证。即期信用证要求受益人开立一张即期汇票，连同信用证下规定的单据一起提交到信用证中指定的付款银行，付款银行审单无误后即兑现付款。付款行付款后无追索权。

（2）远期付款信用证（usance credit）是指开证行或付款行在收到符合信用证条款的单据时不立即付款，而是按信用证规定的付款期限到期付款的信用证。远期付款信用证包括承兑信用证、延期付款信用证。

① 承兑信用证（acceptance L/C）

承兑信用证是开证行或付款行在收到符合信用证条款的汇票和单据后，在汇票上做承兑，待汇票到期时才履行付款的信用证。

② 延期付款信用证（deferred payment credit）

这是开证行在信用证上规定受益人交单后若干天付款的信用证。延期信用证在条款中规定不要汇票。

（3）议付信用证（negotiation L/C）是指在信用证内规定可以议付方式使用的信用证。

信用证议付的具体操作方法是：受益人开具汇票，连同单据一起向信用证允许的银行进行议付，议付银行则在审单后扣除垫付资金的利息，将余款付给受益人。然后议付行将汇票与单据按信用证规定的方法交与开证行索偿。

议付行是票据的买入者和后手，如果因单据有问题而遭开证行拒付，其有权向受益人追索票款，这是议付行与付款行的本质区别。

5. 可转让信用证和不可转让信用证

按受益人是否有权将信用证转让给其他人使用，信用证可分为可转让信用证和不可转让信用证。

（1）可转让信用证（transferable L/C）是指信用证的第一受益人，将现存信用证的全部或部分金额转让给第二受益人（通常是货物的最终供货方）使用的信用证。这种信用证经常被中间商当作融资工具使用。

（2）不可转让信用证（non-transferable L/C）是指受益人无权转让给其他人使用的信用证。凡在信用证上没有注明"可转让"字样的信用证，都是不可转让的信用证。

6. 假远期信用证

假远期信用证（usance credit payable at sight）又称远期汇票即期付款信用证，即出口商在货物装船并取得装运单据后，按照信用证规定开具远期汇票，向指定银行即期收回全部货款。对出口商来说，它与即期信用证无区别，但汇票到期时如被拒付则要承担被追索的风险。而进口商却可在远期汇票到期时，才向银行付款并承担利息和承兑费用，实际上它是银行对进口商的一种资金融通。

7. 信用证的其他形式

信用证的其他形式包括循环信用证、带电报索汇条款信用证、预支信用证、对背信用证、对开信用证、当地信用证、备用信用证、红条款信用证和 SWIFT 信用证。

9.5　不同结算方式的综合使用

梁斌在 2014 年 3 月通过阿里巴巴网站得知美国 BEAUTY. CO 需要烟花一批，于是发盘给美国 BEAUTY. CO。

在国际贸易中，一笔交易通常选用一种结算方式。但在实际业务中，为确保安全收付汇，加快资金周转，可根据不同的交易性质，在同一笔交易中同时使用两种或两种以上不同的结算方式，即综合运用。不同结算方式的综合运用可以起到取长补短、相辅相成的作用。

9.5.1　信用证与汇款的结合

信用证与汇款结合是指部分货款采用信用证结算，预付款或余款采用汇款支付，如矿砂、煤炭、粮食等散装货物的交易，进出口双方在合同中约定90%的货款以信用证方式支付，其余10%在货物运抵目的港，经检验合格后，按实际到货数量确定余款，以汇款方式支付。

9.5.2　信用证与托收相结合

这种结合运用是指不可撤销的信用证与跟单托收两种方式的结合，其具体做法是一笔交易的货款部分以信用证付款，其余部分以托收方式结算。在实际运用时，出口人要签发两张汇票，一张用于信用证项下部分的货款凭光票支付，另一张需随附全部规定的单据，按跟单托收处理。这种做法对进口人来说，可减少开证金额，少付开证押金，少垫资金；对出口商来说，虽托收部分有一定的风险，但有部分信用证的保证，等于预收押金，且货运单据跟随托收汇票项下，开证行需等进口人付清全部货款后才能放单，所以出口人的收汇安全就较有保障。

9.5.3　跟单托收与预付押金相结合

采用跟单托收并由进口人预付部分货款或一定比率的押金作为保证。出口人收到预付款或押金后发运货物，并从货款中扣除已收款项，将余额部分委托银行托收。

9.5.4　汇款、托收和信用证的结合

大型机械、成套设备、飞机、轮船等大型交通工具的交易，由于货物金额大、制造生产周期长、检验手段复杂、交货条件严格以及产品质量保证期限长等特点，往往采用两种或两种以上不同的结算方式。如：预付货款部分以汇款方式结算，大部分货款以信用证方式结算，尾款部分以托收方式结算。

课堂案例

甲国A公司出口机电设备给乙国的B公司。为了收汇安全，A公司希望B公司预付货款，而B公司为了保证能收到货物，希望采用托收的结算方式。双方需要寻找一种较为平衡的结算方式。考虑到信用证结算费用较高，他们不打算使用信用证结算方式。试问：在这种情况下，怎样结合不同的结算方式？

案例解析：

可以采用部分货款采用预付款方式部分货款采用D/P方式收取。

梁斌的支付方式选择

2014 年 3 月梁斌发盘给美国 BEAUTY. CO，在发盘中提出支付方式为：T/T in advance。发盘信发出后，很快收到回复，美国 BEAUTY. CO 在回复函中明确表示不接受梁斌提出的支付方式，希望通过 D/P 即期方式支付。梁斌非常希望争取到这个客户，但是考虑到对客户的资信不了解，最后梁斌提出采用 T/T 与托收相结合的支付方式。要求客户先预付 30% 的货款，其余的货款采用 D/P 即期。双方经过协商最终达成了一致。

《审核跟单信用证项下单据的国际标准银行实务》

《审核跟单信用证项下单据的国际标准银行实务》，英文简称 ISBP。2000 年 5 月，国际商会银行技术与惯例委员会设立了一个工作组，负责将使用 UCP500 项下审核单据的国际标准银行实务做法整理成文，以 ISBP645 名义出版。ISBP645 反映了跟单信用证项下各方当事人所遵循的国际标准银行实务做法，它提供了一套审核使用 UCP500 的信用证项下单据的国际惯例，对于各国正确理解和使用 UCP500、统一和规范各国信用证审单实务、减少拒付争议的发生具有重要的意义。

当然 ISBP 并非一个"新"规则，仅仅是对 UCP 条文的细化及澄清。为了配合 UCP600 的实施，国际商会同时对 ISBP645 进行了有针对性的修改，修订本为第 681 号出版物，简称 ISBP681。在修订过程中对如何处理 UCP600 与 ISBP 之间的关系存在许多不同意见，最终采纳了经各国家委员会投票后的多数意见。ISBP 作为 UCP 的必要补充以及银行审核单据的重要依据，仍然单独存在。

本章小结

国际货款结算需要一定的工具，国际贸易结算中主要的支付工具是现金和票据。现金在国际结算中占比较小，国际结算主要采用票据作为支付工具。票据主要可分为汇票、本票和支票三种，其中主要使用的是汇票。

在国际货款结算中主要的支付方式有三种（如下图所示）：

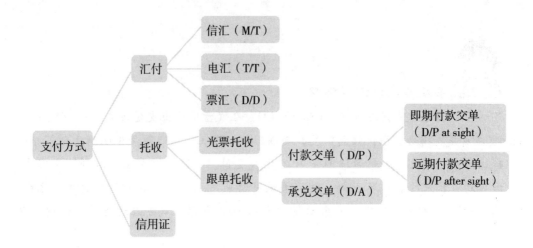

综合训练

一、单项选择题

1. 汇票有即期汇票和远期汇票之分，在承兑交单（D/A）业务中，（　　）。

A. 只使用远期汇票，不使用即期汇票

B. 只使用即期汇票，不使用远期汇票

C. 既不使用即期汇票，也不使用远期汇票

D. 既可使用即期汇票，也可使用远期汇票

2. 某商号签发一张汇票，以银行为受票人，则这张汇票是（　　）。

A. 银行汇票　　　　　　　　　　B. 商业汇票

C. 有时是商业汇票，有时是银行汇票　　D. 不确定

3. 下列关于本票的表述正确的是（　　）。

A. 本票的基本当事人为出票人、付款人、收款人

B. 未记载付款地的本票无效

C. 我国票据法上的本票包括银行本票和商业本票

D. 本票无须承兑

4. （　　）是签发本票的人也是付款人。

A. 收款人　　　　　B. 受票人　　　　　C. 出票人　　　　　D. 背书人

5. T/T、M/T 和 D/D 的中文含义分别是（　　）。

A. 信汇、票汇和电汇　　　　　　　B. 电汇、票汇和信汇

C. 电汇、信汇和票汇　　　　　　　D. 票汇、信汇和电汇

6. 接受汇出行的委托将款项解付给收款人的银行是（　　）。

A. 托收行　　　　　B. 汇入行　　　　　C. 代收行　　　　　D. 转递行

7. D/P. T/R 是指（　　）。

A. 付款交单   B. 承兑交单

C. 付款交单凭信托收据借单   D. 承兑交单凭信托收据借单

8. 代收行的责任之一是（   ）。

A. 审核单据内容   B. 执行托收行指示

C. 服从付款人指示   D. 保证付款人付款

9. 在下列支付方式中对进口商最为有利的是（   ）。

A. 信用证   B. 承兑交单   C. 全额前 T/T   D. 付款交单

10. D/P at sight 是指（   ）。

A. 远期承兑交单   B. 远期付款交单

C. 即期付款交单   D. 即期承兑

11. 信用证经保兑后，保兑行（   ）。

A. 只有开证行没有能力付款时，才承担付款责任

B. 与开证行一样承担第一性付款责任

C. 需和开证行商议双方各自的责任

D. 只有在买方没有能力付款时，才承担付款责任

12. 信用证的第一付款人是（   ）。

A. 进口人   B. 议付行   C. 开证行   D. 通知行

13. 国际贸易的货款结算可以采用多种支付方式，其中建立在银行信用基础上的方式是（   ）。

A. 电汇   B. 票汇   C. 托收   D. 信用证

14. 在信用证方式下银行保证向信用证受益人履行付款责任的条件（   ）。

A. 受益人按期履行合同

B. 受益人按信用证规定交货

C. 受益人提交严格符合信用证要求的单据

D. 开证申请人付款赎单

15. 本票和支票的付款人分别为（   ）。

A. 出票人、银行   B. 出票人、承兑人

C. 出票人、企业   D. 付款人、银行

16. 国际货物买卖使用托收方式，委托银行收取货款使用的汇票（   ）。

A. 商业汇票属于商业信用   B. 银行汇票属于银行信用

C. 商业汇票属于银行信用   D. 银行汇票属于商业信用

17. 承兑是（   ）对远期汇票表示承担到期付款责任的行为。

A. 付款人   B. 收款人   C. 出口人   D. 开证银行

18. 信用证是开证行开给（   ）。

A. 收款人   B. 付款人   C. 运输人   D. 议付银行

19. 电开本信用证一般用（   ）方式传递。

A. 航空快件   B. 邮寄

C. 电信   D. 各种方式都可以

20. 信用证规定到期日为 2006 年 10 月 30 日但未规定最迟装运期，则可理解为
（   ）。

A. 最迟装运期为 2006 年 10 月 10 日

B. 最迟装运期为 2006 年 10 月 16 日

C. 最迟装运期为 2006 年 10 月 30 日

D. 该信用证无效

二、多项选择题

1. 在国际贸易中主要的支付方式有（   ）。

A. 预付   B. 汇付   C. 托收   D. 信用证

2. 信用证内容有（   ）。

A. 货物的描述   B. 货物运输的说明

C. 单据的要求   D. 特殊条款

3. 国际货款结算工具的主要分类是（   ）。

A. 支票   B. 汇票   C. 外币现钞   D. 票据

4. 信用证支付方式的特点是（   ）。

A. 开证行负首要付款责任   B. 信用证是一种商业信用

C. 信用证是一种自足文件   D. 信用证是一种单据买卖

5. 对于信用证与合同的关系，表述正确的是（   ）。

A. 信用证的开立以买卖合同为依据

B. 信用证的履行不受买卖合同的约束

C. 有关银行只根据信用证的规定办理信用证业务

D. 合同是审核信用证的依据

6. （   ）是信用证关系中必须存在的。

A. 保兑行   B. 通知行   C. 开证行   D. 受益人

7. 票据有（   ）三个基本关系人。

A. 出票人   B. 付款人   C. 受票人   D. 持票人

8. 汇付方式的基本当事人有（   ）。

A. 汇款人   B. 收款人   C. 汇入行   D. 汇出行

9. 国际贸易的货款结算，可以采用多种支付方式，其中建立在商业信用基础上的
有（   ）。

A. 汇付　　　　　B. 托收　　　　　C. 信用证　　　　D. 备用信用证

10. 托收方式的主要当事人由（　　　）组成。

A. 委托人　　　　B. 付款人　　　　C. 托收行　　　　D. 代收行

三、判断题

1. 汇票、本票、支票都可分为即期和远期两种。（　　　）

2. 在我国签发空头支票无须承担法律责任。（　　　）

3. 在票汇方式下，买方购买银行汇票径寄卖方，因采用的是银行汇票，故这种付款方式为银行信用。（　　　）

4. 汇票和票汇的区别是：前者是支付工具，后者是支付方式。（　　　）

5. 汇付是逆汇的一种。（　　　）

6. 在托收业务中，银行虽不保证付款的责任但却有检查单据内容的义务。（　　　）

7. 在承兑交单的情况下，是由代收行对汇票进行承兑后，向进口人交单。（　　　）

8. 所谓光票托收就是汇票不附有任何单据，若附有单据的都是跟单托收。（　　　）

9. 汇付（remittance），又称汇款是国际贸易支付方式之一，也是最简单的国际货款支付方式。（　　　）

10. 信汇是指汇出行根据汇款人的申请通过拍发加押电报或加押电传或环球银行间金融电信网络（SWIFT）的方式，指示汇入行解付特定款项给指定收款人的汇款方式。（　　　）

11. 根据惯例，信用证未注明可否撤销应视为不可撤销；未注明可否转让应视为可以转让。（　　　）

12. 在信用证支付方式下，开具汇票的依据是信用证，而在托收和汇付方式下，开具汇票的依据是买卖合同。（　　　）

13. 出口商采用 D/P 30 天比采用 D/A 30 天的风险大。（　　　）

14. 信用证一经开出，就是独立于合同外的另一种契约。（　　　）

15.《跟单信用证统一惯例》本身并不是一项有约束性的法律文件，只有信用证上注明根据该惯例处理，该信用证才受该惯例的规定和解释的约束。（　　　）

四、名词解释

汇票	本票
支票	汇付
托收	信用证
付款交单	承兑交单
议付	背书

五、简答题

1. 汇票的使用主要包括哪些手续？

2. 信用证的主要特点括哪些?

六、操作题

1. 宁波宏远外贸公司与德国的 GLOBAL PTY., LTD. 达成一笔出口 22000.00 欧元手套的交易，双方在合同中约定的付款方式为 D/A 60 DAYS AFTER BL DATE，代收行为 COMMERZBANK FRANKFURT。宁波宏远外贸公司于 2011 年 11 月 10 日将合同规定的货物装上船，委托浙江商业银行办理托收。

请问：(1) 该笔托收如何进行操作?(2) GLOBAL PTY., LTD. 支付货款的日期是哪一天?

2. 买方向台湾的卖方购买一批货物，以信用证为支付工具。信用证特别写明要求提供"检验证书"。卖方提交了检验人员出具的证明书，证明他们检查了货物的数量和内容，并监督了随后的装箱。银行将该证明书作为符合信用证要求的单据接受下来。然而货物经电器测试后，发现有缺陷，这些缺陷不是凭视觉能够察看出来的。

请问：买方能否以银行疏忽为由提出索赔?

第 10 章　装船出运与制单结汇

2014 年 5 月上海亿鑫烟花制品进出口公司与 OMI 公司签订的合同项下的货物临近交货期了，梁斌忙着办理该笔货物的装船出运的相关事宜：

5 月 11 日，强泰花炮厂按照亿鑫公司指示把货物运到货运代理公司指定仓库。

5 月 12 日，接受检验检疫局的商品检验并取得通关单。

5 月 17 日，上海海关放行该批货物。

5 月 18 日，货物顺利装船，梁斌向 OMI 公司传真发出装船通知。

5 月 19 日，货代公司将船公司签发的提单正本交给亿鑫公司。

5 月 20 日，根据信用证的要求，梁斌开始缮制并审核所有结汇单据。

5 月 30 日，梁斌向中国银行上海分行交单结汇。

请思考：

1. 装船出运的流程是怎样的？

2. 结汇的单据有哪些？

3. 结汇单据的缮制要求有哪些？

4. 交单结汇的期限是什么时候？

10.1　装船出运

梁斌委托的大通货运代理公司已经办理好托运事宜，待梁斌报关取得放行条后，大通货运代理公司将货物交给船公司，并顺利装船，取得了正本海运提单。

货物装船出运的流程如下所述：

1. 海关查验放行后，出口方将货物发运到港区内指定仓库或货场，准备装船。

2. 货运代理公司或托运人凭海关放行条把货物交给船代，船代收齐放行条，到海关船关科打印舱单，等待装船。

3. 船公司缮制提单后发给货代公司审核。

4. 货代公司审核无误后把提单传给出口商确认，待收到出口商确认后，货代把提单资料再发给船公司出提单。

5. 货物装船。

6. 托运人向收货人发出装船通知。

7. 船公司把正本提单发给货代公司。

8. 托运人缴纳所有费用后，货代公司把正本提单交给出口商。

注释： 装船通知也叫装运通知，是出口商在货物装船后发给进口方的包括货物详细装运情况的通知，如成交条件为 FOB/FCA、CFR/CPT 等还需要向进口国保险公司发出该通知以便其为进口商办理货物保险手续。该通知副本常作为向银行交单议付的单据之一。

梁斌发出的装船通知和收到的海运提单

货物装船后，梁斌立即向加拿大客户发出了装船通知（shipping addvice），以便对方准备付款赎单、进口报关和接货。

上海亿鑫烟花制品进出口公司

SHANGHAI YIXIN FIREWORKS PRODUCE IMPORT&EXPORT CORPORATION

127 Zhongshan Road East One，Shanghai P. R. of China

装 船 通 知
SHIPPING ADVICE

DATE：MAY 18, 2014

INVOICE NO.：73-236-2465

L/C NO.：WET3678

TO：OMI INTERNATIONAL INC.

2856 VINCENT ST. DOWNS VIEW，ONTARIO M5J，2J4，CANADA

1. DATE OF SHIPMENT	: MAY 18，2014
2. NUMBER OF B/L	: CAN-103014
3. NAME OF SHIPPING COMPANY	: KEWA SHIPPING CO.，LTD.
4. NAME OF VESSEL	: PUSAN SENATOR
5. QUANTITY	: 1950 CARTON
6. WEIGHT	: N. W. 36445KGS
	G. W. 38395KGS
7. DESCRIPTION OF GOODS	: FIREWORKS
8. SHIPPING MARKS AND NUMBERS	:　　OMI
	TORONTO
	CTNS/NOS1-1950
9. NUMBER OF CONTAINER	: CYLU2215087
	DRTY7764568
10. PORT OF LOADING	: SHANGHAI
11. PORT OF DISCHARG	: TORONTO

SHANGHAI YIXIN FIREWORKS
PRODUCE IMPORT & EXPORT
CORPORATION

梁 斌

　　货物装船后，梁斌缴纳了所有费用，随后收到了货代公司转来的海运提单（参见第 6 章图 6.3）。

10.2　信用证项下的制单结汇

　　货物装船并获得提单后，梁斌开始根据信用证的要求，缮制和审核所有结汇单据。梁斌仔细阅读了信用证的单据要求：

46A DOCUMENTS REQUIRED：

+ COMMERCIAL INVOICE IN QUADRUPLICATE（商业发票一式四份）

+ FULL SET CLEAN ON BOARD BILLS OF LADING MADE OUT TO ORDER OF SHIP-PER BLANK ENDORSED MARKED FREIGHT PREPAID NOTIFY APPLICANT.

（全套已装船清洁提单，做成凭托运人指示，空白背书，表明运费预付，通知开证申请人）

+ INSURANCE POLICY OR CERTIFICATE ISSUED BY PEOPLES INSURANCE COM-
PANY OF CHINA INCORPORATING THEIR OCEAN MARINE CARGO CLAUSES
ALL RISKS AND WAR RISKS FOR 110 PERCENT OF CIF INVOICE VALUE WITH
CLAIMS PAYABLE IN CANADA

（中国人民保险公司签发的保险单或者保险凭证，按照发票金额的110%投保一
切险和战争险，在加拿大赔付）

+ CERTIFICATE OF ORIGIN GSP CHINA FORM A，ISSUED BY THE CHAMBER OF
COMMERCE OR OTHER AUTHORITY DULY ENTITLED FOR THIS PURPOSE.

（普惠制产地证格式 A，由商会或为此目的而正式授权的主管机关签发）

+ DETAILED PACKING LIST IN TRIPLICATE （详细的装箱单一式三份）

10.2.1 缮制单据

现代国际贸易绝大部分采用凭单交货、凭单付款的象征性交货方式。卖方以提交规定的单据作为其履行交货义务的象征和收取货款的依据，买方凭合格的单据履行其付款义务。因此，单据在国际贸易中越发显得重要。

1. 信用证制单的基本要求

货物装运后，无论采用何种支付方式，出口方都应立即缮制各种单据并汇总。一般而言，制作单据有以下几个基本要求：

（1）正确：单据不正确就不能安全收汇。在信用证结算方式下，要求做到单证一致和单单一致，即单据内容要跟信用证的有关规定一致，同时单单之间也不能相互矛盾；在汇付和托收结算方式下，要求做到单证一致和单单一致。

（2）完整：包括单据内容的完整和单据种类以及提交份数的完整。虽然单证一致，单单一致，但是就单据本身而言，合同和信用证的规定并不能包含全部，所以制单时单据内容一定要完整，而且要符合商业习惯。

（3）及时：出口所涉及的单据有时多达数十种，各个环节都是以单据为纽带，单据工作不及时就会严重影响相关环节和部门的工作。因此单据工作要及时，要及时出单及时交单。

2. 常见的结汇单据

常用的出口单据大致可分为四类：

（1）资金单据，如汇票、本票、支票等；

（2）商业单据，如商业发票、运输单据、保险单据、装箱单等；

（3）官方单据，如产地证明、检验证书、许可证等；

（4）其他证明，如船籍或船龄的证明、受益人证明等。

梁斌的结汇单据

根据信用证 46A DOCUMENTS REQUIRED 的要求，梁斌的结汇单据包括：

（1）商业发票

商业发票（commercial invoice）是出口方向进口方开列的发货价目清单，是买卖双方记账的依据，也是进出口报关交税的总说明。商业发票是一笔业务的全面反映，内容包括商品的名称、规格、价格、数量、金额、包装等，同时也是进口商办理进口报关不可缺少的文件，因此商业发票是全套出口单据的核心，在单据制作过程中，其余单据均需参照商业发票缮制。

上海亿鑫烟花制品进出口公司

SHANGHAI YIXIN FIREWORKS PRODUCE IMPORT & EXPORT CORPORATION

127 Zhongshan Road East One, Shanghai P. R. of China

COMMERCIAL   INVOICE

INV. NO.：73-236-2465
DATE：APR. 04, 2014
S/C NO.：CNY3820
L/C NO.：WET3678

TO：
    OMI INTERNATIONAL INC.
    2856 VINCENT ST.
    DOWNS VIEW, ONTARIO
    M5J, 2J4, CANADA

FROM：SHANGHAI		TO：TORONTO	BY：VESSEL	
MARKS & NOS.	DESCRIPTION OF GOODS	QUANTITY	UNIT PRICE	AMOUNT
OMI TORONTO CTN/NOS1-1950	FIREWORKS T97 T70X H10X F13	800CTNS 650CTNS 300CTNS 200CTNS	USD 22.20/ CTN USD 24.38/ CTN USD 24.38/ CTN USD 41.10/ CTN	CIF TORONTO USD 17760.00 USD 15847.00 USD 7314.00 USD 8220.00
		1, 950CTNS		USD 49141.00

TOTAL AMOUNT：
SAY U. S. DOLLARS FORTY-NINE THOUSAND ONE HUNDRED AND FORTY-ONE ONLY

SHANGHAI YIXIN FIREWORKS PRODUCE IMPORT&EXPORT

CORPORATION   梁斌

（2）海运提单

海运提单是承运人收到货物后出具的货物收据，也是承运人所签署的运输契约的证明，提单还代表所载货物的所有权，是一种具有物权特性的凭证。（参见第 6 章图 6.3）

（3）保险单

保险单（insurance policy）简称为保单，是保险人与被保险人订立保险合同的正式书面证明。保险单必须完整地记载保险合同双方当事人的权利义务及责任。保险单记载的内容是合同双方履行的依据，保险单是保险合同成立的证明。

中保财产保险有限公司
The people's Insurance（Property）Company of China, Ltd. PICC PROPERTY

发票号码
Invoice No. 73-236-2465

保险单号次
Policy No. 8897524

海 洋 货 物 运 输 保 险 单
MARINE CARGO TRANSPORTATION INSURANCE POLICY

被保险人：
Insured： SHANGHAI YIXIN FIREWORKS PRODUCE IMPORT&EXPORT CORPORATION

中保财产保险有限公司（以下简称本公司）根据被保险人的要求，及其所缴付约定的保险费，按照本保险单承担别和背面所载条款与下列特别条款承保下列货物运输保险，特签发本保险单。

This policy of Insurance witnesses that The People's Insurance（Property）Company of China, Ltd.（hereinafter called "The Company"）, at the request of the Insured and in consideration of the agreed premium paid by the Insured, undertakes to insure the under mentioned goods in transportation subject to the conditions of this Policy as per the Clauses printed overleaf and other special clauses attached hereon.

保险货物项目 Descriptions of Goods	包装 单位 数量 Packing Unit Quantity	保险金额 Amount Insured
FIREWORKS	1,950CTNS	USD54,056.00

承保险别：
Conditions：
ALL RISKS AND WAR RISKS FOR 110 PERCENT OF CIF INVOICE
VALUE WITH CLAIMS PAYABLE IN CANADA

货 物 标 记
Marks of Goods
OMI
TORONTO
CTNS/NOS1-1950

总保险金额：
Total Amount Insured： U. S. DOLLARS FIFTY FOUR THOUSAND AND FIFTY SIX ONLY.

保费　As arranged　　载运输工具　　　　　　　　　　　开航日期
Premium　　Per conveyance S. S PUSAN SENATOR　　Sig. on or abt MAY 18，2014

起运港　　　　　　　　　　　目的港
From　　SHANGHAI　　　　To　　　TORONTO

所保货物，如发生本保险单项下可能引起索赔的损失或损坏，应立即通知本公司下述代理人查勘。如有索赔，应向本公司提交保险单正本（本保险单共有　　　份正本）及有关文件。如一份正本已用于索赔，其余正本则自动失效。

In the event of loss or damage which may result in a claim under this Policy, immediate notice must be given to the Company's Agent as mentioned hereunder. Claims, if any, one of the Original Policy which has been issued in ONE Original(s) together with the relevant documents shall be surrendered to the Company, If one of the Original Policy has been accomplished, the others to be void.

SETTLING AGENT： -----------

中保财产保险有限公司

THE PEOPLE'S INSURANCE（PROPERTY）
COMPANY OF CHINA LTD.

赔款偿付地点
Claim payable at　　　　CANADA

日期　　　　　　　　　　　　　　　　　在
Date　　MAY 18，2014　　　　　　　at　　　　SHANGHAI

Address：

(4) 普惠制原产地证明书格式 A

普惠制原产地证明书（generalized system of preference），简称普惠制（GSP），是指发达国家给予发展中国家或地区在经济、贸易方面的一种非互利的特别优惠待遇。即发展中国家向发达国家出口制成品或半制成品时，发达国家对发展中国家予以免征或减征关税。

<table>
<tr>
<td colspan="4">1. Goods consigned from（Exporter's business name，address，county）
SHANGHAI YIXIN FIREWORKS PRODUCE
IMPORT&EXPORT CORPORATION
127 Zhongshan Road East One，Shanghai P. R. of China</td>
<td colspan="2">Reference No.

GENERALIZED SYSTEM OF PREFERENCES
CERTIFICATE OF ORIGIN
（Combined declaration and certificate）</td>
</tr>
<tr>
<td colspan="4">2. Goods consigned to（Consignee's name，address，country）
OMI INTERNATIONAL INC.
2856 VINCENT ST. DOWNS VIEW，ONTARIO M5J，2J4，CANADA</td>
<td colspan="2">FORM A
issued in <u>THE PEOPLE'S REPUBLIC OF CHINA</u>
（COUNTRY）

See Notes overleaf</td>
</tr>
<tr>
<td colspan="4">3. Means of transport and route（as far as known）
ON/AFTER MAY 18，2014 FROM SHANGHAI TO TORONTO BY SEA</td>
<td colspan="2">4. For official use</td>
</tr>
<tr>
<td>5. Item number</td>
<td>6. Marks and numbers of packages</td>
<td>7. Number and kind of packages；description goods</td>
<td>8. Origin criterion（see Notes overleaf）</td>
<td>9. Gross weight or other quantity</td>
<td>10. Number and date of invoices</td>
</tr>
<tr>
<td>01</td>
<td>OMI
TORONTO
CTN/NOS
1 – 1950</td>
<td>ONE THOUSAND NINE HUNDRED AND FIFTY（1950）CTNS OF FIREWORKS
＊＊＊＊＊＊＊＊＊＊＊＊＊</td>
<td>"P"</td>
<td>G. W.
38395 KGS</td>
<td>APRIL 04，2014</td>
</tr>
<tr>
<td colspan="3">11. Certification
It is hereby certified，on the basis of control carried out，that the declaration by the exporter is correct.

Place and date，signature and stamp of certifying authority.</td>
<td colspan="3">12. Declaration by the exporter
The undersigned hereby declares that the above details and statements are correct；that all the goods were produced in <u>CHINA</u>
（country）

and that they comply with the origin requirements specified for those goods in the Generalized System of Preferences for goods exported to <u>CANADA</u>
（importing country）

<u>SHANGHAI MAY 16,2014</u>
Place and date，signature of authorized signatory.</td>
</tr>
</table>

(5) 装箱单

装箱单是发票的补充单据，它列明了信用证（或合同）中买卖双方约定的有关包装事宜的细节，便于国外买方在货物到达目的港时供海关检查和核对货物，通常可以将其有关内容加列在商业发票上，但是在信用证有明确要求时，就必须严格按信用证约定制作。

上海亿鑫烟花制品进出口公司

SHANGHAI YIXIN FIREWORKS PRODUCE IMPORT & EXPORT CORPORATION

127 Zhongshan Road East One, Shanghai P. R. of China

PACKING LIST

INV. NO.：73-236-2465

DATE：APR. 04, 2014

S/C NO.：CNY3820

TO:

OMI INTERNATIONAL INC.

2856 VINCENT ST.

DOWNS VIEW, ONTARIO

M5J, 2J4, CANADA

MARKS & NOS.

OMI

TORONTO

CTN/NOS1-1950

DESCRIPTION OF GOODS	PACKING	N. W. (KGS)	G. W. (KGS)	MEASUREMENT (M³)
FIREWORKS				
T97	800CTNS	15200	16000	48
T70X	650CTNS	15145	15795	31. 2
H10X	300CTNS	3900	4200	10. 8
F13	200CTNS	2200	2400	17. 4
TOTAL:	1950CTNS	36445	38395	107. 4

PACKED IN ONE THOUSAND NINE HUNDRED AND FIFTY CTNS ONLY.

SHANGHAI YIXIN FIREWORKS PRODUCE

IMPORT & EXPORT CORPORATION

---

(6) 汇票

除了信用证要求的单据外，出口商到银行交单时还要开立汇票。

```
NAME OF ISSUING BANK: CANADIAN IMPERIAL BANK OF COMMERCE
                          BILL OF EXCHANGE
凭            CANADIAN IMPERIAL BANK OF COMMERCE          信用证          WET3678
Drawn Under                                              L/C No.

日期                                 支 取                   按    息    付款
Date        APR,25,2014            Payable   With          interest     @      %

号码                  汇票金额                          上海         年  月  日
No.   73-236-2465   Exchange for    USD49,141.00   Shanghai        2014-5-19

        见票                日 后(本 汇 票 之 副 本 未 付)
        at      ***       sight of this FIRST of Exchange (Second of Exchange Being unpaid)

    Pay to the order of
    付 交    指定人          BANK OF CHINA，SHANGHAI BRANCH

金额
the sum of    SAY U.S.DOLLARS FORTY-NINE THOUSAND ONE HUNDRED AND FORTY-ONE ONLY

此致                                         SHANGHAI YIXIN FIREWORKS PRODUCE
To    CANADIAN IMPERIAL BANK OF COMMERCE    IMPORT&EXPORT CORPORATION

                                            梁斌
```

10.2.2　信用证项下的交单结汇

1. 信用证的交单期

凡信用证都有一个"有效期"（信用证到期日），其含义是在这个约定日期前信用证有效，否则信用证将失效。这里还有另一层含义，那就是受益人最迟交单日期无论如何不能迟于信用证的有效期，即受益人必须在信用证的有效期内交单。

信用证中除了规定信用证有效期外，通常还会规定一个 period for presentation（交单日期），通常交单期规定为运输单据出具后的 7～15 天。这种情况下，受益人的交单日期必须同时受到信用证有效期和信用证规定的交单日期的约束。

即问即答 ◆━━━━━━━━━━━━━━━━━━━━━━━━━━━━━━◆

　　信用证的到期日为 12 月 31 日，最迟装运期为 12 月 15 日，最迟交单日期为运输单据出单后 15 天，出口人备妥货物安排出运的时间是 12 月 10 日，则出口人最迟应于什么时候向银行交单议付？

技能提示

　　UCP600 第 14 条 C 款规定：凡要求提交运输单据的信用证，尚应规定一个在装运日后必须按信用证规定交单的特定期限。如未规定该期限，银行将不接受迟于装运日

期后 21 天提交的单据。但无论如何，提交单据不得迟于信用证的到期日。

即问即答 ••••••••

　　我国某公司与外商签订一份 CIF 出口合同，以 L/C 为支付方式。国外银行开来的信用证中规定："信用证有效期到 6 月 10 日，最迟装运期为 5 月 31 日。"我方加紧备货出运，于 5 月 21 日取得正本已装船清洁提单。我方应不迟于哪天向银行提交单据？

2. 信用证的交单地点

　　L/C 规定的到期地点实际上就是交单地点，信用证的交单地点涉及交单时间和信用证有效期的掌握。如果到期地点在出口国，出口商只要在交单期和有效期内将单据交到出口地银行即可，而不管开证行收到单据时是否已经超过有效期。我国的出口业务中，如使用 L/C 支付，L/C 的到期地点通常都规定在我国到期，这对我国出口商较为有利。如：This L/C is valid for negotiation in China until September 30th, 2012。

技能提示

　　UCP600 对交单地点的规定：可在其处兑用信用证的银行所在地即为交单地点。可在任一银行兑用的信用证，其交单地点为任意银行所在地。除规定的交单地点外，开证行所在地也是交单地点。

即问即答 ••••••••

　　我国某出口公司收到日本银行开来的信用证，信用证中规定 This L/C is valid for negotiation in Japan until September 30th, 2012。请问该信用证条款能接受吗？为什么？

课堂案例

　　我国某公司向意大利出口一批货物，意大利开来的 L/C 中规定："有效期：2013 年 4 月 15 日于中国，最晚装船期：2013 年 3 月 31 日。单据须于装运日后 21 天内寄达我行。"货物于 3 月 13 日装运完毕，提单签发日为 3 月 13 日，由于准备其他单据耽搁了时间，我国公司于 3 月 25 日向议付行交单议付，议付行即向开证行寄单，开证行于 4 月 6 日收到单据。结果开证行以逾期交单为由拒付货款。

请问：开证行拒付有理吗？

案例解析：

开证行拒付是有理的。案例中我国公司原以为 3 月 25 日向议付行交单议付是符合 L/C 要求的，因为 3 月 25 日并没有超过装运日后的 21 天。但 L/C 中又规定单据须于装运日后 21 天内寄达开证行，这等于将 4 月 15 日的有效期的地点否定了，变成有效期的地点在国外开证行，这是互相矛盾的规定。我国公司的失误在于审查 L/C 的交单期时忽视了交单地点，最终没有提出修改 L/C 而遭受损失。

3. 信用证出口交单结汇的方式

当前，我国出口结汇主要有三种方法，即出口押汇、收妥结汇和定期结汇。

（1）出口押汇

又称买单结汇或议付，是指议付行在审核受益人所交单据无误的情况下，按信用证的条款买入受益人的汇票和单据，并按照票面金额扣除从议付日到估计收到票款之日的利息，将净数按议付日外汇牌价折成人民币，拨入受益人账户，议付行即可凭汇票向信用证的付款行索取票款。

受益人交单议付时，必须提交与信用证相符的单据。根据 UCP600 的规定，所谓相符交单，指与信用证条款、UCP600 的相关适用条款以及国际标准银行实务（ISBP）一致的交单。

注释： 出口押汇实际上是议付行应出口商的要求，向其提供的以出口单据为抵押的资金融通。

（2）收妥结汇

又称为"先收后结"，是指议付行收到受益人单据，审核无误后，将单据寄给国外付款行，待收到付款行货款后，再按当日外汇牌价折成人民币拨入受益人账户。

（3）定期结汇

是指议付行在收到受益人提交的单据审核无误后，将单据寄给国外付款行索偿，并于交单日事先规定一定的结汇时间，到期后，由银行将货款外汇折成人民币交付给受益人。

梁斌的出口押汇业务

上海亿鑫烟花制品进出口公司与加拿大 OMI 国际有限公司的业务已接近尾声，业务员梁斌备齐单据后，填写《出口押汇申请书》，向中国银行提出融资申请，并将信用证或贸易合同要求的所有单据提交银行。中国银行审核相关单据后，与亿鑫烟花制品

进出口公司签订出口押汇合同，之后将出口押汇款项扣除押汇利息、议付费及其他应收费用后将押汇款发放亿鑫烟花制品进出口公司。

梁斌缮制的出口押汇申请书：

致：　<u>中国</u>　银行　<u>上海</u>　分行

兹附来　<u>WET3678</u>　信用证项下单据一套，发票号：73-236-2465

金额（大写）U. S. DOLLARS FORTY-NINE THOUSAND ONE HUNDRED AND FORTY -ONE ONLY

请根据贵行现行规定办理出口押汇业务。

我公司保证按双方签署的"出口押汇协议书"和"出口质押总质权书"条文规定承担相关责任和义务，贵行保留出口押汇款项及相关利息、费用的追索权。

申请人：上海亿鑫烟花制品进出口公司

法定授权人签字：梁斌

2014 年 5 月 20 日

10.2.3　电汇和托收项下的交单结汇

1. 出口电汇业务的交单结汇

出口电汇业务必须按出口销售合同的规定制单，单证的内容要做到正确简洁，排列要行次整齐，重点项目突出醒目。单据的种类和份数应根据实际业务的需要出具。出口电汇业务不需要开立汇票。

若是前 T/T 结算方式，出口商在装运前已全部收到进口商电汇的合同金额。在装运后，出口商直接把包括海运提单在内的所有单据寄给进口商，或指示船公司把提单电放给进口商。

如果是后 T/T 结算方式，出口商一般先将海运提单用传真发送至买方，证明货物已装船。买方确认货物装船后，办理电汇支付手续，出口商收到货款后将正本提单寄给买方，买方获取全套正本单据后提货。

2. 托收业务的交单结汇

在托收业务中，出口商必须按照出口销售合同的要求制作单据。根据《托收统一规则》，银行只提供服务，不提供信用。既无保证付款人必须付款的责任，也无检查审核货运单据是否齐全、是否符合买卖合同的义务。因此，托收出口业务必须严格按照出口合同规定的条件装运货物并制作单据，以防买方寻找借口拒付货款。对于资信欠佳或诚信度缺乏了解的客户，应采取部分托收与部分信用证相结合的支付方式，以确保货款的收汇安全。

托收业务中出口商向银行提交的出口托收委托书范例：

中国建设银行
China Construction Bank
Zaozhuang Branch

出口托收委托书

致：中国建设银行　　　　　　分行：

兹随附下列出口托收单据一套，请按国际商会《托收统一规则》（第522号出版物）办理托收业务。

代收行（Collecting Bank）	委托人
名称：THE BANK OF TOKYO-MITSUBISHI, LTD. 地址：2-10-22 KAYATO BLDG 4F，AKEBONOCHO TACHKAWA SHI，TOKYO	上海亿鑫烟花制品进出口公司 上海市中山路120号 电话：86-21-63218467
付款人（Drawee） 名称：SUN EXPORT AND IMPORT COMPANY 地址：P. O. BOX 1589，NAGOYA，JAPAN 电话：81-3-934-8677	托收金额 JPY 5680000
发票号码 ICO5556357	核销单编号

单据	汇票	发票	海运提单	空运提单	保险单	装箱单	产地证	G. S. P. FORM A	检验/分析证	受益人证明	装船通知		
份数	2	4	4		4	4	1				2		

委托事项：请依照下列标有 X 的内容

☐　请贵行要求代收行 ☑付款交单（D/P）　☐承兑交单（D/A）☐

☐　上述托收款项收妥后：
　　☐请结汇划至开户行：　　　　　　　　账号：
　　☐请原币划至开户行：　　　　　　　　账号：61010000198601

☐　请贵行对上述单据办理出口托收项下出口押汇，出口押汇比例为托收金额的　　 %。

☐　愿与贵行签订单笔使用的出口托收项下《出口押汇合同》。

☐　请支用我公司与贵行签订的编号为　　　　　《贸易融资额度合同》项下的出口押汇额度。
　　请贵行将出口押汇款项：
　　☐请结汇划至开户行：　　　　　　　　账号：
　　☐请原币划至开户行：　　　　　　　　账号：

☐　贵行费用由我公司承担。

☐　贵行银行费用由付款人承担：☐可放弃　☐不可放弃。

☐　请贵行通知我公司汇票到期日。

☐　若付款人拒绝付款/承兑，请立即通知我公司并说明原因。

☐　寄单方式：☐DHL ☐EMS ☐快邮 ☐航邮

☐　其他：

公司联系人：梁斌　　　　联系电话：86-21-63218467

公司公章
2014 年 3 月 5 日

银行签收人：		签收日期：
银行审单记录：		

拓 展 提 升

出口单证的归档管理

一、单证管理的意义

外贸单证是外贸业务活动的重要资料，是商品流通的原始凭证。它反映了整个商品流转过程，是业务档案资料的主要组成部分，具有重要的分析参考价值。因此，加强单证管理是一项非常重要的工作。

1. 为完成履约提供保证

在外贸业务活动中，通过对单证的缮制交付、登记整理、统计分析，可以使有关人员做到心中有数，与顺利组织货源、衔接生产出运、保证安全及时收汇有密切的关系，对企业控制工作进程，完成贸易任务有着重要意义。

2. 为统计分析提供原始资料，提高外贸工作管理水平

检查分析外贸企业各项工作质量和效率，均可从单证资料中提取数据，如对合同履约率、客户付款天数、费用指标以及流通费用、资金周转率等各项指标的资料积累等。分析这些数据，从而改善外贸企业经营和管理。

3. 为查询和处理业务差错事故提供资料

在外贸业务活动中，难免会出现一些由于操作不当而引发的工作失误。当发生商品数量短缺、品名规格等级不符、国别（地区）错运、多装、少装等差错事故时，必须查明原因，分清责任，吸取教训，加强教育，采取措施，防范今后，以不断提高外贸工作的质量。这些均需要提供必要的外贸单证资料。

二、单证管理要求

1. 要建立完备的单证档案管理制度

出口单证是出口业务活动的重要凭证，有时甚至货物已经运出，单据已交银行，外汇亦已收妥，但由于各种因素，往往需要查阅这些单据的留底。例如客户对品质、数量的索赔、运输纠纷起诉、进口清关时对单证内容提出异议、中间商对佣金事项的查询、开证行提出单证不符、拒绝付款等情形一经发生，就要寻根究底，翻查底单直至原始凭证。因此，每套单据应有一套副本留档备查。

出口单据副本的归档可分为分散归档和集中归档两种。分散归档是由各分管环节各自将本环节缮制和经营的副本单据分类归档。例如提单由办理运输的环节按运输日期归档，商业发票按发票号码分别由制单环节归档等。集中归档是在交单后将全套副本集中起来进行保管。一般来说，业务量大、部门多、分工细的单位适宜分散归档；业务量不大、工作线条比较简单的单位适宜用集中归档。

档案的编排以查找方便为原则。如采取集中归档的方式，可以按合同号编组，也可以按发票号码排列，各单位可以视情况自行设计。保存期以 2~3 年较为恰当。因为

与贸易有关的某些国际条约，诉讼时效有的自货到后起算两年有效，档案保管的时限应与之相适应。

目前，电脑制单已很普遍，单据管理除保留必要的书面资料以外，还必须把资料存在电脑中，充分利用电脑来加强单证工作的管理，使档案管理更加科学化。

2. 提高单证工作的质量和效率

（1）培训单证人员，使其能适应业务发展的需要，掌握最新的知识和操作技能。国际贸易日新月异的发展，国家政策管理上的变化不断带来新的要求和新的方法。

（2）结合对外履约的情况、客户发展等方面的考察，应经常分析单证工作如何进一步提高质量和效率，为企业的目标实现发挥更大的作用。比如可以从审核督促、人员分工、工作考核、流程重组等多方面加以改进，使单证工作真正完善。

本章小结

本章节主要介绍了货物装船出运的流程、结汇的单据种类、结汇的时间和方式。出口项下的货物备好后，经过出口清关后，就可以装船出运。外贸公司装船后要及时向买方发出装船通知并及时按照合同和信用证的规定正确缮制各种单据，并在信用证规定的交单日期前将各种单据送交指定银行办理结汇业务。

综合训练

一、单项选择题

1. 如果信用证未规定交单期限，则认为在提单日后（　　　）天内向银行交单有效。

A. 7 天　　　　　　B. 15 天　　　　　　C. 21 天　　　　　　D. 30 天

2. 买单结汇也叫（　　　）。

A. 定期结汇　　　　B. 收妥结汇　　　　C. 出口押汇　　　　D. 票据结汇

3. 在出口结汇时，由出口商填制的，作为结算货款和报关纳税依据的核心单据是（　　　）。

A. 海运提单　　　　B. 商业发票　　　　C. 商业汇票　　　　D. 海关发票

4. 通常情况下，出口业务中保险单的签发日期应该（　　　）。

A. 不晚于装船日期　　　　　　　　B. 在装船日期之后

C. 在装船日期前后　　　　　　　　D. 以上均不对

5. 货物装船后，托运人必须立即向收货人发出（　　　）。

A. 装船通知　　　　B. 电放提单　　　　C. 海运提单　　　　D. 商业发票

6. 我国某公司与外商签订一份 CIF 出口合同，以 L/C 为支付方式。国外银行开来

的信用证中规定："信用证有效期为 9 月 16 日，最迟装运期为 9 月 5 日。"我方加紧备货出运，于 8 月 25 日取得正本已装船清洁提单，我方应不迟于哪天向银行提交单据？
（　　）

    A. 9 月 16 日　　　　B. 9 月 15 日　　　　C. 9 月 13 日　　　　D. 9 月 5 日

    7. 信用证的到期日为 10 月 8 日，最迟装运期为 10 月 5 日，最迟交单日期为运输单据出单后 15 天，出口人备妥货物安排出运的时间是 9 月 29 日，则出口人最迟应于什么时候向银行交单议付？（　　）

    A. 10 月 4 日　　　　B. 10 月 8 日　　　　C. 10 月 5 日　　　　D. 10 月 10 日

    8. 在托收业务中，托收银行（　　）。

    A. 只提供服务

    B. 有检查审核货运单据是否齐全

    C. 提供信用担保

    D. 有检查审核货运单据是否符合买卖合同的义务

二、多项选择题

    1. 信用证项下制作单据的基本要求包括（　　）。

    A. 与合同相符　　　B. 正确　　　　　　C. 完整　　　　　　D. 及时

    2. 在信用证结算方式下，制作单据时要求做到（　　）。

    A. 单据内容要跟信用证的有关规定一致　B. 单单之间不能相互矛盾

    C. 单据内容与合同一致　　　　　　　　D. 单据内容符合银行的要求

    3. 在汇付和托收结算方式下，制作单据时要求做到（　　）。

    A. 单据内容要跟信用证的有关规定一致

    B. 单单之间不能相互矛盾

    C. 单据内容与合同一致

    D. 单据内容符合银行的要求

    4. 常用的出口单据可分为（　　）。

    A. 资金单据　　　B. 商业单据　　　　C. 官方单据　　　　D. 其他证明

    5. 下列哪些单据是商业单据？（　　）

    A. 汇票　　　　　B. 商业发票　　　　C. 保险单据　　　　D. 装箱单

    6. 下列哪些单据是官方单据？（　　）

    A. 商业发票　　　B. 支票　　　　　　C. 产地证　　　　　D. 商检证

    7. 当前，我国出口结汇的方法主要有（　　）。

    A. 出口押汇　　　B. 收妥结汇　　　　C. 定期结汇　　　　D. 票据结汇

    8. 根据 UCP600 的规定，所谓相符交单是指与（　　）一致的交单。

    A. 信用证条款　　　　　　　　　　　　B. UCP600 的相关适用条款

C. 国际标准银行实务（ISBP）   D. 合同

三、判断题

1. 凡迟于信用证有效期提交的单据，银行有权拒付。（　　）

2. 进口商审单时发现单证不符或单单不符，应立即通知开证行拒付，并以书面形式说明理由。（　　）

3. 转船通知副本常作为向银行交单议付的单据之一。（　　）

4. 在信用证支付方式下，制作单据的依据是信用证，而在托收支付方式下，制作单据的依据是合同。（　　）

5. 在信用证付款方式下，只要在信用证的有效期内，不论受益人何时向银行交单，银行一律不得拒收单据和拒付货款。（　　）

6. 在 CFR 术语下，装船通知特别重要。（　　）

7. 缮制单据必须完整，包括单据内容的完整和单据种类的完整。（　　）

8. 使用 L/C 支付，L/C 的到期地点通常都规定在我国到期，这对我国出口商较为有利。（　　）

9. 出口押汇实际上是议付行应出口商的要求，向其提供的以出口单据为抵押的资金融通。（　　）

10. 收妥结汇是指议付行在收到受益人提交的单据并审核无误后，将单据寄给国外付款行索偿，并于交单日事先规定一定的结汇时间，到期后，由银行将货款外汇折算成人民币交付给受益人。（　　）

四、名词解释

出口押汇

收妥结汇

定期结汇

五、简答题

1. 简述装船出运的流程。

2. 信用证出口结汇的方法主要有哪些？

六、操作题

1. 我国某进出口公司与欧洲某客户达成一笔圣诞节应季礼品的出口交易。合同中规定，以 CIF 为交货条件，交货期为 2000 年 12 月 1 日以前，但合同中未对买方的开证时间予以规定。卖方于 2000 年 11 月上旬开始向买方催开信用证，经多次催证，买方于 11 月 25 日将信用证开抵我方，由于收到 L/C 的时间较晚，我方于 12 月 5 日才将货物装运完毕。当我方向银行提交单据时，银行以单证不符为由拒付。

请问：（1）银行的拒付是否有理？为什么？（2）此案例中，我方有哪些失误？

2. 我国某外贸公司出口货物一批，数量为 1000 公吨，每公吨 USD65 CIF Rotter-

dam，国外买方通过开证行按时开来信用证，该证规定：总金额不得超过 USD65，000，有效期为 7 月 31 日。证内注明按 UCP600 办理。外贸公司于 7 月 4 日将货物装船完毕，取得提单，签发日期为 7 月 4 日。

试问：（1）外贸公司最迟应在何日将单据送交银行议付？为什么？（2）本批货物最多、最少能交多少公吨？为什么？

第 11 章　出口业务善后工作

OMI 国际有限公司收到上海亿鑫烟花制品进出口公司的货物后，经过检验，货物没有质量问题。梁斌非常高兴这笔业务没有任何索赔和争议产生，去函 OMI 公司祝贺两个公司良好的合作开端。很快上海亿鑫烟花制品进出口公司收到中国银行上海分行开来的银行水单。梁斌带着增值税发票抵扣联、商业发票等相关单据向国税局办理出口退税手续，至此本笔交易顺利结汇。

11.1　索赔和理赔

在签订合同时，梁斌注意到公司有固定格式的合同版本，一般只需填写商品的品名、品质、数量、包装、装运、支付、保险等主要条款即可。但是师傅提醒梁斌也要学习一下合同的一般条款，也就是索赔、不可抗力和仲裁条款。订立这些条款的目的是为了在双方发生争议时能妥善解决并尽可能保持双方良好的贸易关系。梁斌非常重视师傅的建议，认真研读了这些条款。

11.1.1　索赔和理赔的含义

索赔是指国际贸易业务的一方违反合同的规定，直接或间接地给另一方造成损害，受损方向违约方提出损害赔偿要求。

受损方提出索赔前要分清责任，然后向相关责任人提出。按照索赔对象不同，索赔可分为向合同违约方索赔、向承运人索赔、向保险公司索赔。

注释：

索赔和理赔是一个问题的两个方面，对受损方来说是索赔，对于违约方就是理赔。

11.1.2 合同中的索赔条款

进出口合同中的索赔条款有两种规定方式：一种是异议和索赔条款（discrepancy and claim clause）；另一种则是罚金（penalty）条款。

1. 异议和索赔条款

异议和索赔条款的主要内容，除了明确规定买卖双方在履约过程中，如一方违反合同时，另一方有权提出索赔外，还应订明索赔的依据、索赔的期限、赔偿损失的办法和金额等。该条款主要适用于卖方交货品质、数量或包装与合同不符的情形。

（1）索赔依据

即事实上的依据和法律上的依据。所谓事实上的依据就是指当事人在提出索赔请求时须提供对方违约的证据，此证据须是确凿有效，一般双方在合同中明确规定；所谓法律上的依据是指受害方提出索赔的时间、举证、要求补救的方法或要求赔偿的金额都必须符合责任方国家法律的规定或国际公约的规定，或者符合国际惯例的精神。

（2）索赔期限

是指索赔方向违约方提出赔偿要求的有效时限。一般而言，当事人向违约方提出索赔都必须在一定期限内提出，否则对方有权拒绝受理。索赔有效期的约定应根据不同商品的特点由双方在合同中列明。另外对索赔的起算时间也要做出具体规定。根据国际贸易惯例，开始计算的时间分为装货日期、进口日期、抵岸日期、卸毕日期。以卸毕日期最为合理，对买方也最为有利。

即问即答

2012 年 11 月，我国某烟花厂与美国一家公司签订了一个进口烟花设备生产线合同。该设备是二手货，价值 100 多万美元。合同规定，出售商保证设备在拆卸之前正常运转，如要索赔需商检部门在"货到现场后 14 天内"出证。设备运抵目的地后发现，这些设备在目的地装配后因设备损坏、缺件根本无法马上投产使用，而货物运抵工厂并进行装配就已经超过 14 天，无法在这个期限内向外商索赔。无奈之下，工厂只能自己维修，花费了大量的人力物力财力。从这个案例你得到了什么教训？

（3）索赔金额

一般索赔金额不是预先决定的，而是根据货损、货差的实际情况确定的。

2. 罚金条款

当一方未能履行合同义务时，应向对方支付一定数额的约定金额，以补偿对方的损失。罚金又称违约金。

支付罚金后并不等于合同解除，因此违约方支付罚金外，仍应履行合同义务。如因故不能履约，则另一方在收受罚金之外，仍有权索赔。

注释： 罚金条款一般适用于大宗商品或成套设备的合同中，卖方延期交货，或者买方延迟开立信用证或延期接货等情况。它的特点是在合同中预先约定赔偿金额或赔偿幅度。

在订立罚金条款时，要注意各国法律对于罚金条款持有不同态度和不同的解释与规定。法国、德国等国家的法律对合同中的罚金条款是予以承认和保护的，但是美国、英国、澳大利亚和新西兰等英美法系国家的法律则有不同的解释。

即问即答

某贸易商以 FOB 价向我国某厂订购一批货物，在买卖合同中订明若工厂未能于 7 月底之前交运，则工厂应赔付货款 5% 的违约金。后工厂交货延迟 5 天，以致贸易商被其买方索赔货款的 3%。在这种情况下，贸易商是否可向工厂索赔，索赔 5% 还是 3%？

11.2 不可抗力

不可抗力（force majeure）又称人力不可抗拒，是指合同签订后，发生了不是由于任何一方当事人的过失或疏忽造成的，而是当事人既不能预见和预防、又不能避免和不能克服的客观情况，以致合同无法履行或不能如期履行，发生意外事件的一方可以免除履行合同的责任或者推迟履行合同。

11.2.1 不可抗力的原因及认定

引起不可抗力的原因大体可分为两种：一是自然原因，如洪水、暴风、地震、干旱、暴风雪等人类无法控制的大自然力量所引起的灾害；二是社会原因，如战争、罢

工、政府禁止令等引起的变故。

即问即答

我国进口商向巴西木材出口商订购一批木材，合同规定"如受到政府干预，合同应当延长，以至取消"。签约后适逢巴西热带雨林破坏加速，巴西政府对木材出口进行限制，致使巴西出口商在合同规定期内难以履行合同，并以不可抗力为由要求我方延迟合同执行或者解除合同，我方不同意对方要求，并提出索赔。请分析我方的索赔要求是否合理。

并非所有自然原因和社会原因引起的事件都属于不可抗力事件，对于不可抗力的认定通常要具备以下三个条件：

（1）事件是在合同签订后发生的；

（2）事件不是由于任何一方当事人的过失或疏忽造成的；

（3）事件是当事人不能预见和预防、又不能避免和克服的。

在实践中，对不可抗力的认定是很严格的，要与商品价格波动、汇率变化等正常的贸易风险区别开来。

11.2.2　不可抗力的法律后果

在实际业务中，根据不可抗力事件对履行合同的影响情况和程度，其后果可分为两种：

（1）解除合同。一般是不可抗力事件的发生使合同的履行成为不可能，比如标的物灭失。

（2）延迟履行合同。一般是不可抗力事件只是部分或者暂时地阻碍了合同的履行。

为明确起见，双方当事人可在合同中具体规定什么情况下解除合同、什么情况下延迟履行合同。

课堂案例

上海亿鑫烟花制品进出口公司 2013 年以 FOB 上海条件与美国 A 公司签订了 950 箱烟花的出口合同。合同规定 2013 年 11 月底交货。11 月初，我方出口企业仓库发生雷击火灾，并引发爆炸，致使大部分货物被烧毁，厂房也受到一定损失。我方企业以发生不可抗力事故为由，要求免除交货责任。美方不同意，坚持要求我方按时交货。我方经多方努力于 2014 年 1 月交货，而美方则以我方延期交货为由，提出索赔。

  问：（1）本案中我方主张何种权利？为什么？

  （2）美方的索赔要求是否合理？为什么？

  案例解析：

  （1）本案中，我方遭受了出口商品仓库发生雷击火灾，致使一半左右的出口商品烧毁，属于不可抗力事故，我方可以发生不可抗力事故为由，向对方提出延期履行合同的要求，但不能提出解除合同的要求。

  （2）美方的索赔要求不合理。因为，既然发生了不可抗力事故，且已备好的货物一半被烧毁，这必然影响我方的交货时间。另外，不可抗力是一项免责条款，可免除遭受不可抗力事故一方不能如期履约的责任。美方应考虑实际情况同意延期履行合同。因此，美方的索赔要求是不合理的。

11.2.3 不可抗力条款的规定方法

  国际贸易买卖合同中不可抗力条款主要包括：不可抗力事件的范围、不可抗力事件的处理原则和方法、不可抗力事件发生后通知对方的方式和期限以及不可抗力的证明。

  合同中不可抗力条款的规定主要有三种方法：

  （1）概括式，即在合同中只概括地规定不可抗力事件的含义，不具体罗列可能发生的事件。

  （2）列举式，即在合同中把属于不可抗力的事件一一罗列出来，凡是发生了所罗列的事件即构成不可抗力，凡是发生了合同中未列举的事件，即不构成不可抗力事件。

  （3）综合式，即在合同中既概括不可抗力的具体含义，又列举属于不可抗力范围的事件。

  在国际货物买卖中，较常采用的不可抗力事故范围的规定方法是综合式。

11.3 仲 裁

  在国际贸易中，买卖双方对履约过程中产生的争议，通常可以采用协商、调解、仲裁、诉讼等方式来解决。协商和调解的气氛比较友好，是双方都乐于采用的方法。如果和解不了，可以仲裁或者诉讼。仲裁解决争端时间比较快，程序相对简单，费用

也较低，因此目前国际上普遍采用仲裁来解决国际贸易中的争端。

11.3.1 仲裁协议的形式及作用

所谓仲裁协议，是指双方当事人自愿将他们之间已经发生或者可能发生的争议提交仲裁解决的协议。从性质上看，仲裁协议是一种合同，它必须建立在双方当事人自愿、平等和协商一致的基础上。从形式上看，仲裁协议是一种书面协议。我国只承认书面仲裁协议的法律效力，以口头方式订立的仲裁协议不受法律保护。

仲裁协议有两种形式：一种是在争议发生之前订立的，通常作为合同中的一项仲裁条款出现。另一种是双方当事人在争议发生之后订立的，表示同意把已经发生的争议提交相关仲裁机构裁决的协议，是独立于合同之外的。两种形式的仲裁协议法律效力相同。

仲裁协议的重要作用就是排除法院对争议案件的管辖权，约束双方当事人只能以仲裁的方式解决争议，而不得向法院提起诉讼。

11.3.2 仲裁条款的主要内容

仲裁条款一般包括仲裁地点、仲裁机构、仲裁程序、仲裁裁决的效力以及仲裁费用的承担等内容。

1. 仲裁地点

是指在哪个国家进行仲裁。这是双方都很关心的一个问题。因为除非仲裁协议另有规定，一般在哪个国家仲裁就适用哪国的法律。所以仲裁地点不同，可能对买卖双方的权利义务的解释就会有差别，仲裁结果也会有所不同。因此交易双方都力争在本国进行仲裁。

2. 仲裁机构

双方当事人可以在合同中约定由双方共同指定的仲裁员组成临时仲裁庭进行仲裁，也可以规定由哪个常设的仲裁机构进行仲裁。国际上著名的常设仲裁机构有：国际商会仲裁院，英国伦敦仲裁院，瑞士苏黎世商会仲裁院，日本国际商事仲裁协会，美国仲裁协会，瑞典斯德哥尔摩商会仲裁院等。

注释：

我国常设的仲裁机构是中国国际经济贸易仲裁委员会和中国海事仲裁委员会。

3. 仲裁程序

是指双方当事人将所发生的争议根据仲裁协议的规定提交仲裁时应办理的各项手

续，包括提出仲裁申请、组织仲裁庭、审理案件、做出裁决。一般来说，仲裁条款规定在哪个仲裁机构仲裁，就按哪个仲裁机构制定的仲裁规则办理。

4. 仲裁裁决效力

世界上大多数国家都认定仲裁裁决是终局性的，对双方都有约束力。任何一方当事人不履行仲裁裁决的，另一方当事人可以向人民法院申请强制执行，受申请的人民法院应当执行。

5. 仲裁费用的承担

仲裁费用原则上由败诉的当事人承担；当事人部分胜诉、部分败诉的，由仲裁庭根据当事人各方责任大小确定其各自应当承担的仲裁费用的比例。当事人和解或者经仲裁庭调解结案的，当事人可以协商确定各自承担的仲裁费用的比例。

 梁斌所签合同中的索赔、不可抗力和仲裁条款

品质与数量的异议与索赔：货到最终目的地后，买方如发现货物品质及数量与合同规定不符，除属于保险公司及货船公司的责任外，买方可以凭双方同意的检验机构出具的检验证明向卖方提出异议，品质异议须于货到最终目的地起 60 天内提出，数量异议须于货到最终目的地起 30 天内提出。

Quality /Quantity/Weight Discrepancy and Claim：In case the quality and /or quantity are found by the Buyer not to conform with the contract after arrival of the goods at the final destination, the Buyer may lodge a claim against the seller supported by a survey report issued by an inspection organization agreed upon by both parties with the exception of those claims for which the insurance company and /or the shipping company are to be held responsible. Claim for quality discrepancy should be filed by the Buyer within 60 days after arrival of the goods at the final destination while for quantity discrepancy claim should be filed by the Buyer within 30 days after arrival of the goods at the final destination.

人力不可抗拒：本合同内所述全部或部分商品，如因人力不可抗拒原因，使卖方不能履约或延期交货，卖方不负任何责任。

Force Majeure：The Seller shall not be held responsible for failure or delay in delivery of the entire or portion of the goods under this contract in consequence of any Force Majeure incidents.

仲裁：凡执行本合同或与合同有关事项所发生的一切争执，应由双方通过友好方式协商解决。如果不能取得协议时，应提交中国国际贸易促进会委员会对外贸易仲裁委员会，根据该仲裁委员会的仲裁程序暂行规定进行仲裁，仲裁裁决是终局的，对双方都有约束力。仲裁费用除非仲裁另有决定外，均由败诉一方承担。

Arbitration：All disputes in connection with this Contract or the execution thereof shall be settled through friendly negotiations. If no settlement can be reached, the case shall then be submitted to the Foreign Trade Arbitration Commission of the China Council for the Promotion of International Trade, Beijing, for settlement by arbitration in accordance with the Commission's Provisional Rules of Procedure. The award rendered by the Commission shall be final and binding on both parties. The arbitration expenses shall be borne by the losing party unless otherwise award by the arbitration organization.

11.4 外汇申报和出口退税

收到货款后，梁斌即在外汇管理局的"国家外汇管理局应用服务平台"上进行国际收支网上申报。申报完成后便准备办理出口退税。国家对烟花产品在国内生产和流通环节中共征收 17% 的增值税，根据国际惯例，对烟花出口产品退回 13% 的增值税。上海亿鑫烟花制品进出口公司业务员梁斌根据出口加拿大 OMI 国际有限公司的 4 种型号烟花产品的采购成本和出口退税率，计算出了这 4 种型号烟花产品的出口退税额：

商品货号 ITEM NO.	商品名称、规格	数量	单位	采购成本	出口退税额
T97	烟花鞭炮 16/4	800	纸箱	92.10	8186.67
T70X	烟花鞭炮 60/1	650	纸箱	105.40	7612.22
H10X	烟花鞭炮 120/1	300	纸箱	105.40	3513.33
F13	烟花鞭炮 96/3	200	纸箱	207.50	4611.11

注：出口退税额 = 采购成本/(1 + 增值税率) × 出口退税率。

11.4.1 外汇申报

2012 年 8 月 1 日，中国实施货物贸易外汇管理制度改革，取消出口收汇核销单，企业不再办理出口收汇核销手续，只需进行网上申报。网上收汇申报需要在"国际外汇管理局应用服务平台"（http://asone. safesvc. gov. cn/asone/）上进行处理。申报人输入相应的机构代码与密码登录后，会出现两个申报系统，分别是"国际收支网上申报系统"（简称 A 系统）与"货物贸易外汇监测系统"（简称 B 系统）。一般常规的收汇，出口商都必须在 A 系统中认领出相应的收汇信息，然后按表格内容填好相关信息进行申报。B 系统则针对一些非常规性的情况，例如 30 以上的预收款等。

国家外汇管理局对企业贸易外汇的管理方式由现场逐笔核销改变为非现场总量核查。外汇管理局通过"国际收支网上申报系统"和"货物贸易外汇监测系统"，全面采集企业货物进出口和贸易外汇收支逐笔数据，定期核对、评估企业货物流与资金流总体匹配情况，便利合规企业贸易外汇收支。对存在异常的企业进行重点监测，必要时实施现场核查。

外汇管理局根据非现场或现场核查结果，结合企业遵守外汇管理规定等情况，将企业分成 A、B、C 三类，大部分无违规记录的企业都是 A 类企业，A 类企业的申报工作很简单，只要在网上申报系统中按规定填报即可，而 C 类企业的外汇申报就复杂得多，每票收汇都需要到外汇管理局逐笔登记后办理。

11.4.2　出口退税

出口退税，其基本含义是指对出口货物退还其在国内生产和流通环节实际缴纳的产品税、增值税、营业税和特别消费税。出口货物退税制度，是一个国家税收的重要组成部分，是国际上通行的一种税收制度。出口退税是国家通过退还出口货物的国内已纳税款，来帮助出口企业降低成本，从而增强竞争能力，扩大出口创汇的政策措施。

注释：享受退税的出口货物，除免税货物、禁止出口货物和明文规定不予退税货物外、其他货物都可享受退税政策。退税的税种为增值税和消费税。从 2004 年起，增值税的退税率共有 5 档，分别是 17%、13%、11%、8%、5%，平均退税率为 12% 左右。消费税的退税率按法定的征税率执行。

出口退税的流程

1. 取得认证结果清单

取得增值税发票后，在发票开票日期 30 天内，在国税局完成发票信息认证，取得国税局出具的"认证结果清单"。

2. 通过电子口岸报送退税报关单资料

货物放行大约 1 个月后，就可以打印正本出口报关单退税联，这时电子口岸出口退税系统中可以查询到退税报关单的数据，出口商在电子口岸中提交报送申请，数据便会从电子口岸发送至国税局。

3. 通过退税申报系统电子申报

出口企业使用国家税务总局认可的出口货物退税电子申报系统生成电子申报数据，如实填写出口退税申报表，向税务机关申报办理出口货物退税。

4. 到国税局提交纸质文件

到国税局办理退税正式申报，提交出口货物报关单（出口退税专用）、增值税专用发票抵扣联、出口发票、收汇银行水单等。（出口收汇核销单已不需要提供）

5. 国税局审核无误后，将出口货物的退税款项拨付出口商。

出口退税的条件

（1）必须是增值税、消费税征收范围内的货物。

（2）必须是报关离境出口的货物。

（3）必须是在财务上作为出口销售处理的货物。

（4）必须是已收汇的货物。

国家规定外贸企业出口的货物必须要同时具备以上四个条件。生产企业（包括有进出口经营权的生产企业、委托外贸企业代理出口的生产企业、外商投资企业）申请办理出口货物退（免）税时必须增加一个条件，即申请退（免）税的货物必须是生产企业的自产货物或视同自产货物才能办理退（免）税。

本章小结

本章从业务环节上来说属于善后工作。主要讲述在合同履行过程中如果双方发生争议或者受到损害时，如何判断责任，行使索赔权？如何判断是否是不可抗力事件？发生争议无法协商时，怎么样申请仲裁？以及作为合同条款，在合同中如何体现？另外，还简单介绍了出口退税的含义及简单流程。

综合训练

一、单项选择题

1. 以仲裁方式解决贸易争议的必要条件是（　　）。

A. 双方当事人订有仲裁协议　　　B. 双方当事人订有合同

C. 双方当事人无法协商解决　　　D. 一方因诉讼无果而提出

2. 短交在多数情况下，应该向谁索赔？（　　）

A. 保险公司　　　　B. 买方　　　　　　C. 卖方　　　　　　D. 承运人

3. 我方公司与外商按 CIF 条件成交某商品 1000 打，允许卖方有 5% 溢短装幅度。我方实际装 1000 打（提单也载明 1000 打），货抵目的港后，买方即来函反映仅收到 948 打，并凭船公司的短交证明向我方索赔。我方的正确答复是：（　　）

A. 同意补装 52 打　　　　　　　　B. 同意退 2 打货款

C. 请与保险公司联系　　　　　　　D. 请与船公司联系

4. 我国某粮油食品进出口公司与美国田纳西州某公司签订进口美国小麦合同，数量为 100 万公吨。麦收前田纳西州暴雨成灾，10 月份卖方应交货时小麦价格上涨，美方未交货。合同订有不可抗力条款，天灾属于该条款的范围，美方据此要求免责。此时，我方应回复：（　　）

A. 不可抗力，予以免责，并解除合同

B. 未构成不可抗力，坚持美方应按合同规定交货

C. 构成不可抗力，可以解除合同，但要求损害赔偿

D. 构成不可抗力，不要求损害赔偿，亦不解除合同，而要求推迟到下年度交货

5. 仲裁裁决的效力是（　　）。

A. 终局的，对争议双方具有约束力

B. 非终局的，对争议双方不具有约束力

C. 有时是终局的，有时是非终局的

D. 一般还需法院最后判定

6. 发生（　　）时，违约方可援引不可抗力条款要求免责。

A. 战争　　　　　　　　　　　　　B. 世界市场价格上涨

C. 生产制作过程中的过失　　　　　D. 货币贬值

7. 在国际货物买卖中，较常采用的不可抗力事故范围的规定方法是（　　）。

A. 概括规定　　　　B. 不规定　　　　C. 具体规定　　　　D. 综合规定

8. 对不同情况下不可抗力事件所引起的后果，下面正确的描述是（　　）。

A. 可以解除合同或延迟履行合同

B. 均可解除合同

C. 不可以解除合同，但可以延迟履行合同

D. 必须通过法院判断

9. 仲裁协议是仲裁机构受理争议案件的必要依据。仲裁协议（　　）达成。

A. 必须在争议发生以后

B. 只能在争议发生之前

C. 既可以在争议发生之前，也可以在争议发生之后

D. 必须在争议发生的过程中

二、多项选择题

1. 按照索赔对象不同，索赔可分为向（　　　　）索赔。

A. 合同违约方　　　B. 保险公司　　　C. 承运人　　　D. 银行

2. 某出口商按合同规定交了货，并向进口商提交了清洁提单，进口商收到货后发现，因外包装受损而导致包装内商品损坏。请问进口商应向谁索赔？（　　　　）

A. 船公司　　　B. 保险公司　　　C. 卖方　　　D. 买方

3. 罚金条款一般适用于（　　　　）。

A. 卖方延期交货　　　　　　　　B. 买方延迟开立信用证

C. 买方延期接运货物　　　　　　D. 一般商品买卖

4. 构成不可抗力事件的要件有：（　　　　）

A. 事件发生在合同签订后

B. 不是由于当事人的故意或过失所造成的

C. 事件的发生及其造成的后果是当事人无法预见，无法控制、避免或克服的

D. 不可抗力是免责条款

5. 下列属于不可抗力事故的是：（　　　　）

A. 水灾　　　B. 地震　　　C. 政府禁令　　　D. 通货膨胀

6. 仲裁的特点主要有：（　　　　）

A. 当事人意思自治

B. 非公开审理

C. 解决国际商事争议的最主要的方法

D. 程序简便、结案较快、费用开支较少

7. 仲裁协议是仲裁机构受理争议案件的必要依据，（　　　　）。

A. 仲裁协议可以在争议发生之前达成

B. 仲裁协议可以在争议发生之后达成

C. 若仲裁协议事前与事后达成协议内容不同，应以事前达成为准

D. 按照我国法律，仲裁协议必须是书面的

8. 我国 C 公司与日本 D 公司签订了一份销售合同，其中仲裁条款规定在被诉人所在国仲裁。在履约过程中发生争议，日方为申诉人，可以在（　　　　）进行仲裁。

A. 北京　　　B. 深圳　　　C. 东京　　　D. 大阪

9. 在国际贸易中，解决争议的方法主要有（　　　　）。

A. 友好协商　　　B. 调解　　　C. 仲裁　　　D. 诉讼

10. 我国出口退税的税种包括（　　　　）。

A. 个人所得税　　　B. 营业税　　　C. 消费税　　　D. 增值税

三、判断题

1. 一方违反合同，未违约一方所能得到的损失赔偿金额最多不超过违约方在订立

合同时所能预见到的损失金额。（　　　）

2. 在国际货物买卖合同中，罚金和赔偿损失是一回事。（　　　）

3. 援引不可抗力条款的法律后果是撤销合同或推迟合同的履行。（　　　）

4. 从西欧某客商处进口在当地通常可以买到的某化工产品，在约定交货前，该商生产上述产品的工厂之一因爆炸被毁，该商要求援引不可抗力免责条款解除交货责任。对此，我方应予同意。（　　　）

5. 不可抗力条款是买卖合同中的一项免责条款。（　　　）

6. 进口商收货后发现货物与合同规定不符时，在任何时候都可以向供货方索赔。（　　　）

7. 不可抗力事件一定是当事人不能预见、不能避免、不能控制或克服的。（　　　）

8. 我方与外商签订一笔进口合同，不久该商品价格猛涨，外商援引不可抗力条款要求解除合同，我方必须同意。（　　　）

9. 一旦违约方支付了罚金，另一方则无权再提出索赔。（　　　）

10. 买卖双方为解决争议而提请仲裁时，必须向仲裁机构递交仲裁协议，否则，仲裁机构不予受理。（　　　）

11. 仲裁协议必须由合同当事人在争议发生之前达成，否则不能提请仲裁。（　　　）

12. 根据我国现行做法，对外订立仲裁条款时应争取在我国仲裁，如对方不同意，也可接受在被告国仲裁。（　　　）

13. 若合同中未规定索赔条款，买方便无权提出索赔。（　　　）

14. 只要支付了罚金，即可不履行合同。（　　　）

15. 任何一方当事人不履行仲裁裁决的，另一方当事人可以向人民法院申请强制执行，受申请的人民法院应当执行。（　　　）

16. 出口货物退税制度是一个国家税收的重要组成部分，也是国际上通行的一种税收制度。（　　　）

四、名词解释

不可抗力

仲裁

出口退税

五、简答题

1. 不可抗力会产生几种法律后果？

2. 进出口合同中的索赔条款有哪几种规定方式？

六、操作技能训练

1. 我国某出口企业以 CIF 纽约条件与美国某公司订立了 200 套家具的出口合同，合同规定 2004 年 12 月交货，11 月底我方企业出口商品仓库因雷击发生火灾，致使一

半以上的出口家具被烧毁。我方企业遂以发生不可抗力为由，要求免除交货责任，美方不同意，坚持要求我方按时交货。我方经多方努力于 2005 年 1 月交货，而美方则以我方延期交货为由，提出索赔。

问：（1）本案中我方主张何种权利？为什么？

（2）美方的索赔要求是否合理？为什么？

2. 某企业以 CIF 条件出口 1000 吨大米，合同规定为一级大米，每吨 300 美元，共 30 万美元。卖方交货时，实际交货的品质为二级大米。按订约时的市场价格，二级大米每吨 250 美元。

问：（1）根据《公约》的规定，此案中，买方可以主张何种权利？

（2）若买方索赔，其提出的索赔要求可包括哪些损失？

第12章 以信用证为支付方式的
进口贸易业务流程

广州海达国际贸易有限公司成立于2001年，多年以来主要从事进出口贸易和进出口代理服务，贸易范围包括木材及木制品进出口贸易等。

2013年8月，海达公司进口业务部业务员张卫华收到广州粤永贸易商行木制园艺产品（wooden garden products）进口代理需求。之后，张卫华通过与加拿大HAROLD公司反复磋商，达成了此笔进口交易，双方合同约定以FOB MONTREAL术语成交、即期信用证方式付款。

请思考：

（1）履行该笔FOB+L/C进口合同应做好哪些环节的工作？

（2）如何开立信用证？

（3）如何办理订舱、催装、投保？

（4）如何进行审单、付款？

（5）进口通关要办理哪些手续？

12.1 申请开立信用证

2013年9月10日，海达公司业务员张卫华与加拿大HAROLD公司签订了一份木制园艺产品（木制花架和花盆）进口合同，合同金额为244000美元，合同规定以即期信用证结算。之后，张卫华所在的广州海达国际贸易有限公司向中国银行广东省分行申请开立信用证。

开证申请人必须在合同规定的时间在所在地银行申请开立信用证，合同中如果没有规定开证日期，一般掌握在合同规定的装运期前一个月到一个半月。开证时间应以卖方收到信用证后能在合同规定的装运期内出运为原则。具体办理手续如图12.1：

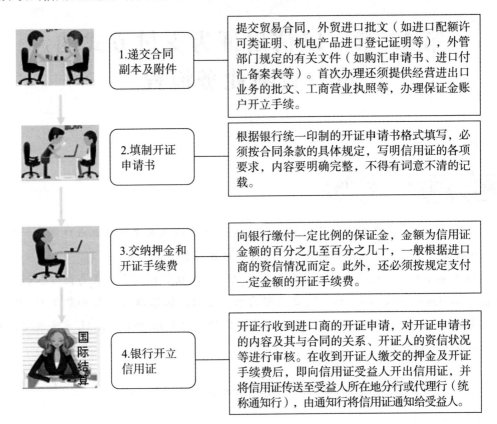

	1.递交合同副本及附件	提交贸易合同，外贸进口批文（如进口配额许可类证明、机电产品进口登记证明等），外管部门规定的有关文件（如购汇申请书、进口付汇备案表等）。首次办理还须提供经营进出口业务的批文、工商营业执照等，办理保证金账户开立手续。
	2.填制开证申请书	根据银行统一印制的开证申请书格式填写，必须按合同条款的具体规定，写明信用证的各项要求，内容要明确完整，不得有词意不清的记载。
	3.交纳押金和开证手续费	向银行缴付一定比例的保证金，金额为信用证金额的百分之几至百分之几十，一般根据进口商的资信情况而定。此外，还必须按规定支付一定金额的开证手续费。
	4.银行开立信用证	开证行收到进口商的开证申请，对开证申请书的内容及其与合同的关系、开证人的资信状况等进行审核。在收到开证人缴交的押金及开证手续费后，即向信用证受益人开出信用证，并将信用证传送至受益人所在地分行或代理行（统称通知行），由通知行将信用证通知给受益人。

图 12.1 申请开证流程图

张卫华的操作示例

广州海达国际贸易有限公司进口业务部业务员张卫华与加拿大 HAROLD 公司签订进口合同后，准备向中国银行广东省分行申请开立信用证，具体操作如下：

1. 准备好申请开证的各项文件。

2. 向开证行缴纳保证金，并支付开证手续费。

3. 根据进口合同条款，填写银行开证申请书，并将填好的开证申请书递交给中国银行广东省分行。

下面是张卫华根据合同向中国银行广东省分行递交的开证申请书：

SALES CONTRACT

NO.：2013KG02350

DATE：SEP. 10, 2013

THE SELLERS：

HAROLD CO. LTD

FOERETA 6 S-23237 MONTREAL, CANADA

THE BUYERS：

GUANGZHOU HAIDA INTERNATIONAL CORP.

NO. 128，TIANHE SOUTH STREET，TIANHE DIS-TRICT, GUANGZHOU, CHINA

THIS CONTRACT IS MADE BY AND BETWEEN THE SELLER AND THE BUYER, WHEREBY THE SELLER AGREE TO SELL AND THE BUYER AGREE TO BUY THE UNDER-MENTIONED GOODS AC-CORDING TO THE TERMS AND CONDITIONS STIPULATED BELOW：

（1）货号、品名及规格 NAME OF COMMODITY AND SPECIFICAIONS	（2）数量 QUANTITY	（4）单价 UNIT PRICE	（5）金额 AMOUNT	（6）包装 PACKING
WOODEN GARDEN PRODUCTS WOODEN FLOWER STANDS WOODEN FLOWER POTS TOTAL	3500PCS 6000PCS 9500PCS	USD 20. 00/PC USD 29. 00/PC FOB MONTREAL, CANADA	USD 70 000. 00 USD 174 000. 00 USD 244 000. 00	20PCS/CTN 40PCS/CTN 325CTNS

（7）LOADING IN CHARGE：MONTREAL, CANADA

（8）FOR TRANSPORT TO：GUANGZHOU, CHINA

（9）TRANSHIPMENT：ALLOWED

（10）PATRIAL SHIPMENTS：NOT ALLOWED

（11）THE LATEST DATE OF SHIPMNET：NOW. 30, 2013

（12）INSURANCE：BE BFFECTED BY THE BUYERS

（13）PAYMENT：BY IRREVOCABLE L/C, INFAVOR OF THE SELLER. TO BE AVAILABLE BY SIGHT DRAFT, REACHING THE SELLERS BEFORE OCT. 30, 2013, REMAIN VALID FOR NE-GOTIATION IN CANADA UNTIL THE 15TH DAYS AFTER THE FORESAID TIME OF SHIPMENT. ALL COMMISSION AND CHARGES OUTSIDE CHINA ARE FOR ACCOUNT OF THE SELLERS.

THE SELLER

HAROLD CO. LTD

THE BUYER

GUANGZHOU HAIDA INTERNATIONAL CORP.

IRREVOCABLE DOCUMENTARY CREDIT APPLICATION

To：BANK OF CHINA, GUANGDONG BRANCH   OCT 30，2013

( ) Issue by airmail ( ) With brief advice by tele-transmission (×) Issue by SWIFT	**Credit No.** **Date and place of expiry** DEC 15，2013 IN CANADA
Applicant GUANGZHOU HAIDA INTERNATIONAL CORP. NO. 128，TIANHE SOUTH STREET，TIANHE DISTRICT，GUANGZHOU，CHINA	**Beneficiary** HAROLD CO. LTD FOERETA 6 S-23237 MONTREAL，CANADA
Advising bank	**Amount**（**figure and words**）USD244,000.00 SAY U. S. DOLLARS TWO HUNDRED AND FOUTY FOUR THOUSAND ONLY

Partial shipment ( ) allowed (×) not allowed	**Transshipment** ( ) allowed (×) not allowed	**Credit available with** ANY BANK by ( ) sight payment ( ) acceptance (×) negotiation ( ) deferred payment at ____ days after against the documents detailed herein and (×) beneficiary's drafts for 100% of invoice value at SIGHT drawn on BANK OF CHINA，GUANGZHOU BRANCH
Port of Loading：MONTREAL **not later than** NOV. 30，2013 **Port of discharge**：GUANGZHOU		
( ) **FOB** ( ) **CFR** (×) **CIF** ( ) **Other terms**		

Documents required：（marked with×）
1. (×) Signed commercial invoice in   3   copies indicating L/C No. and contract No. TT090120
2. (×) Full set of clean on board Bill of Lading made out to order and blank endorsed marked freight (×)
   prepaid / ( ) collect notify APPLICANT.
   ( ) Air Waybill / cargo receipt / copy of railway bill issued by _____ showing freight
   prepaid ( ) / ( ) collect indicating freight amount and consigned to _____.
3. (×) Insurance Policy / Certificate in DUPLICATE for 110% of invoice value showing claims payable in
   CHINA in the currency of the drafts，blank endorsed，covering All risks.
4. (×) Packing List in 3copies.
5. ( ) Certificate of Quantity / weight in _____ copies issued by _____.
6. (×) Certificate of Quality in   1   copies issued by ( ) manufacturer / (×) public recognized sur-
   veyor / ( )
7. (×) Certificate of Origin in   1   copies issued by COMPETENT AUTHORITIES.
8. ( ) Beneficiary's certified copy of fax / telex dispatched to the applicant within _____ hours after the
   shipment advising L/C No.，name of vessel，date of shipment，name，quantity，weight and value of goods.
   Other documents，if any

Description of goods：
3500PCS OF WOODEN GARDEN PRODUCTS AND WOODEN FLOWER STANDS AT USD 20.00/PC
6000PCS OF WOODEN FLOWER POTS AT USD 29.00/PC
FOB MONTREAL

Additional instructions：
1. (×) All banking charges outside China are for the account of beneficiary
2. (×) Documents must be presented within   15   days after the date of issuance of the transport docu-
   ments but within the validity of this credit.
3. (×) Third party documents is not acceptable，short form / blank back B/L is not acceptable.
4. ( ) Both quantity and amount _____% more or less are allowed.
5. ( ) All documents must be forwarded in _____.
   Other terms，if any

STAMP OF APPLICANT   广州海达国际贸易有限公司 张卫华
                                          电话：23452345
                                          账号：31-45-89120912

12.2　安排运输与保险

　　海达公司业务员张卫华与加拿大 HAROLD 公司签订的进口合同所采用的贸易术语为 FOB MONTREAL，因此张卫华必须代为办理运输和保险事项。2013 年 11 月 1 日，张卫华所在的公司向中国远洋运输集团公司广州分公司办理租船订舱手续，并在收到卖方装运通知后，向中国人民保险公司投保了一切险。

12.2.1　办理租船订舱手续

1. 选择恰当的运输方式

在实际业务中，运输方式的经验性选择很常见，但要做到理性科学地选择运输方式，以多快好省地完成货物运输。一般情况下，选择运输方式，可以在考虑具体条件的基础上，对下述五个要点认真研究考虑：（1）货物品种；（2）运输期限；（3）运输成本；（4）运输距离；（5）运输批量。

即问即答

目前我国进口货物的主要运输方式有哪些？各有什么特点？

2. 落实船期

FOB 贸易条件下，进口方负责安排运输，办理租船订舱手续。进口方必须在合同规定的装船日期前，提前与卖方沟通备货情况，在得知卖方货物即将备妥，且具备装运条件时，及时向货代公司查询船期情况，并确认船期，准备订舱手续。

实际业务中，在 FOB 条件下，有时买方可能委托卖方代其租船订舱，但这仅属委托代办性质，卖方可以同意也可以不同意。如果卖方租不到船只或订不到舱位，其风险仍由买方自负，买方无权向卖方提出赔偿损失或撤销合同的要求。

课堂案例

江苏恒运进出口公司于 2014 年 6 月与葡萄牙 BC 公司签订了一份进口合同，交易条件为 FOB 里斯本，最迟装运期为 2014 年 8 月 31 日。合同签订后在装运期前，葡萄牙 BC 公司货已备妥等候我方派船接货，但因各种原因，江苏恒运公司一直订不到舱位，致使货物在码头仓库滞留，产生了额外的仓储费用。于是葡萄牙 BC 公司以我方未能及时配船订舱为由，要求我方赔偿其仓储费。

请问：葡萄牙 BC 公司的这一要求合理吗？

案例解析：

合理。在 FOB 条件下，买方负责租船订舱，买方必须在合同规定的期限内，安排船只到合同指定的装运港接受装货。如果买方延迟派船，使卖方不能在合同规定的期限内将货物装船，则由此产生的卖方仓储、保险等费用支出的增加等，均由买方负责。

3. 核定运费

目前海运集装箱计收方法基本上有两种：一种是按每运费吨计收运费，计算方法与传统件杂货相同，拼箱货常采用这种方法；另一种是以每个集装箱作为计费单位，按包箱费率（box-rate）计算运费，整箱货通常按一个货柜计收运费。

包箱费率即以每个集装箱为计算单位，常用于站到场交接（CFS/CY）或场到场交接（CF/CF）条款。若进口货物为整箱货，直接按运价表中给出的单箱运费费率计算即可。

即问即答

以 FOB 贸易条件成交的进口合同，在实际业务中可以由卖方办理订舱手续吗？如果可以的话，运费由谁负担？

4. 填制"托运单"

目前，电子托运单订舱已成普遍做法。托运人可以在其办公场所，将标准格式的托运单电子报文数据，通过终端申报方式、EDI 申报方式或网上申报方式，在"订舱托运"系统中向船公司或其代理人发送电子托运单数据。船公司或其代理人收到电子托运单数据后，根据船舶载货量和具体托运内容来安排舱位。在确认订舱后，便发送"接受订舱"的电子回执给托运人，并进一步将确定的"船名、航次、关单号和船舶动态"等信息数据发送给托运人，完成电子托运订舱的全都手续。无论是纸质托运单还是电子数据托运单,"托运单"缮制规范是基本一致的。

12.2.2　办理进口保险手续

按 FOB 贸易术语成交的进口合同,需由我方即进口人自行办理货物在海外运输中的保险。为简化投保手续,避免漏报,进口保险通常采用预约保险的做法,即被保险人(进口人、投保人)和保险公司就保险标的物的范围、险别、责任、费率以及赔付处理等条款签订长期预约保险合同。在未与保险公司签订预约保险合同的情况下,以 FOB 贸易术语成交的进口合同的买方,仍必须对进口货物逐笔办理保险手续。

注释:

预约保险:货物运输保险中的预约保险是投保人将一系列货物一次性投保的简便投保方式。在这种方式下,投保人不必为每一笔业务与保险人协商合同内容,因此简化了投保程序并节省了保险费。

张卫华的操作示例

根据前述的工作情境和任务描述,张卫华的操作如下:

第一项:租船订舱。

(1)选择运输方式:本单业务是从加拿大进口木制园艺产品,所采用的贸易术语是 FOB MONTREAL, CANADA。综合考虑该批进口货物合同所选用的贸易术语,货物的属性、重量、质量及价值,张卫华认为该批货物采用海洋运输最适合,因此决定向中国远洋运输集团公司广州分公司办理租船订舱手续。

(2)确定船期:按合同规定,装船日期为 2013 年 11 月 30 日前,所以张卫华在 10 月 31 日与卖方沟通备货情况,得知卖方在 11 月 20 日即可生产检验完毕并具备装运条件。于是张卫华 11 月 1 日登录中远集团的网站,查询 11 月份船期,并电话联系中远广州分公司确认,得知 11 月 30 日有班轮从加拿大 MONTREAL 直航开往广州,于是准备预订此次班轮的舱位运送该批进口货物。

(3)核算运费:该批货物可装在一个 20 英尺的集装箱内,从加拿大 MONTREAL 直航开往广州,运费合计 USD2000。

(4)订舱:如上所述,张卫华决定预订 11 月 30 日从加拿大 MONTREAL 直航开往广州的舱位,用 1 个集装箱运载该批货物,于是填写"托运单"作为订舱依据,并交中远广州分公司确认。在得到确认后,于次日支付运费。随后将订舱情况通知卖方:

船名为 HANZHONG，航次为 V. 021W。

第二项：保险。

广州海达国际贸易有限公司与中保财产广州公司签有预约保险合同。张卫华在收到卖方发来的"装运通知"后，立即将"装运通知"内容转发给中保财产广州公司，中保财产广州公司对该批进口货物自起运时自动承担保险责任。

12.3　审单和付款

12 月 15 日，张卫华接到中国银行的通知，让她到银行去付款赎单。到了银行后，银行工作人员告诉张卫华，经中国银行审核，单据完全符合信用证的要求。张卫华再次审核单据后，付款给银行，随后银行将全套单据交给了张卫华。

当全套付汇单据经出口地银行转交至进口地开证行时，对于信用证付款，开证行和进口商要对全套付汇单据进行审核，一般由开证行负责初审，进口商负责复审。审核单据的依据是信用证、UCP600 和 ISBP，必须按照"严格符合"的原则，做到"单证相符、单单相符"。对于汇付或托收付款，由进口商负责审核，审核单据的依据是买卖合同。

实际业务中，出口方在确定不符点遭拒付后，通常会第一时间与进口方洽商，以确定双方交易接下来如何处理，比如在信用证有效期内修改单据后重新提交、担保或补偿付款、改为托收方式付款或退单退货等。

张卫华的操作示例

根据前述的工作情境和任务描述，张卫华的操作如下：

（1）对照信用证条款，审核进口单据。

（2）根据审核结果，对外付款。

经审核上述单证，未发现与信用证和 UCP600 的规定有不一致之处，于是决定对外付款。

12.4　报关报检和提货

　　广州海达国际贸易有限公司向中国银行广州分行付款后，取得全套贸易单据，此时货物已到港。12 月 27 日业务员张卫华向广州海关进行报关，顺利完成了进口报关、报检、提货的相关工作。

12.4.1　进口货物报检

　　凡属法定检验检疫商品或合同规定需要检疫机构进行检验并出具检验证书的商品，进口货物的收货人或其代理人应及时提请检疫机构检验。

　　1. 海关监管条件

　　结合海关总署 2014 年《商品名称及编码协调制度》（以下简称 H. S. 编码）调整情况，国家出入境检验检疫总局对《出入境检验检疫机构实施检验检疫的进出境商品目录》（以下简称《目录》）进行了新的调整，于 2014 年 1 月 1 日起实施。

　　2. 入境货物检验检疫流程

　　我国实行"先报检、再报关、后检验"的口岸业务管理模式，入境货物检验检疫工作的程序具体包括申请报检、受理报检、办理通关、实施检验检疫和海关放行五个环节。如图 12.2 所示：

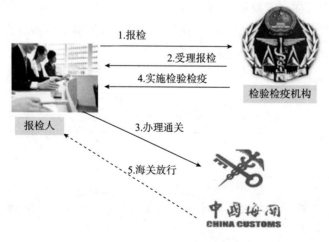

图 12.2　入境货物检验检疫流程图

3. 入境货物报检时限

表 12.1　入境货物报检时限表

项号	报检货物	报检时间
1	输入植物、种子、种苗、及其他繁殖材料	入境前 7 天报检
2	输入微生物、人体组织、生物制品、血液及其制品或种畜、禽及其精液、胚胎、受精卵	入境前 30 天报检
3	输入其他动物	入境前 15 天报检
4	动植物性包装物、铺垫材料进境	应及时报检
5	运输动植物、动植物产品和其他检疫物过境	在进境时报检
6	入境的集装箱货物、废旧物品	在到达口岸时，必须向检验检疫机构报检并接受检疫，经检疫或实施消毒、除虫或其他必要的卫生处理合格的，方准入境
7	申请品质检验和鉴定的货物	一般应在索赔期到期前不少于 20 日内报检

4. 填制"入境货物报检单"

入境货物报检单是报检人根据有关法律、行政法规或合同约定申请检验检疫机构对其某种货物实施检验检疫、鉴定意愿的书面凭证，它表明了申请人正式向检验检疫机构申请检验检疫、鉴定，以取得该批货物合法进口销售、使用的合法凭证。入境货物报检单所在列各栏必须填写完整、准确、清晰，没有内容填写时栏目以斜杠"/"表示，不得留空。

12.4.2　进口货物报关

进口货物的通关程序，就进口商而言，一般可分为申报进境、交验货物、缴纳税费及凭单提货等四个步骤；而就海关立场而言，则可分为接受申报、查验货物、征税、结关放行等四个步骤。如图 12.3 所示：

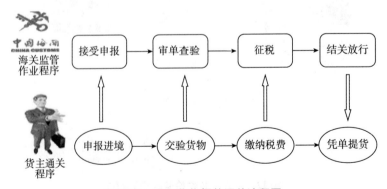

图 12.3　进口货物报关通关流程图

1. 申报

（1）申报时限

表 12.2　入境货物报关时限表

依据	报关时限	滞报金	特别处理
《海关法》	进口货物的报关时限为自运输工具申报进境之日起 14 日内，第 14 日为法定节假日的顺延。	进口货物的收货人超过前款规定期限未向海关申报的，由海关征收滞报金。滞报金的计算公式为： 滞报金 = 进口货物完税价格 × 0.5‰ × 滞报天数	进口货物的收货人自运输工具申报进境之日起超过 3 个月未向海关申报的，其进口货物由海关提取并依法变卖处理。所得款项在扣除运输、装卸、储存等费用及税款后，如尚有余款，自货物变卖 1 年内，还给已申请的收货人，超期无人申请的则上缴国库。

（2）填制"进口货物报关单"

进口企业或其代理人在法定期限内办理进口报关时，需要如实填制"进口货物报关单"。

2. 查验

表 12.3　海关查验形式及工作内容

项号	查验形式	工作内容
1	报关单的审核	海关对报关单证的审核是进口报关的核心环节。在实际业务中，海关先对报关单证做初步审查，再从形式上和内容上进行全面详细的审核。
2	进口货物的查验	除海关批准免验的进口货物外，都必须接受海关的查验，而且必须在海关规定的时间和场所进行。海关确定查验后，由现场接单关员打印"查验通知单"。海关查验时，进口货物的收货人或其代理人必须在场，并按照要求配合海关进行查验工作。查验结束后，由陪同人员在"查验记录单"上签名、确认。

3. 征税

海关在审核单证和查验货物以后，根据《关税条例》和《海关进出口税则》规定的税率，对实际货物征收进口关税。另外，根据有关规定可减、免、缓、退、保税的，报关单位应向海关送交有关证明文件。

进口货物收货人应在海关签发税款缴纳证的次日起 15 日内缴纳税款。逾期不缴纳的，海关按日征收欠缴税款总额 1‰的滞纳金。超过 3 个月仍未缴纳税款的，海关可以采取强制缴纳措施，包括强制扣税、变价抵缴、扣留并依法变卖其他资产。

4. 放行

海关放行是进口货物通关程序中的最后一个环节，未经海关放行的海关监管货物，任何单位和个人不得提取或发运。

海关放行通常是海关在进口货物提货凭证或者出口货物装货凭证上签盖"海关放行章"，进口货物的收货人或其代理人签收进口提货凭证，凭以提取进口货物进境。

在试行"无纸通关"申报方式的海关，海关做出放行决定时，通过计算机系统将"海关放行"报文发送给进出口货物的收、发货人或其代理人和海关监管货物保管人。进口货物的收货人或其代理人自行打印海关通知放行的凭证，凭以提取进口货物进境。

12.4.3 进口提货

在完成进口结汇和进口报关手续，并缴讫关税及有关税费后，进口商应立即办理提货手续，在货物到达进口地后应尽快提货，否则可能产生相关费用，或导致货物风险和损失。进口商提货时，还要进行验货，一旦发现货物有残损，应会同承运人、保险人、公证机构等联合检验。

在海运方式下，进口商取得货运单据后，即可持海运提单（B/L）至外运公司换取提货单（D/O）后提货。若为FOB下到付运费及其他应付费用时，进口商应及时向承运人支付运费，否则可能影响提货。

张卫华的操作示例

根据前述的工作情境和任务描述，张卫华的操作如下：

第一步：进口货物报检。

张卫华首先进入电子报检系统，按照木制园艺产品（木制花架和花盆）的相关信息填写报检信息，待检验检疫局接受电子报检数据，准许报检后，携带纸质报检单、合同、发票、箱单等单据及其他规定的资料到通关中心进行报检。

第二步：进口货物报关。

张卫华进入广州海关企业电子办事系统，点击报关单预录入，将信息输入电子报关系统。然后，张卫华将合同、发票、装箱单、进口货物报关单、入境货物通关单等一起交到位于通关中心的海关办公现场，等待海关关员办理报关。

第三步：进口货物接受海关查验。

张卫华按照海关查验通知书规定的查验时间，与港区联系，让港区安排将需要查验的集装箱拖至查验现场。然后，张卫华在查验时间内赶到海关监管场所，接受海关关员对货物的查验。海关查验时主要检查货物是否正确按《税则》归类，货物数量、重量是否超过或少于发票和装箱单所列，进口货物是否属于必须有原产国标记或其他需要特别标记的货物，装运的货物中是否存在违禁货物和走私现象等。经查验后，张卫华收到了查验记录单，记录单结论为查验无误，予以放行，并加盖了海关放行章。

第四步：向海关缴纳进口税费。

张卫华根据进口税率表，计算出木制园艺产品（木制花架和花盆）的关税及增值税。缴税需到海关指定银行办理，也可通过网上银行办理。缴纳关税和增值税后，海关方可放行。

第五步：提货。

张卫华办理完所有手续后，到码头凭正本海运提单提货。

收、付汇核销制度改革

国家外汇管理局自 2012 年 8 月 1 日起取消出口收汇核销单，企业不再办理出口收汇核销手续。在此之前，国家外汇管理局发布了《关于实施进口付汇核销制度改革有关问题的通知》，自 2010 年 12 月 1 日开始推广实施进口付汇核销制度改革。

外管局对企业贸易外汇管理方式由现场逐笔核销改变为非现场总量核查。通过"货物贸易外汇监测系统"实行总量核查、分类监管和动态监测。外汇核销手续由系统自动进行，企业只需做到货物进出口的货物流与外汇收支的资金流在总量上符合，不再需要核销单，即取消了书面的核销手续。新规简化了外贸企业收付汇手续，进一步推动了贸易便利化，增强了企业对外贸易的竞争力，并为海关推行无纸化通关铺平了道路。

从进口付汇角度看，外管局的基本做法是全面采集企业进口付汇及到货的完整信息，依托信息系统进行非现场总量比对（总量核查），在此基础上通过非现场监测预警系统对企业进口付汇情况进行监测分析，识别异常行为（动态监测）；根据非现场监测预警、现场核查等情况，对企业实施分类管理（分类管理），监管更为细化和明确。

（1）对企业实行名录管理。企业依法取得对外贸易经营权后，需到所在地国家外汇管理局分支局办理"贸易外汇收支企业名录"登记手续。外汇管理局审核相关材料无误后，通过"货物贸易外汇监测系统"为企业登记名录、办理监测系统网上业务开户。

（2）对企业进行分类管理。外汇管理局在非现场总量核查及监测预警的基础上，结合现场核查情况和进口单位遵守外汇管理规定等情况，将进口单位分为"A 类"、"B 类"、"C 类"。对"A 类进口单位"进口付汇业务实施便利化管理；对"B 类进口单

位"实施事后逐笔报告，单笔预付货款金额超过等值 5 万美元的，需提供经银行核对密押的外方银行保函等；对"C 类进口单位"实施所有进口付汇业务事前登记，不得以信用证、托收、预付货款等方式付汇等。外汇管理局原则上每半年对进口单位进行考核分类。通过奖优罚劣，引导企业规范业务流程，强化自我约束。发现进口单位存在违反外汇管理规定行为的，外汇管理局可随时将其列入 B 类或 C 类。

（3）异常情况下实施现场核查。外汇管理局根据非现场核查及监测预警的结果，对于总量核查指标超过规定范围或存在其他异常情况的进口单位进口项下外汇收支业务实施现场核查。进口单位和银行应当协助、配合外汇管理局现场核查，及时如实地提供相关材料。对于现场核查中发现涉嫌违反外汇管理规定的进口单位和银行，将移交外汇检查部门。

本章小结

进口业务是国际贸易的重要组成部分，但在实际业务中，国际市场仍是买方市场，在一笔外销业务中，无论是客户的选择，还是整个业务的磋商过程，进口商在业务中都处于绝对的主导地位，达成一笔进口业务比达成一笔出口业务容易得多，在合同执行过程中涉及进口商操作的环节也没那么复杂。对于进口业务实训，本模块在此不谋求内容的完整，主要针对 L/C 支付方式和 FOB 贸易术语交易条件下，"证"（开立信用证）、"船"（租船订舱、投保）、"款"（审单付款）、"货"（报关报检、提货、索赔）四大环节进行流程阐述。

综合训练

一、单项选择题

1. 进口货物的质量与合同规定不符，则进口方应向（　　）提出索赔。

A. 卖方　　　　　　B. 承运人　　　　　C. 保险公司　　　　D. 银行

2. 按照 UCP600 规定，若银行发现单证不符拒收单据时，应在收到单次日起（　　）个工作日内，通知受益人。

A. 6　　　　　　　　B. 7　　　　　　　　C. 5　　　　　　　　D. 14

3. 按惯例规定，银行开立信用证所产生的一切费用和风险应由（　　）负担。

A. 受益人　　　　　B. 申请人　　　　　C. 银行　　　　　　D. 第三方

4. 汇票的抬头是汇票的（　　）

A. 出票人　　　　　B. 受票人　　　　　C. 受款人　　　　　D. 银行

5. 在多数情况下我方按（　　）条件对外签订进口合同。

A. FOB　　　　　　B. CFR　　　　　　C. CIF　　　　　　D. EXW

6. 如果进口合同采用信用证支付方式，在合同签订后，进口方应在合同规定的时间内向（　　）填写开证申请书，办理开证手续。

A. 出口地的银行　　B. 付款行　　　　　C. 议付行　　　　D. 进口地的银行

7. 在 FOB、CFR 贸易术语条件下的进口合同，由（　　）负责办理投保。

A. 出口方　　　　B. 承运人　　　　C. 进口方　　　　D. 托运人

8. 在 FOB 贸易术语条件下的进口合同，由（　　）负责租船订舱。

A. 出口方　　　　B. 承运人　　　　C. 进口方　　　　D. 托运人

9. 按《公约》规定，如买卖合同中没有规定索赔期限，而到货检验中又不易发现货物缺陷的，则进口方行使索赔权的最长期限是自其实际收到货物起不超过（　　）年。

A. 1　　　　　　B. 2　　　　　　C. 3　　　　　　D. 4

10. （　　）是国际贸易中主要的结算和信贷工具。（　　）

A. 汇票　　　　B. 本票　　　　　C. 信用证　　　　D. 付汇

二、多项选择题

1. 我国货物运输保险方式有（　　）。

A. 预约保险　　B. 代理保险　　　C. 逐笔保险　　　D. 自理保险

2. 下列能证明商品原产国别证书的是（　　）。

A. 商检证书　　B. 发票　　　　　C. 普惠制原产地证　D. 产地证明书

3. 发票的种类有（　　）。

A. 商业发票　　B. 领事发票　　　C. 海关发票　　　D. 厂商发票

4. （　　）是商业发票的一种补充，便于进口方海关查验货物和进口商核对货物之用。

A. 装箱单　　　B. 发票　　　　　C. 重量单　　　　D. 提单

5. 以 FOB 术语成交，买方的义务是（　　）。

A. 负责租船订舱，支付运费，并给予对方关于船名、装船地点和要求交货时间的充分通知

B. 负责办理货物的进口清关

C. 承担货物在装运港装船之后的一切费用和风险

D. 负责提交商业发票和证明货物已交至船上的通常单据，或具有同等作用的电子信息

三、判断题

1. 进口合同采用 CIF 成交时，进口方必须办理投保手续。（　　）

2. 汇票一般为一式两份，一份为正本，一份为副本。（　　）

3. 海运提单的签发日期应早于保险单的签发日期。（　　）

4. 在实际业务中，审核信用证的工作一般由银行和进口方共同完成。（　　）

5. 不同类别的商品，其检验证书的有效期各不相同，超出有效期出口的商品，须重新报验。（　　　）

6. 只要进口货物到达目的港，买方就可以提取货物。（　　　）

7. 以 FOB 术语签订的进口合同，在出口方装船后，应及时向进口方发出装船通知，以便进口方办理保险手续。（　　　）

8. 信用证开出后，如进口方收到信用证后要求修改某些条款，经出口方同意，可向银行办理改证手续。（　　　）

9. 进口方凭海关签印放行的提货单到码头或货物存放地提取进口货物，未经海关放行的货物，任何单位和个人都不得提取。（　　　）

10. 各种检验证书分别用以证明货物的品质、数量、质量和卫生条件，一般由海关总署出具。（　　　）

四、名词解释

租船订舱

托运单

审单付汇

进口报检

进口报关

五、简答题

1. 进口公司在开立信用证时应注意什么问题？

2. 宏发进出口贸易公司从德国进口一批机电设备，贸易术语采用 CFR SHANGHAI，请问该公司应如何办理保险手续？

六、操作题

杭州飞雁有限公司（Hangzhou Feiyan Co. Ltd）是一家自营进出口公司，2012 年 8 月与法国 EC Co. Ltd 签订了一笔 WASTE PAPER 进口合同。请根据该合同的主要条款，填制《开证申请书》。

PURCHASE CONTRACT

CONTRACT NO.: 161616

DATE: 18 AUG. 2012

BUYER: HANGZHOU FEIYAN CO. LTD.

ADD: 5 DINGHAI ROAD, HANGZHOU, CHINA

TEL: 0086-571-86040323   FAX: 0086-571-86040322

SELLAR: EC CO. LTD.

ADD: 1 AVENUE DU GENERAL LECLERC BP 6093122 LA COURNEUVE CEDEX
FRANCE

TEL: 0033-1-48378888   FAX: 0033-1-48379999

(1) **COMMODITY**:   WASTE PAPER

(2) **PACKING**:   IN BULK

(3) **SHIPMENT**:   LATEST 30 SEPTEMBER 2012 FROM ANY EUROPEAN PORT TO NING-
BO, CHINA. PARTIAL SHIPMENT NOT ALLOWED AND TRANSSHIP-
MENT ALLOWED

SHIPPING MARKS: NO MARKS

(4) **QUANTITY**:   85MT NET

(5) **UNIT PRICE**:   USD220/MT CFR NINGBO, CHINA

(6) **TOTOL AMOUNT**:   USD18700. 00

SAY: U. S. DOLLARS EIGHTEEN THOUSAND SEVEN HUNDRED ONLY
MORE OR LESS 5% OF AMOUNT IS PERMITTED

(7) **PAYMENT TERMS**:

PAYMENT WILL BE BY TRANSFERABLE IRREVOCABLE DOCUMENTARY CREDIT PAYABLE
AT 60 DAYS FROM B/L DATE AGAINST FOLLOWING DOCUMENTS PRESENTATION:

+ FULL SET OF CLEAN ON BOARD MARINE B/L MADE OUT TO ORDER (ISSUED BY SHIP-
PING COMPANY OR SHIPPING AGENTS)

+ COMMERCIAL INVOICE IN TRIPLICATE ISSUED BY BENEFICIARY.

+ PACKING LIST IN TRIPLICATE ISSUED BY BENEFICIARY.

+ BENEFICIARY'S CERTIFIED COPY OF FAX DISPATCHED TO THE ACCOUNTEES WITHIN 1
DAY AFTER SHIPMENT ADVISING THE NAME OF VESSEL, DATE, QUANTITY, WEIGHT
AND VALUE OF THE SHIPMENT.

L/C WILL BE OPENED AND RECEIVED IN FRANCE LATEST 04 SEP. 2012.

BUYER: HANGZHOU FEIYAN CO. LTD

SELLER: EC CO. LTD.

李 敏

MIA PHONG

IRREVOCABLE DOCUMENTARY CREDIT APPLICATION

TO: BANK OF CHINA, BEIJING BRANCH   **Date**:

☐Issue by airmail ☐With brief advice by teletransmission ☐Issue by express delivery ☐Issue by teletransmission (which shall be the operative instrument)	Credit No. Date and place of expiry
Applicant	Beneficiary (Full name and address)
Advising bank	Amount
Partial shipments ☐allowed ☐not allowed / Transhipment ☐allowed ☐not allowed	Credit available with By ☐sight payment ☐acceptance ☐negotiation ☐deferred payment at ____ days after
Loading on board/dispatch/taking in charge at/from not later than For transportation to:	against the documents detailed herein and beneficiary's draft(s) for ____% of invoice value
☐FOB ☐CFR ☐CIF ☐or other terms	at _____ sight drawn on

Documents required: (marked with X)
1. ( ) Signed commercial invoice in ____copies indicating L/C No. and Contract No.
2. ( ) Full set of clean on board Bills of Lading made out to order and blank endorsed, marked "freight
   [ ] to collect / [ ] prepaid [ ] showing freight amount" notifying _____.
   ( ) Airway bills/cargo receipt/copy of railway bills issued by _____showing "freight [ ]
   to collect/ [ ] prepaid [ ] indicating freight amount" and consigned to _____.
3. ( ) Insurance Policy/Certificate in _____ copies for ____% of the invoice value showing
   claims payable in _____ in currency of the draft, blank endorsed, covering All Risks,
   War Risks and _____.
4. ( ) Packing List/Weight Memo in _____ copies indicating quantity, gross and weights of each pack-
   age.
5. ( ) Certificate of Quantity/Weight in ____ copies issued by _____.
6. ( ) Certificate of Quality in ____ copies issued by [ ] manufacturer/ [ ] public recognized sur-
   veyor _____.
7. ( ) Certificate of Origin in ____ copies .
8. ( ) Beneficiary's certified copy of fax / telex dispatched to the applicant within ____ days after ship-
   ment advising L/C No. , name of vessel, date of shipment, name, quantity, weight and value of goods.

Other documents, if any

Description of goods:

Additional instructions:
1. ( ) All banking charges outside the opening bank are for beneficiary's account.
2. ( ) Documents must be presented within _____ days after date of issuance of the transport documents
   but within the validity of this credit.
3. ( ) Third party as shipper is not acceptable, Short Form/Blank back B/L is not acceptable.
4. ( ) Both quantity and credit amount ____ % more or less are allowed.
5. ( ) All documents must be sent to issuing bank by courier/speed post in one lot.
   ( ) Other terms, if any.

250

参 考 答 案

第1章　国际贸易的特点和业务流程（略）

第2章　出口交易前的准备工作

一、单项选择题

1. D　2. B　3. B　4. B　5. A　6. A　7. C　8. A　9. B　10. B　11. D　12. B　13. C
14. C　15. B　16. B　17. A　18. A　19. C　20. A　21. A　22. A　23. C　24. C

二、多项选择题

1. BC　2. BD　3. BCD　4. ABCD　5. ABC　6. ABC　7. ABCD　8. ABCD　9. ABCD
10. ABC　11. ABCD　12. AB　13. ABD　14. ABCD　15. ABC

三、判断题

1. ×　2. ×　3. ×　4. √　5. √　6. √　7. ×　8. ×　9. √　10. ×　11. √
12. ×　13. ×　14. ×　15. ×　16. ×　17. ×　18. √　19. √　20. ×

四、名词解释（略）

五、简答题（略）

六、操作题

1. 合同规定水分最高为14%，杂质不超过2.5%，从合同内容看，在这笔进出口交易中，双方以商品的规格作为表示商品品质的方法，并以此作为交验商品的依据，属于凭规格的买卖，只要我方所交货物符合合同规定的规格，我方就算已经履行了合同。但是成交前我方向对方寄送样品时并未声明是参考样品，签约后又电告对方成交货物与样品相似，这样对方就有理由认为该笔交易既凭规格又凭样品。而在国际贸易中，凡属于凭样买卖，卖方所交货物必须与样品完全一致，否则买方有权拒收货物或提出索赔。因此，在这种情况下，我方很难以该笔交易并非凭样买卖为由不予理赔。

2. 不妥当。因为《跟单信用证统一惯例》中有关的数量增减规定仅适合于散装货物，而对于以包装和个数记数的货物是不适合的。

3. 不妥当。卖方必须按照合同的规定进行包装，否则买方有权拒收所有货物或者

251

要求损害赔偿。

4.

阁下您好,

很高兴从互联网获得贵公司的信息。在此向你方写信,以期与你方建立业务关系。以下是我们公司的介绍。

×××公司成立于……(年),位于……(地址)。我公司是一个在中国有十多年历史的优秀出口公司,公司经营广泛的产品和服务,在国际贸易领域拥有丰富的专业经验。主要出口业务有……我们也生产各种类型的……(产品),尤其致力于经营……(产品)。

贵公司如果对我公司产品感兴趣,请告知我方,我方将为您提供报价。同时,你方如果需要我公司产品或公司的进一步信息,请及时告知我方。

如果需要更多信息请联系我们。价目表和相关产品规格将按你方所需要的发送于您,期待了解我们其他产品。您也可以访问我们的网站:www.×××.com,我们将提供最好的服务!

非常感谢!我们相信在新的一年能与一个新的贸易伙伴有一个美好的合作。

我们期盼尽早收到你方来信并能与贵公司开展生意。

最美好的祝福!

5.(1)凭规格 (2)凭等级 (3)凭产地 (4)凭规格 (5)凭标准
(6)凭品牌

第3章 价格与出口成本核算

一、单项选择题

1. B 2. B 3. B 4. B 5. D 6. D 7. D 8. A 9. A 10. C 11. C 12. B 13. A
14. D 15. D 16. A 17. C 18. A 19. B 20. A 21. D 22. C 23. D 24. A
25. C 26. C 27. C

二、多项选择题

1. ABCD 2. AB 3. ABCD 4. ABCD 5. ABD 6. BC 7. ABCD 8. ABD 9. ABCD
10. CD 11. ACD 12. ABCD 13. BCD 14. ABCD 15. AD

三、判断题

1. × 2. × 3. √ 4. √ 5. × 6. √ 7. √ 8. × 9. × 10. × 11. √
12. √ 13. √ 14. √ 15. × 16. √ 17. √ 18. × 19. × 20. ×

四、名词解释(略)

五、简答题(略)

六、操作题

1. 保证我方原收入不变的前提下应报价 CIF C5 NEW YORK USD 105. 26/DOZ

2. 该商品的含佣价为 CIFC3% ANTWERP USD3. 86/PC。

3.

COMMODITY&SPECIFICATIONS	QUANTITY	UNIT PRICE	AMOUNT
LADY GARMENTS	3, 500 PCS	CIF NEWYORK USD 125/PC	USD437, 500
TOTAL AMOUNT: SAY U. S. DOLLARS FOUR HUNDRED AND THIRTY-SEVEN THOUSAND FIVE HUNDRED ONLY			

4. （1）出口 1 个 20 英尺集装箱的出口报价：

$$FOBC3 = 255. 60 \text{ 元/套} = USD36. 51/SET$$

$$CFRC3 = 268. 96 \text{ 元/套} = USD38. 42/SET$$

$$CIFC3 = 269. 98 \text{ 元/套} = USD38. 57/SET$$

（2）出口 1 个 40 英尺集装箱的出口报价：

$$FOBC3 = 255. 60 \text{ 元/套} = USD36. 51/SET$$

$$CFRC3 = 265. 29 \text{ 元/套} = USD37. 90/SET$$

$$CIFC3 = 266. 30 \text{ 元/套} = USD38. 04/SET$$

5. 应该由卖方承担货物损失责任。根据《2010 年国际贸易术语解释通则》规定按 CFR 术语订立合同，需特别注意的是装船通知问题。卖方如因遗漏或不及时向买方发出装船通知，而使买方未能及时办妥货运保险所造成的后果，卖方应承担违约责任。在本案例中虽然卖方已经将货物装船，但是由于卖方没有及时通知买方导致了买方没有及时投保，所以应该由卖方承担货物损失责任。

第 4 章　交易磋商与合同的订立

一、单项选择题

1. B　2. A　3. B　4. D　5. B　6. C　7. D　8. B

二、多项选择题

1. BD　2. AC　3. ABC　4. ABD　5. BD　6. ABCD　7. ABCD　8. AD　9. ABCD

10. ABC

三、判断题

1. ×　2. ×　3. ×　4. ×　5. √　6. ×　7. √　8. ×　9. ×　10. √

四、名词解释（略）

五、简答题（略）

六、操作题

1.

(1) Dear Frank,

感谢你的信息。如果你方能给予最优惠的 FOB 宁波的价格，我们将大量地采购角向磨光机。下面是我方比较感兴趣的商品型号，分别是 AG105L、AG203S、AG880H。

请发一些样品给我们进行测试。

期待你的回复。

Adam

(2) Dear Adam,

非常感谢你的询盘，我们已经将样品发送给你并愉快地发盘如下：

Art No. AG105L：USD25. 30/PC FOB Ningbo,

Art No. AG203S：USD30. 50/PC FOB Ningbo,

Art No. AG880H：USD13. 00/PC FOB Ningbo

如果你有任何问题，请随时联系我。

Frank

(3) Dear Frank,

我们已经对样品进行了测试。我必须要说它的质量和功能非常棒。

但是与你方在报价单上的价格，最新的价格没有很大的改变。我们希望在 5000 件角向磨光机的订单的基础上，能给我们 5% 的折扣。

Adam

(4) Dear Adam,

新的价格已经到达了我方报价的底线。你在市场上不可能以这样的价格买到相同质量的商品。然而，鉴于这是我们第一次合作，我方接受你们 5% 折扣的要求。

由于我们接到了客户大量的订单，我们现在的库存可能很快就会耗尽。所以建议你们能接受我们这个有吸引力的报价。

期待收到你们的第一个订单。

Frank

(5) Dear Frank,

感谢你 2014 年 10 月 8 日的来信。我们非常感谢你的让步并接受你们新的价格。请将形式发票寄给我。

Adam

其中（1）为询盘，（2）为发盘，（3）（4）为还盘，（5）为接受。

2. 这是一起合同是否成立的问题，分析的关键在于两个问题，一是发盘何时失效；二是还盘的法律后果。《公约》明确规定，受盘人做出还盘或对发盘主要条款提出修改，原发盘失效。还盘有两个法律后果，一是还盘是对发盘的拒绝，还盘一经做出，原发盘失去效力，发盘人不再受其约束；二是还盘是受盘人向原发盘人提出的一项新的发盘，还盘做出双方角色互换，这时还盘人即成为发盘人。新受盘人有权对还盘内容进行考虑，可以接受也可以不接受。

对方认为其 7 月 12 日的接受是在规定的 7 月 20 日的有效期内做出的，故 7 月 12 日接受是合同成立的标志。然而，对方 6 月 30 日传真要求我方降价 20%，是对我方发盘内容实质性修改，是还盘，造成了我方原发盘内容失效。其 6 月 30 日还盘成为新的发盘，被我方拒绝。因此，双方不存在合同关系。对方 7 月 12 日的来电仍然是发盘，我方也没有接受且将货物售出，没有订立合同意思。所以，对方要求是无理的，我方有权不向对方供货。

3. A 公司有理。B 公司的电报对发盘内容进行实质性变更，构成还盘，而 A 公司收到 B 公司的电报后，未作答复，即对对方还盘未接受，因此原发盘终止，发盘人不受原发盘的约束。合同不能成立，A 公司有权退证。

4. 此项合同已经成立。根据《公约》规定，由于传递过程的逾期接受应该是有效的，除非原发盘人接受逾期接受通知后马上表示接受无效。本案例中我方没有马上表示其无效，则逾期接受是有效的。

第 5 章　签订内贸合同与出口备货

一、判断题

1. × 　2. √ 　3. √ 　4. √ 　5. × 　6. × 　7. √ 　8. √ 　9. × 　10. ×

二、名词解释（略）

三、简答题（略）

四、操作题

1. 参考合同如下：

采 购 合 同

合同编号：143241001

日　　期：2014-02-20

签约地点：上海

相关合同：2014333

买方：上海漫通进出口贸易公司　　　　　　　电话（Tel）：0086-21-56876512

地址：上海市黄浦区金钟大厦24-502　　　　传真（Fax）：0086-21-56876411

卖方：上海市黎明服装厂　　　　　　　　　　电话（Tel）：0086-21-59271454

地址：上海市青浦区白鹤镇白鹤民营经济发展区　　传真（Fax）：0086-21-59271455

兹买卖双方同意成交下列商品订立条款如下：

商品名称	数量（件）	单价（元/件）	金额（元）
100% 亚麻男式色织长袖衬衫 藏青　10×10　51×51			
S 码	720	20.00	14 400.00
M 码	720	20.00	14 400.00
L 码	720	20.00	14 400.00
XL 码	720	20.00	14 400.00
价格条件：货到口岸仓库	合计（人民币）		57 600.00

货款总计（大写）：人民币伍万柒仟陆佰元整

（1）包装条件：每件装入一个印有尺码的胶袋，4件混码装入一小盒，3盒装入一出口纸箱，请在衬衫背面放衬纸。胶袋需印有如下警告语：胶袋有窒息危险，请不要靠近婴儿与儿童，禁用PVC胶袋。

（2）交货期限及地点：2014年5月底前，买方指定仓库。

（3）样品要求

手织样：2014年3月5日前送达我方办公室

确认样：M码3件，2014年3月14日前送达我方

产前样：M码3件，2014年3月30日前送达我方

齐码船样：每码1件，2014年4月30日前送达我方

所有辅料2014年3月20日前寄我处确认

（4）验收办法：卖方必须严格按照本合约要求的规定交货，货物品质和生产要求列明在附页上。

（5）如发生由于质量及包装引起买方客户的索赔，一切责任及后果由卖方承担。

（6）付款办法：货物验收合格后，凭卖方开出的17%增值税发票付款。

（7）本合同一经双方签字即告生效，未尽事宜，双方协商解决。如发生争议无法协商一致，需提起诉讼双方一致同意提交给上海市浦东新区人民法院判决。

　　　　　卖方　　　　　　　　　　　　　　　　　　买方

　　上海市黎明服装厂　　　　　　　　　　　上海漫通进出口贸易公司

　　　　张帅　　　　　　　　　　　　　　　　　林强

2. 数量增加对生产进度的影响较大，必须考虑到当前的生产能力是否允许，在生产设备与人力许可的条件下，通过加班加点可以突击完成的，可与其签订合同补充条款，作为合同的附件。如果当前生产能力难以满足，应说明理由予以拒绝，并坚持原来的合同条款。

3. A 外贸公司的责任：在向工厂下订单前应该与国外 C 客户进行充分的沟通，明确货物的规格和质量要求。当出口前已经发现产品可能有质量问题，但仍然坚持出口，这是导致了索赔发生的主要原因。

B 工厂的责任：工厂应该对产品品质负有完全责任。该工厂以出口都没有问题为由提出不赔偿是没有法律依据的。产品有没有质量问题是以标准进行检验的，不是以惯例为准的。

国外 C 客户的责任：提出产品规格和品质有问题，但在此前 C 没有对 A 说明规格，应承担一定责任。

该案例的启示是作为外贸公司发现产品质量有问题时要坚持不合格的产品不能出厂，不合格的产品不能出口。

第 6 章 租船订舱

一、单项选择题

1. B 2. C 3. C 4. B 5. B 6. B 7. C 8. C 9. C 10. A 11. B 12. D 13. B 14. D 15. C 16. A 17. A 18. B 19. B 20. B

二、多项选择题

1. ABCD 2. AB 3. BCD 4. ABCD 5. ABCD 6. ABD 7. AB

三、判断题

1. √ 2. × 3. √ 4. × 5. √ 6. × 7. × 8. × 9. √ 10. ×

四、名词解释（略）

五、简答题（略）

六、操作题

1. 拒付有理。按照分批装运的规定，批内不能再分运。且根据 UCP600 规定，通过同一船舶，同一航线，运往同一目的地的可视为没有分批。本案例中，运往安特卫普的 400 公吨货物，通过两条船出运，属于批内的再次分运，与 L/C 规定不符。所以，银行拒付有理。

2.（1）应按 M 计算运费

（2）F = 2.079 × 1200 = 2494.8 美元

（3）2494.8 ÷ 30 = 83.16 美元/公吨

（4）CFR = FOB + F = 800 + 83.16 = 883.16 美元/公吨

3. 该出口公司应支付 8395 美元运费。

4. 选择运输方式原则：考虑货物的特性、运输的价格、运输时间、运输线路、安全性和启运地、目的地的运输相关设施条件等因素。

（1）服装样品特点是体积小、价值高、时效性强，一般适宜采用航空运输的方式，并可以考虑采用空运快件的形式。

（2）钢材属于大件笨重货物，加上德国汉堡到中国上海路途遥远，一般采用海运方式。

（3）新鲜蘑菇不宜长期储存，哈尔滨到香港又没有快捷的公路运输通道，所以宜采用航空运输的方式。

第7章　国际货运保险

一、单项选择题

1. C　2. C　3. D　4. C　5. A　6. D　7. C　8. C

二、多项选择题

1. ABC　2. ABCD　3. AB　4. ABD　5. ACD　6. BCD

三、判断题

1. √　2. ×　3. √　4. ×　5. ×　6. √　7. ×　8. ×　9. ×　10. ×

四、名词解释（略）

五、简答题（略）

六、操作题

1. 2000 美元×（1 + 10%）×1% = 22 美元

2. 保险金额 = 60 美元/箱×3000 箱×110% = 198000 美元

保险费 = 198000 美元×（0.7% + 0.3%）= 1980 美元

3.

销售合同
经买卖双方同意成交下列商品，订立条款如下：
保险：
由__卖方__按发票金额__110%__投保__一切__险，另加保__战争__险至__新加坡__为止。

第8章　出口通关

一、单项选择题

1. A　2. D　3. A　4. C　5. D　6. A　7. D　8. B　9. A

二、多项选择题

1. ABCD　2. BCD　3. ABC

258

三、判断题

1. × 2. √ 3. √ 4. √ 5. √

四、名词解释（略）

五、简答题（略）

六、操作题

1. 该批货物应在江西申请检验。

2. 买卖双方同意以中国出入境检验检疫机构签发的质量检验证书作为信用证付款的单据之一，货到目的港后买方有权对货物的质量进行复验，复验费由买方承担。如发现质量与合同规定不符，除属保险人或承运人责任外，买方有权在货到目的港后60天内凭加拿大的公证机构出具的检验报告向卖方提出索赔。

第9章　国际货款的结算

一、单项选择题

1. A 2. B 3. D 4. C 5. C 6. B 7. C 8. B 9. B 10. C 11. B 12. C 13. D

14. C 15. A 16. A 17. A 18. A 19. C 20. C

二、多项选择题

1. BCD 2. ABCD 3. CD 4. ACD 5. ABCD 6. BCD 7. ABC 8. ABCD 9. AB

10. ABCD

三、判断题

1. × 2. × 3. × 4. √ 5. × 6. × 7. × 8. × 9. √ 10. × 11. ×

12. √ 13. × 14. √ 15. √

四、名词解释（略）

五、简答题（略）

六、操作题

1. （1）该交易的操作流程如下：

① 宁波宏远外贸公司在货物装船后，准备好相应单据，并开立提单日期后60天付款的汇票，将该汇票和有关单据交给浙江商业银行，委托其收款。

② 浙江商业银行接受托收后，将汇票及全部单据寄交 COMMERZBANK FRANK-FURT，委托 COMMERZBANK FRANKFURT 向德国的 GLOBAL PTY., LTD. 收款。

③ COMMERZBANK FRANKFURT 收到汇票及全部单据并做好审查工作后，向 GLOBAL PTY., LTD. 提示汇票和单据。

④ GLOBAL PTY., LTD. 验看单据无误后，办理承兑手续，然后将汇票交还 COM-MERZBANK FRANKFURT，COMMERZBANK FRANKFURT 随之将单据交给 GLOBAL PTY., LTD.。

⑤ 2012 年 1 月 9 日，COMMERZBANK FRANKFURT 再次向 GLOBAL PTY.，LTD. 提示已承兑的汇票，GLOBAL PTY.，LTD. 见票时即付清 22000.00 欧元的货款。

⑥ COMMERZBANK FRANKFURT 向浙江商业银行汇出货款，浙江商业银行收到货款后向宁波宏远外贸公司付款。

（2）GLOBAL PTY.，LTD. 支付货款的日期是 2012 年 1 月 9 日。

2. 买方能否以银行疏忽为由提出索赔，因为信用证是纯单据业务，在信用证业务中，银行只处理单据，不处理货物。只要卖方提交了符合信用证规定的单据，银行就付款。所以货物本身的质量问题和银行没有关系。

第 10 章 装船出运与制单结汇

一、单项选择题

1. C 2. C 3. C 4. A 5. A 6. B 7. A 8. A

二、多项选择题

1. BCD 2. AB 3. BC 4. ABCD 5. BCD 6. CD 7. ABC 8. ABC

三、判断题

1. √ 2. × 3. √ 4. √ 5. × 6. √ 7. √ 8. √ 9. √ 10. ×

四、名词解释（略）

五、简答题（略）

六、操作题

1. （1）银行的拒付是有理的。因为我方未能在信用证规定的装运期内完成装运，银行可以单证不符为由拒付货款。

（2）我方的失误主要是在合同中未对买方的开证时间给予规定，以致买方未能及时开立信用证。另外，我方催证的时间较迟，以致我方在收到信用证后，无法在规定的时间内完成装运。

2. （1）外贸公司最迟应在 7 月 25 日将单据送交银行议付。理由：按 UCP600 规定，信用证除规定一个交单到期日外，还应规定一个运输单据出单日后必须向银行提交单据的特定期限，如信用证未规定该期限，银行有权拒收迟于运输单据日期 21 天后提交的单据。据此，本案外贸公司不得晚于 7 月 25 日交单。

（2）本批货物最多应交 1000 公吨，最少交 950 公吨。理由：根据 UCP600 规定，如信用证规定货物数量不得增减，只要支取金额不超过信用证规定的金额，货物数量可有 5% 的增减幅度。据此，本案可少交 5%，即交 950 公吨，最多也只能交 1000 公吨。

第 11 章 出口业务善后工作

一、单项选择题

1. A 2. C 3. D 4. B 5. A 6. A 7. D 8. C 9. C

二、多项选择题

1. ABC 2. AB 3. ABC 4. ABC 5. ABC 6. ABD 7. ABD 8. AB 9. ABCD 10. CD

三、判断题

1. √ 2. × 3. √ 4. × 5. √ 6. F 7. √ 8. × 9. × 10. √ 11. ×

12. √ 13. × 14. × 15. √ 16. √

四、名词解释（略）

五、简答题（略）

六、操作题

1. （1）本案中，我方遭受了出口商品仓库发生雷击火灾，致使一半左右的出口家具烧毁，属于不可抗力事故，我方可以发生不可抗力事故为由，向对方提出延期履行合同的要求，但不能提出解除合同的要求。

（2）美方的索赔要求不合理。因为，既然发生了不可抗力事故，且已备好的货物一半被烧毁，这必然影响我方的交货时间。另外，不可抗力是一项免责条款，可免除遭受不可抗力事故一方不能如期履约的责任。美方应考虑实际情况同意延期履行合同。因此，美方的索赔要求是不合理的。

2. （1）此案中，卖方违约的后果并未达到完全剥夺买方根据合同规定应该得到的利益，因此，根据《公约》的规定属于非根本性违约，买方据此可以主张向卖方提出损害赔偿的权利。

（2）根据《公约》第74条规定，买方要求索赔时可包括：①一级大米与二级大米之间的差价；②因卖方违反合同而使买方遭受的利润损失。

第12章 以信用证为支付方式的进口贸易业务流程

一、单项选择题

1. A 2. C 3. B 4. C 5. A 6. D 7. C 8. C 9. B 10. A

二、多项选择题

1. AC 2. CD 3. ABCD 4. AC 5. ABC

三、判断题

1. × 2. × 3. × 4. × 5. √ 6. × 7. √ 8. × 9. √ 10. ×

四、名词解释（略）

五、简答题（略）

六、操作题

开证申请书（略）

261

参 考 文 献

1. 黎孝先，石玉川．国际贸易实务［M］．北京：对外经济贸易大学出版社，2012.

2. 吴百福，徐小薇．进出口贸易实务教程［M］．上海：人民出版社，2011.

3. 李湘敏，张晓武．国际贸易综合实训［M］．北京：电子工业出版社，2012.

4. 章安平，王正华．进口业务操作［M］．北京：高等教育出版社，2009.

5. 张芝萍，郑栋．进口业务操作［M］．北京：中国人民大学出版社，2012.

6. 张彦欣．进口业务操作［M］．北京：北京大学出版社，2012.

7. 费景明，罗理广．进出口贸易实务［M］（第 3 版）．北京：高等教育出版社，2012.

8. 许宝良．外贸业务协调［M］．北京：高等教育出版社，2012.

9. 张艰伟．国际贸易业务流程［M］．北京：高等教育出版社，2007.

10. 韩宝庆．轻松 8 步学外贸［M］．北京：中国纺织出版社，2009.

11. 中国国际贸易学会商务培训认证考试办公室．外贸业务理论与实务［M］．北京：中国商务出版社，2007.

12. 魏翠芬．国际贸易实务教程［M］．北京：清华大学出版社，北京交通大学出版社，2012.

13. 李小可．国际贸易实务［M］（第 2 版）．上海：华东师范大学出版社，2010.

14. 陈启琛．报检与报关实务［M］．北京：科学出版社，2009.